教师工作系列丛书

校长的十二项专业历练

义务教育学校校长专业标准解读

XiaoZhang De ShiErXiang ZhuanYe LiLian

教育部义务教育学校校长专业标准课题研制组　组 编

顾泠沅 毛亚庆　主 编

北京师范大学出版集团
BEIJING NORMAL UNIVERSITY PUBLISHING GROUP
北京师范大学出版社

图书在版编目(CIP)数据

校长的十二项专业历练——义务教育学校校长专业标准解读/教育部义务教育学校校长专业标准课题研制组组编.—北京：北京师范大学出版社，2015.1(2022.6重印)

（教师工作系列丛书）

ISBN 978-7-303-17580-2

Ⅰ.①校… Ⅱ.①教… Ⅲ.①中小学-校长-学校管理-研究 Ⅳ.①G637.1

中国版本图书馆 CIP 数据核字(2014)第 121764 号

营 销 中 心 电 话　010-58802135　010-58802786
北师大出版社教师教育分社微信公众号　京师教师教育

出版发行:北京师范大学出版社　www.bnupg.com
　　　　　北京市西城区新街口外大街 12-3 号
　　　　　邮政编码:100088

印　　刷:	北京天泽润科贸有限公司
经　　销:	全国新华书店
开　　本:	730 mm×980 mm　1/16
印　　张:	18.25
字　　数:	300 千字
版　　次:	2015 年 1 月第 1 版
印　　次:	2022 年 6 月第 6 次印刷
定　　价:	55.00 元

策划编辑:倪　花		责任编辑:陶　虹　鲍红玉
美术编辑:焦　丽		装帧设计:焦　丽
责任校对:李　菡		责任印制:马　洁

绪　言

　　校长是学校行政的最高负责人。对外代表学校，对内主持全面校务。我国自清末兴办学堂，按当年《奏定学堂章程》规定，中学行政负责人称监督，小学行政负责人称堂长。辛亥革命后，1912年成立的南京临时政府曾颁布《普通教育暂行办法》，规定学堂一律改称学校。自此，中小学校的行政负责人均改称校长。新中国成立后，在中小学仍设校长，并通过有关条例规定了校长的主要职责。到了改革开放的时期，逐渐明确校长是个具有深刻专业内涵的职业，现代校长必须走专业化的道路。

一

　　2008年4月，教育部正式立项，委托全国教师教育学会开展中国中小学校长专业标准的研制工作。学会组织两个小组同时启动研究。北京小组负责全国校长的普查与抽查，上海小组负责文献研究与校长标准研制。北京方面，于2009年2月完成2008年度全国普通中小学和职业初、高中校长普查报告；同年7月完成对北京、上海、江苏、内蒙古等11个省（自治区、直辖市）普通中小学正校长的抽样调查报告。上海方面，先由上海师范大学和华东师范大学组合为A、B两组独立开展标准的研制工作，于2009年3月各自完成一个标准的框架；同年4月至11月，以上海教科院为主体，在两个框架基础上合二为一，边统整边广泛征求各界人士意见，在全国范围召开不同对象的专题座谈会，七易其稿，完成校长标准学术文本的送审稿。2009年12月，在北京召开以时任中国教育学会会长顾明远为组长的专家审定会，经鉴定通过，文本呈交教育部。

　　实践调查是研制标准的基础。第一，摸清全国校长队伍的"家底"，才能做出基本判断和明确标准定位。据2009年全国普查，正副校长（含代校长）共有53.3万名，平均年龄43.2岁，中共党员占80.5%。校长的学历水平高于同级的专任教师；职称分别获小学或中学一级、高级的校长占96.7%。经2万名校长问卷统计，教龄大于5年的占83.3%，无教龄的占3.2%。担任过学校中层干部、副校长的占51.7%，直接上岗的接近10%。可见，目前校长的基本条件尚好，定位于从准专业到专业，具备事实依据。但地区、城乡差异明显，标准不能"一刀切"。第二，关于专业职责的划分，得到实践工作者的认同。经48位校长的深度访谈，60多场不同人员参与的专题座谈，对初步拟订的校长六个方面的专业职责，在实践中已成共识。2万名校长问卷表明，71.7%的校长投入时间和精力最多的是"营造和谐民主的学校氛围"，然后是"加强校园环境建设"，半数以上城市学校校长注重"创建学校特色"。制度建设方面，普通高中校长更注重"重大问题集体决策"，小学校长更注重"校务公开"和"安全保卫工作"。第三，大家都特别重视校长的个体素质。通过大量专题座谈，地方教育干部、学生、家长、社区人员等不同人员代表，都把校长的思想道德、作风品行甚至人格魅力放在首要位置。普遍认为，"一切为了学生发展"的办学理念和服务意识，应当总冠所有专业职责。这样的诉求，为标准制订中确立我国校长的个体素质特点，提供了重要的、有价值的根据。

文献研究与标准研制与此同时展开。A框架组侧重现代理念，B框架组注重工作实务，虽然角度不一样，但都做了充分的比较研究。第一项研究是校长的角色定位。美国的M.Speck认为校长角色是教育者、领导者、管理者和个体；日本的小原国芳指出校长最主要的角色是决定学校前进方向的领导者。1996年，美国州际学校领导认证协会（ISLLC）的《学校领导标准》，还有1998年，英国的《中小学校长国家标准》，都把校长作为领导者角色来阐述。第二项研究是厘定校长的专业职责（主要工作领域）。英、美等各国的校长标准均清楚地体现了愿景与责任、教与学、组织管理三个方面的领导以及个体影响力。例如，美国校长标准分为创建学校愿景、领导课堂教学、学校组织管理、学校公共关系、校长个体行为规划、校长社会影响力六项；英国校长标准则为规划未来、领导教和学、发展自我并与他人合作、组织管理、明确职责、强化与社区的关系六项。在我国，1991年以来，教育部（教育委员会）相关文件明确规定并特别强调要全面贯彻教育方针、认真执行政策法规。主要内容包括：坚持社会主义办学方向，按教育规律办学，不断提高教育质量。组织教师学习政治与钻研业务，充分发扬民主，注意发挥广大教师和职工工作的主动性、积极性和创造性。全面主持学校工作，包括德育、教学、体卫美劳及课外教育、总务等，配合党组织做好群众组织工作。发挥学校教育主导作用，努力促进与家庭教育、社会教育的协调一致。从研究结果看，A、B两种职责表达框架，在学校规划、教师发展、组织管理上有共同之处，差别主要是B框架单列德育实施，A框架突出文化营造。后经统合，确定为三个领导、六种职责，即价值领导——规划学校发展，营造育人文化；教学领导——领导课程教学，引领教师成长；组织领导——优化内部管理，调适外部环境。第三项研究，就是校长专业要素的分类及其细致表述。借鉴英、美等国的要素解读，其中，美国校长的专业要素分为知识、态度、行为三类，知识表述如具备学生成长和发展的知识和能力，态度表述如坚信并致力于学生学习是学校的基本目标，行为表述如推动进程和参与活动、确保对每个人都要公正和尊重，等等。英国校长的专业要素分为知识、专业素质、行动三类，知识表述如知晓提高学习成效、达致卓越的策略，专业素质表述如致力于为每个人的卓越成长设置目标，行动表述如以学生学习成绩的提高为核心、监测每个学生的学习过程，等等。而我国校长的专业要素常从政治品格、知识和能力三方面做整体解读，按照1991年以来的文件，政治品格包括政治方向、马克思主义理论修养、热爱教育事业、工作作风、工作态度、勇于进取及改革创新的精神。知识包括政治理论与国情、教育改革法规、学校管理、教育学科及其他相关内容。能力包括制订学校发展规划和工作计划，思想政治、品德教育，有效促进学生全面发展，指导教学、教研与课外活动，协调学校内外关系，以育人为中心开展教育教学试验，还有一定的文字与口头表达能力。当时，A框架的专业要素分为信念与品性、知能与智慧、运营与表率三类；B框架的专业要素分为知识、能力、品质三类，另外，还包括教育思想、管理理念和价值追求的个人素质。后经归纳统合为如下五类：理念、品性、知识、能力、行为。这样就构成了六项专业职责、五个专业要素的两维分析框架，共有83条具体标准，力求全面精致。有了分析框架，然后进入专业标准的行文，此时十分注重突出要点，尽量避免交错和重复，因此，校长标准分六项职责，共整合为21条，作为正文。

二

2012年4月，教育部教师工作司决定以原有校长专业标准学术文本为基础，修改制定为政策文本。司领导再次重申政策文本要突出导向性，体现教育改革发展方向的国家意志；要重视现实性，致力于解决当前存在的主要问题，尽量做到可操作、可检测。在此基础上，该文本将原有学术语言转换成政策语言，强调通俗、简洁和明白。政策文本先由北京师范大学毛亚庆等起草。该文本专列五个基本理念，基本内容仍分六项专业职责。至于专业要素，仍以"始于信（念）、重于知（识）、达于行（为）"为原则，把教育的信念和个体的品性素养在基本理念部分做总的阐明，然后把分项的要素改述为三方面，即理解与认识（3 条）、知识与方法（3 条）、能力与行为（4 条），全文共 60 条。同年 5 月，该司召开全国专家研讨会。6 月至 8 月，北京小组与原上海标准研制小组合作，又经两次大的修改后定稿呈送教育部审批。2012 年 12 月 24 日，教育部公布《义务教育学校校长专业标准（试行）》征求意见稿，在全国范围内公开征求意见。2013 年 2 月 26 日，教育部正式颁布实施《义务教育学校校长专业标准》（以下简称《标准》）。整个《标准》制定工作，历时五年，意义深远、作用重大。第一，它是一项从无到有的标志性工作。《标准》颁布以前，我们国家没有制定出自己的校长专业标准。《国家中长期教育改革和发展规划纲要（2010—2020 年）》曾明确提出制定要求，足见意义深远。这一《标准》依据我国教育法和义务教育法制定，具有标志性。第二，它是当前和今后一个时期，促进校长专业发展、建设高素质校长队伍、深入推进义务教育均衡发展的重要举措。第三，该《标准》是对合格校长专业素质的基本要求，又是制定校长任职资格标准、培训课程标准、考核评价标准的重要依据。

新颁布的《标准》，明确提出五大基本理念。第一，"以德为先"的校长道德使命。必须坚持办学方向，贯彻教育方针政策，将社会主义核心价值体系融入学校教育全过程，依法履行各项权利和义务。热爱本职工作，具有服务国家、人民的社会责任感和使命感。履行职业道德规范，为人师表，尊重教师人格。第二，"育人为本"的办学宗旨。必须以促进每个学生健康成长作为学校一切工作的出发点和落脚点。遵循规律，注重内涵发展，把全面提高质量放在重要位置。坚持正确的人才观和科学的质量观，促进学生生动活泼地发展。第三，"引领发展"的校长角色定位。校长应是学校改革发展的带头人，引领学校和教师发展，促进学生全面发展与个性发展。秉承先进教育理念和管理理念，建立健全各项规章制度，完善目标管理、绩效管理机制，推动学校可持续发展。第四，"能力为重"的实践导向。校长必须坚持管理理论与管理实践相结合，突出实践能力和创新能力。不断提高与完善专业职责六方面的能力，在实践与反思中强化专业能力的提升。第五，在"终身学习"中提高校长自身的个体素养。应将学习作为改进工作的不竭动力，不断提高自身的科学文化素养。还要及时把握国内外教育改革的发展趋势，努力使学校成为师生共同学习的家园。

三

作为对该《标准》的初步解读，在教育部教师工作司的领导和指导下，本书按校长的六项基本职责列为六个部分，每一部分均分专题导入、几项专业历练、专业知识与理解、拓展阅读与思考题等内容组成。其中专题导入、专业历练和思考题主要由原上海小组撰写，知识与理解和拓展阅读内容主要由北京小组有关人员撰写。由于本书以校长的专业历练为编写风格，所以全书定名为《校长的十二项专业历练》。这十二项专业历练依次为：

第一项历练　诊断学校现状　制定发展规划

第二项历练　规划付诸实施　定期监测调整

第三项历练　建设校园文化　组织节庆活动

第四项历练　发挥主体作用　防范负面影响

第五项历练　统筹三级课程　减轻过重负担

第六项历练　深入听课指导　开展教研教改

第七项历练　建立研训制度　关注教师发展

第八项历练　落实师德规范　维护合法权益

第九项历练　凝聚班子合力　推进民主决策

第十项历练　健全组织管理　打造平安校园

第十一项历练　争取校外资源　接受改进建议

第十二项历练　引导家校合作　参与社会服务

最后，回到校长专业标准本身，重温一下该《标准》所具备的主要特色。我想至少可以列为下述三点。第一，借鉴国际经验，突出中国国情。研制过程中，吸取了英、美等十余个国家的先进经验，包括专业职责与要素的架构，当然了解别人是为了明白自己，解决自己的问题。通过全国大范围的深入调研奠定了标准研制的坚实基础，尤其是我国校长专业职责的划分，在调查中得到广泛的实践认同。整个标准着力突显中国国情。比如，特别强调履行实施义务教育的工作使命，全面贯彻教育方针，认真执行政策法规。加强学校德育工作同样具有中国特点，在基本理念的头两条"以德为先""育人为本"中加以阐述；在基本内容中则以"营造育人文化"予以强调。我国特别重视校长的思想道德、民主作风、办学理念、人格魅力等个体素质，这在基本理念和标准内容中均有充分的表述。还有，针对当前学校存在的某些突出问题，如在减轻学生过重课业负担、建立听课与评课制度、健全学校应急管理机制等方面都提出了明确要求。在转换为政策文本时，甚至还有针对性的禁令：不得违反国家规定收取费用，不得随意提高课程难度，不得挤占课时，不片面追求学生考试成绩和升学率等。第二，制定基本标准，注重分类培养。促进校长从准专业到专业化发展，是该《标准》的目标和定位。作为基本标准，应是在职校长通过努力都可以达到的专业基本要求。经全国调查了解，校长作为个体，目前可以大致区分为三个不同的成长阶段，即职初的角色适应阶段、有一定经历的经验积累阶段和在上述基础上走向专业成熟的阶段。制定该《标准》十分强调对在职校长专业发展的动态引领作用，不仅为处于角色适应阶段的新校长和经验积累阶段的校长明确努力目标，专业发展走向成熟阶段的校长也可通过审视发现差距与不足，从而实现更有个性的全面发展，各地校长、培训部门可依据该《标准》的基本要求制订不同发展阶段、水平的分类培训要求。第三，鼓励探索创新，优化队伍建设。该《标准》符合前述《规划纲要》提出的"加强学校领导班子建设，不断提高思想政治素养和办学治校能力，坚持德才兼备、以德为先用人标准，选拔任用学校领导干部"的原则。鉴于我国不同地区差异悬殊，城市、县镇和农村之间区别明显，经反复研讨，未采用分类分等的形式来呈现专业标准的内容，而是作为今后各地制定符合本地区实情的入职标准、培养与评估标准或者实施意见的基本依据。同时，鼓励改革和创新，是该《标准》制定中始终予以重视和强调的方面，有标准不搞"标准化"，注重校长在实践中发挥积极个性，尽力脚踏实地、探索创造。正如《规划纲要》指明的，要"创造有利条件，鼓励教师和校长在实践中大胆探索，创新教育思想、教育模式和教育方法，形成教学特色和办学风格，造就一批教育家，倡导教育家办学。"

我们请教过我国基础教育"活化石"的老教育家吕型伟，造就教育教学和学校管理专家的要害何在？他说关键要有"仁爱之心"。没有爱就没有教育。再走深一步：教育的爱是一个时代的真爱之核。世上有一种质朴无华的真爱之举，那就是教育。低俗的功利终究是个美丽的陷阱，唯有教育的爱才是无私的，虽然辛苦也觉幸福。如果我们把教育爱视作时代的真爱之核，那么教育工作者将对一切喧嚣、压力或诱惑置若罔闻，而忙着在自己能力极限的边缘上寻觅，把真爱播撒到越来越多的人心里，引领所有教师都学会克服人类陋习与无知的方法。谨以此作为《校长的十二项专业历练》反复终始的端绪之言。

顾泠沅

2014 年 9 月

目　　录

一、规划学校发展

校长作为学校的领导者、教育者与管理者，不仅需要具备先进的教育理念和卓越的教学能力，更需要具备领导和管理学校的专业知识与能力，尤其是规划学校发展的能力。在《义务教育学校校长专业标准》的六项校长专业职责中，规划学校发展属于第一项，包含1—10条专业要求，分"专业理解与认识""专业知识与方法"和"专业能力与行为"三个部分。具体如下所示。

专业职责		专业要求
一、规划学校发展	专业理解与认识	1. 明确学校办学定位，履行实施义务教育的工作使命，保障适龄儿童、少年平等接受有质量的义务教育，着力保障农民工子女、残疾儿童少年、家庭经济困难学生的受教育权利。
		2. 注重学校发展的战略规划，凝聚师生智慧，建立学校发展共同目标，形成学校发展合力。
		3. 尊重学校传统和学校实际，提炼学校办学理念，办出学校特色。
	专业知识与方法	4. 熟悉国家的法律法规、教育方针政策和学校管理的规章制度。
		5. 把握国内外学校改革和发展的基本趋势，学习借鉴优秀校长办学的成功经验。
		6. 掌握学校发展规划制定、实施与测评的理论、方法与技术。
	专业能力与行为	7. 诊断学校发展现状，及时发现和研究分析学校发展面临的主要问题。
		8. 组织社区、家长、教师、学生多方参与制订学校发展规划，确立学校中长期发展目标。
		9. 落实学校发展规划，制订学年、学期工作计划，指导教职工制定具体行动方案，并提供人、财、物等条件支持。
		10. 监测学校发展规划的实施，根据实施情况修正学校发展规划，调整工作计划，完善行动方案。

专题导入

  学校发展规划既是目前国际上流行的一种全新的管理理念，又是一种全新的管理方式，它对推动我国中小学管理改革、促进中小学教育质量的提高发挥了十分重要的作用与价值。在我国基础教育领域，制定与实施学校发展规划已经成为许多地方中小学的一项常规性工作，成为中小学开展日常管理和教育改革活动的一项重要抓手，通过规划促进学校发展是许多中小学校长的共识。

  对中小学校长而言，规划学校发展要把握以下五个方面。

  1. 认真开展校情分析

  分析校情、摸清家底是规划制定的基础和前提，只有经过认真细致的校情诊断，才能确保制定科学合理的规划文本。学校发展规划作为一个专业领域发展到今天，因为有专业研究者和中小学校长的积极介入，积累了许多校情分析的专业方法，如SWOT分析方法、问题树分析方法、标杆分析方法和排序法等，这些方法提高了校情分析的科学水平，使得学校发展规划能够更好地处理好学校过去、现在和将来的关系，制定科学合理的目标，促进学校的可持续发展。

  2. 准确提炼办学思想

  在规划制定过程中，梳理和提炼学校的办学思想是尤为重要的内容。一所学校的办学思想，分为办学理念、发展定位和培养目标三个部分。办学思想对规划其他内容和学校工作的其他方面具有渗透性的指导价值。通常要经过集体研讨和教育大讨论的方式，确定一所学校的办学思想。只有这样，规划中的其他内容和学校工作的其他方面，才能在办学思想的指导下，协调一致地开展，共同促进学校的发展。

  3. 合理制定规划文本

  经过认真细致的校情诊断，确立了办学思想之后，校长就可以着手制定学校的规划文本。校长要组织校级领导班子、中层干部、教职员工、社区人员、家长、教师和学生等多方人员参与制定学校发展规划。在这个过程中要分解规划的内容和要素，依据我国义务教育阶段的要求，主要考虑课程与教学、德育、队伍建设、教育科研、特色教育和校园文化建设等内容，要确立各个领域的工作目标，制定各个领域的工作措施和达成标志。

4. 系统实施学校规划

学校发展规划包括校情分析、文本制定、规划实施和监测评估四个环节，其中，后两个环节是将规划从"文本"转向"实效"的关键过程。过去，有些校长把规划当作"抽屉文件""墙壁文件"，这种做法是学校发展规划的"大忌"，因为这样的文本仅仅是纸面"文件"，仅仅停留在理念层次，无法真正地得以实施。缺乏实施环节，再好的规划文本只会是一纸空文。学校发展规划的实施是一个系统工程，既要处理好学校内部的各种关系，又要处理好学校与社区、学校与家庭的关系；既要确保常规工作的开展，又要处理好规划重点项目的推进。只有系统化地组织实施，才能协调推进学校的发展。

5. 监测评估规划效果

学校发展规划在实施以后，还需要通过校内外的相关评估机构，对规划实施效果进行评估检测，主要通过采集规划实施的数据资料，进行评估或客观分析，判断是否达成目标，以便确定所制定的规划对学校发展的影响、成效及其可持续性。监测评估规划效果不仅仅针对规划目标，还针对规划内容和实施方式。校长要在执行规划的过程中，根据校内外形势的发展变化，及时调整规划内容与实施方式，使学校发展规划具有长期性与时效性，让学校发展规划更具活力。

第一项历练

诊断学校现状　制定发展规划

　　分析校情是制定规划的基础，校长必须具备校情诊断的能力。诊断学校现状、制定发展规划是中小学校长的第一项历练。本单元针对这项历练，介绍了三所案例学校的成功经验，能够给校长朋友们提供有益的启示。交通小学在创办初期，面临着发展定位和特色选择的诸多困境，但是通过认真细致的校情分析，找到了学校的特色教育项目，把握了学校的发展定位，促进了学校的快速发展。北坪实验小学通过确立学校的教育使命，明确了学校的发展定位，使学校得到了跨越式发展。京桥小学作为百年老校，科学地处理了传承与创新之间的关系，把握住"三修"文化在学校发展过程中的"灵魂"引领价值，在此基础上整合了各种优质资源，学校发展呈现出良好的势头。

案例一：摸清家底，合理规划

交通小学的前身是一所大学附属实验学校的小学部，2004 年 7 月，随着教育属地化管理政策的出台，交通小学从中学脱离，走上了独立发展的办学道路。

1. 把校情诊断作为规划的基础性工作

交通小学最初的规模很小，只有十多个教学班，教师二三十人，组织框架、师资结构、教育设施均不够完善。由于体制方面的原因，属地化管理之前，学校与外界的沟通交流很少，对外界教育形势的发展变化缺少了解和把握，对现代教育观念缺乏认识，在办学理念和办学策略等方面都比较滞后，办学特色更是无从谈起。再加上办学时间短，办学条件简易，没有任何现成的办学基础设施，完全从毛坯房起家。这些主客观因素综合在一起，使学校从起步第一天起，就面临重重困难。鉴于这种情况，校长走马上任后，就把"通过规划促进学校发展"作为一条重要的办学思路。在规划制定过程中，把校情诊断作为重要的基础性工作，校长希望通过认真细致的校情分析，寻找学校的特色教育项目，准确地把握学校的发展定位，促进学校的跨越式发展。

从地域教育状况来说，与交通小学相邻的几所小学，少则办学二三十年，多的已有七八十年，有一所学校甚至有近百年的办学历史，无论是办学底蕴、文化积淀还是社会影响，都是交通小学所无法企及的。相对而言，交通小学还是一所薄弱学校，没有资本去"叫板"或"抗衡"其他学校。如何让学校尽快走上优质高效的发展道路，成为一所让上级部门满意、百姓认可、社会声誉高的品牌学校，这对学校而言是一个巨大的挑战。

尽管学校面临着压力，但也拥有自己的一些优势。年轻就意味着可以大胆改革与创新，意味着富有生机和活力。年轻的学校、年轻的管理团队、年轻的教师队伍，只要有教育的梦想，必将在办学的过程中迸发出不一样的教育激情，给学校带来勃勃生机，这是学校发展的一个潜在优势。年轻就如同一张白纸，可以绘出最美丽的图案，学校可以精心设计教育愿景，规划教育蓝图。

校长在教职员工大会上一直强调，"没有规划就没有愿景，没有愿景就不可能有美好的未来"。为了使学校尽快走上发展正轨，学校在创办初期，就开始着手规划学校的发展方向，并把打造特色教育作为其中的一项重要内容。校长认为，办学不能闭关自守、墨守成规。要提升学校核心竞争力，形成自己独有的办学特色和优质品牌，打造上级主管部门认可和社区百姓拥戴的优质教育，必须借助规划师的专业能力制定学校发展规划，这是实现学校可持续发展和创新发展的重要举措。校长还清醒地意识到，通过校情诊断认真分析学校的内外部条件、教师业务素养以及学生的发展需求，这对学校准确把握未来的发展方向具有决定性的作用。为此，学校将"分析校情"作为制定规划的一项重要的基础性工作。

校情分析是学校对自身家底全方位的解剖和审视，它强调分析的透彻性和审视的客观性。结合学校的具体情况，规划师与学校领导一起，从历史沿革、现有状况、可用资源和发展潜力等方面进行深入分析，对办学以来的经验、成绩以及存在的不足进行全方位的回顾和梳理。校情分析为学校规划未来发展提供了最为直接、最为充分的依据，帮助学校调整办学思路，确立发展定位，寻找优先发展项目，促使学校快速发展。

2. 多方协力，参与校情诊断

校情诊断既有对过去的分析，又有对现状的把握，更有对未来的预测。它对确立学校的办学思想、发展定位和育人目标以及挖掘并形成独有的办学特色都有直接的影响。校情分析不应是一种简单的学校管理层的行政行为，而应该是全体教师、家长代表和学校规划师共同参与、合作完成的活动过程。

一所年轻学校的创办，如果缺乏专家引领和科学规划，很大程度上会自困于"照葫芦画瓢"或同水平反复，犹如"萝卜烧萝卜，白菜炖白菜"，永远没有创新，也上不了层次。为此，学校邀请了一些高校和研究机构的专业人员，以及区域内的教育专家和社区代表，会同学校领导和部分教师，组成校情分析小组，全面客观地会诊学校情况。学校希望依托专家团队，提炼办学理念及发展目标；希望依托高校的教育资源和文化资源，丰富学校的教育内容，打造教育特色；希望依托社区、企业园区及体育、艺术机构的资源，提升学生素质。总之，希望通过整合各方资源，提升学校的综合实力。

教职员工是学校的发展主体，校情分析尤其要发挥教职员工的作用。教职员工积极参与校情分析，并勇于发表自己的意见，对于正确诊断学校在发展过程中面临的优势和劣势、机遇与挑战具有非常重要的作用。一方面，这是因为教职员工最了解自己的学校；另一方面，因为学校改革的推进有赖于教师的积极参与。基于家校合作的理念，学校还邀请家长代表参与校情分析，为学校发展出谋划策。

3. 科学合理的分析策略

学校主要采用两大策略开展校情分析。

首先，"自下而上"与"自上而下"相结合。规划过程本质上是一个协同合作的过程。通过校情分析，规划学校发展，绝不是个人力量可以做得到的，它需要集体的智慧。在校情分析过程中，学校尊重教师的话语权，充分调动全体教师参与的积极性，以"年级组""教研组"为单位，采用"自下而上"的方法，让全体教师共同参与校情分析。教师可以基于自己的实践体会和职业感受，充分发表自己的意见和想法，表达自己的意愿和诉求。规划师、科研专家及管理层则借助"自上而下"的形式，将校情分析的初步结论、学校对于自身的定位以及未来的发展方向，通过教职工大会、教代会等形式广而告之。经过几轮的意见征询，达成共识，最终撰写校情分析报告，为制定规划文本奠定基础。

其次，开展"头脑风暴"与"漫谈沙龙"。针对校情分析，学校多次组织"头脑风暴"与"漫谈沙龙"活动，并邀请规划师和科研专家全程参与。所谓"头脑风暴"，是一种类似"挤牙膏"式的思维碰撞与交流活动，它在专家的不断引导、追问下，让学校班子成员抛开所有思想顾虑，针对学校发展畅谈个人的意见和观点。通过彼此间疾风暴雨般的争论、辩驳，最终让大家的认识达成基本一致。2005年，行政班子在番茄山庄进行的活动，就是一次最为典型的"头脑风暴"，至今还清晰地留在很多人脑海中，成为学校制定第一轮规划过程中最值得记忆的一次经历。所谓"漫谈沙龙"，是一种"聊天"式的漫谈交流活动，由学校行政分头参与，学科教师分批参加。大家可以在轻松的氛围中，围绕自己的工作现状说出自己内心的真实想法，包括职业理想、工作感悟、情感需求、未来期许等，一些对学校现状的独到分析和对未来发展的精妙构想，就在这些漫谈过程中被挖掘出来。

在校情分析过程中，学校有幸得到了高校专家的直接参与和临场指导，也第一次与SWOT方法有了零距离接触。作为一种非常直观、实用的系统分析方法，SWOT方法截取学校发展的四个基本维度——优势、劣势、机会和威胁，通过归纳、对比和概括等，对学校情况进行系统分析，它不仅可以帮助学校了解内部存在的优势和劣势，还可以帮助学校诊断外部环境对学校产生的机遇与挑战。

通过讨论，学校总结了自身的发展优势：①知名大学附属实验学校的品牌优势。大学附属实验小学是学校的金字招牌，学校可以依托大学先进的教育理念、浓厚的文化底蕴以及丰富的教育资源和人文资源，谋划学校发展的新篇章。学校与大学建立了合作关系，一些二级学院和研究所与学校也建立了伙伴合作关系，这样，大学二级学院、研究所不仅为大学生创设了校外实践基地，还为小学生义务提供了参观和实践的活动场所。②年轻化的队伍结构及"科研兴校"的强烈意识。学校成立初期，教师平均年龄在30多岁，硕士研究生3人，中学高级职称3人，中级职称25人，初级职称29人，部分青年教师的专业特点鲜明，专业化层次高，如舞蹈、体操等。从教师队伍的结构可以看出，学校教师队伍年轻、有活力，学历层次普遍较高，具有良好的职业意识、充沛的精力以及厚实的文化基础。学校把教育科研当作发展的助推器，积极创设浓厚的科研氛围，力图让教育科研为"新基础教育改革"和"二期课改"服务。同时，专家团队、规划师的加盟，为学校进行研究和改革实践奠定了坚实的专业支持。③教师培训渠道拓宽，确保教师专业化发展。2005年，学校管理发生了很大的变化，由原先的大学管理转为属地化管理，学校领导高度重视师资队伍的优化建设，努力为教师专业发展创造条件。除了积极支持官方组织的"240"培训和其他培训活动，还把学校经费的重头，投入到优化师资队伍建设的工程中，通过校本培训、外出观摩交流等活动，为教师创设良好的学习条件，促进教师的专业发展。④人口导入区的区位和生源优势。2005年以来，学校所在区域人口急剧扩张，外来流动人口快速增长，成为市内最大的人口导入区。而交通小学与知名高校和科学园区比邻，这使得学校在吸引生源方面具有得天独厚的区位优势。学校生源无论从数量和质量上都朝好的方向变化，学生家庭经济状况普遍良好，文化层次普遍较高，父母不仅愿意也有能力对孩子进行教育和智力投资，而且非常注重对孩子业余兴趣的培养。

学校也清醒地认识到了发展过程中的劣势：①建校历史短暂，缺少名师和骨干教师。现阶段办学，学校的"品牌效应"很重要，而客观地分析学校的历史与现状，由于建校历史短暂，教师队伍年轻化，30岁以下的教师几乎占了一半，教师的知名度和教师在区域内的影响力不足，学校缺乏名师和骨干教师。如何尽快培养在区域内有影响力的名师和骨干教师，是学校亟待完成的重要工程。②学校条线工作发展的均衡性有待加强。学校对德育、少先队、教学、科研等部门的工作非常重视，改革力度大，但取得的成效需要一定时间之后才能突显。相比较而言，对信息技术和后勤部门的支持不够，学校条线工作发展呈现不均衡状况。

通过对外部环境的诊断，学校也认清了发展机遇：①属地化后的政策支持和资源支持，为学校进一步发展提供了保障。学校成为区教育局直管单位后，经费投入充足，为学校开展各类活动奠定了坚实的经济基础。同时，随着教育局对学校硬件建设的支持力度逐年加大，学校设备齐全并不断得到优化。近700平方米的一流的专业体操训练馆，设施齐备的形体舞蹈教室、音乐教室等，都为学校有效开展教育教学活动，推进特色教育项目提供了很好的物质条件。②体育俱乐部、小伙伴艺术团基地的奠基、多区联动关系的建立，为创建特色课程提供了有力保障。2005年、2006年，中福会小伙伴艺术团培训基地、市少儿体操训练基地相继在学校落成，学校为此专门引进了国家级、省市级的退役体操运动员和一批基本功扎实的艺术专业教师，组成专业教师团队；还主动邀请市体操运动训练基地、区体育局的专家教练以及市小伙伴艺术团的教师经常来校参与教学，为学校精心打造"形体与舞蹈"课程品牌、争创特色学校打下了坚实的基础。

学校也清醒地意识到面临的外部环境挑战：①周边名校较多，竞争压力大。在学校方圆三公里之内有多所历史名校，近年来也涌现出一两所后起之秀的小学，这些学校积累了丰富的办学经验，还有一大批名师支撑，在学校管理、教育教学改革方面可以说是得心应手。而交通小学的教师队伍比较年轻，办学历史短暂，又地处周边名校包围之中，这些因素在无形中催化了学校与学校之间的竞争，给学校的管理工作和教育教学改革带来了巨大压力。②家长需求多样，学校面临严峻挑战。学校生源参差不齐，半数以上的学生来自学校周边，属于本学区的学生。还有约四分之一的学生属于大学教职工子女，约四分之一的学生属于学区外来借读的形体舞蹈、体操特长生等。生源的多元性，决定学生家长的素质、文化层次、家庭背景等落差较大，不同的家长对学校管理、教育教学改革要求的期望也不一样。一些海归学者，带着不同国家的教育理念回国，无形中经常会把学校教育和海外教育进行比较，一些文化层次较高的家长，经常会对学校教育、教学和管理改革提出自己的建议和意见。面对一个个"金点子"，学校的管理和教育教学改革等，有时会陷入众口难调的境地，如何尽可能满足各类家长的教育需求，这对学校来说是一个严峻挑战。

上述四个维度的校情分析表明，学校的发展劣势和挑战客观存在，需要予以正视和积极应对，学校要以科学有效的管理、强有力的队伍建设等举措，来缩短与名校间的差距，提高学校的办学品质。同时，学校也存在发展优势和机遇，这些独特的优势条件和机遇，是其他同类学校所无法复制的，这是学校赖以生存和立足的资本，更是学校打造优质公办小学的底气。

如何将深入细致的校情分析结论用于规划的制定和特色项目的挖掘，这是一项更重要的后续跟进工作。校长认为，不管是规划文本制定，还是特色项目挖掘，都应着眼于学生的全面健康发展，着眼于教师的职业理想和专业发展，都应该立足于办学需要和校本资源，这是一个最基本的指导思想。

基于校情分析的结论，学校综合梳理了所有内外部的有利因素，寻找其中的纵横关联性和彼此互补性，并根据区域内的实际状况，借鉴"错位经营"策略，形成了一条独特的办学思路：确立以"形体与舞蹈"为特色的教育项目，以"走进××大学"为校本开发课程，凸显办学特色，提升办学实力，实现艺体教育、科技教育的比翼双飞。这是基于学校的区位优势、与知名大学和高层次研究机构长期的合作关系以及作为市中福会（中国福利会）少儿舞蹈培训基地、市少儿体操训练基地等特有条件而考虑的。充分利用这种优质的办学资源，对促进学校快速发展、形成办学特色具有极其重要的作用。

自 2006 年以来，学校立足于艺体教育和科技教育的创新改革实践，以项目推进来促进学校特色发展，将"形体与舞蹈""生命科技教育"融入课程体系和各项教育教学活动之中，取得了一系列令人瞩目的成绩，得到了学生、家长和社会的高度认可，促进了学校的跨越式发展。

道理与点评：校情分析是制定学校发展规划的基础。学校要在摸清家底的前提下，清晰地梳理发展过程中的优势和劣势，认清发展过程中的机遇和挑战，为进一步提炼学校的办学理念、思考学校的发展定位、明确学校的育人目标奠定基础。如果缺乏系统、客观、科学的校情分析，整个学校发展势必成为无源之水，无本之木，陷入盲目的境地。

学校从历史中过来，还将在未来的道路上继续发展下去。审视学校的过去和现在，是为了更好地着眼于学校的未来发展；分析学校办学的优势、劣势、机遇和挑战，是为了从学校历史中寻找到经验与动力，去创造更美好的明天。这是学校规划过程中校情分析的作用和价值所在。交通小学立足于对学校内部环境和外部环境的正确分析，把握住了学校的发展定位，找到了学校的特色教育项目，取得了优异的办学业绩。交通小学的校情诊断具有典型性和示范性，对其他学校会产生有益的启示。

案例二：明确发展定位，践行学校使命

北坪实验小学根据《国家中长期教育改革和发展规划纲要（2010—2020年）》与《××市中长期教育改革和发展纲要》提出的战略任务要求，结合学校的具体情况，制定并实施了新一轮的五年发展规划。在规划制定过程中，校长就学校的发展定位、育人目标等问题征询全校教师和学生家长的建议，力图以制定规划为契机，凝聚集体智慧，增强师生对办学定位的认同感，形成发展合力，更好地践行学校的教育使命。

1. 诊断与分析学校现状

北坪实验小学是西部地区的一所知名小学，建于1914年，中国民主建国会创始人之一胡子昂先生曾为学校题词。学校从创立至今近百年的风雨历程，可以说是一部浓缩版的××市近代教育史，悠久的办学传统是学校发展的精神支柱，深厚的人文积淀为学校提供了丰富的教育资源，对学校文化建设和确立未来发展方向有着重要的启示价值。从创办至今，学校一直秉承责任育人的办学宗旨，并将其贯穿于教育教学过程之中，让每一位教职员工与学生，都在关注细节中承担起自身的责任，弘扬正气，展现"走进北坪实验小学的孩子是幸运的，走出北坪实验小学的孩子是幸福的"的办学魅力。

随着办学质量的不断提高，上级政府希望学校辐射成功经验，扩大办学效益。学校在原有基础上划分为四个校区，形成了以"一校四点"为主要特点的集团办学格局，探索尝试"优质教育集群"的办学模式。这不仅改变了过去办学场地狭小和学生数量过多这一"瓶颈"问题，更重要的是可以将学校已有的优质教育资源和办学经验辐射到区域内的其他小学。在深入推进城乡教育均衡发展，实现教育公平这一大背景下，学校的办学模式改革不仅为区域教育改革提供了有益的经验，更为自身发展创造了新的机遇。

创校以来，学校的办学理念从新中国成立前的"教育救国"到新中国成立后的"科教兴国"，从强调教师爱生乐业的职业道德到关注教师专业能力与综合素养的提升，从注重学生的学业成绩与行为规范到学生的全面发展与个性培养并重，学校发展始终与时代发展保持一致。进入21世纪后，学校面临着教育本土化与国际化的双向推进、校本课程开发、发挥集团教育管理优势等诸多新情况和新问题。为了延续并发扬悠久的办学传统，保障学校的长远发展，全体师生就学校当前的发展状况展开研讨并在此基础上制定新一轮的发展规划。

学校拥有一支专业水平高、结构合理的高素质教师团队，这是学校的优势所在。现有教师158人，其中市区级骨干教师、学科带头人、高级教师的比例接近教师总人数的68％。近三年内，共有1人获第四届全国外语教师园丁奖，1人获国家基础教育研究中心外语教育实验中心实验学校"名师"称号，1人被评为市教育科研基地学校"十佳教科室主任"，5人被评为市级骨干教师，2人被推荐参加市级骨干教师培训班学习，3人被评为区先进教育工作者，6人被评选为区教育科研先进个人，2人取得全国科研型骨干校长（教师）证书。高水平的教师队伍是保障和提高学校教育教学水平的中坚力量和关键要素，也是学校发展的不竭动力。

学校特色教育是学校在开展教育活动过程中所表现出来的独特的、优质的、稳定的教育特征，在当前倡导彰显学生个性、培养创造性思维的背景下，追求教育特色成为现代教育改革与发展的必然要求，对学校的长远发展有着非常重要的意义。北坪实验小学在打造教育特色方面具有良好的基础。学校以《靓色英语》为特色建设的突破口，通过进行英语教学实验、开发校本课程与教材、开展国际教育交流合作等方式，在所在市和西部地区乃至全国，走出了一条有英语特色的办学之路，取得了丰硕的教学成果：成为市内第一所实现小学英语长、短课结合的学校；市内第一所国家基础教育实验中心外语教育研究中心实验学校；第一所市教育科学研究院双语实验学校；市内唯一一所全国优秀外语实验学校；市内唯一小学英语短剧特等奖——《新白雪公主》；市内唯一获全国四项金奖的英语剧——《汤姆·索娅》。同时，英语特色教育也带动了学校其他方面的工作，学校先后荣获了"中央教科所校本课程实验基地""中央教科所德育科研先进集体"等荣誉称号，它们为学校整体办学特色的最终形成和学校的可持续发展奠定了坚实基础。

北坪实验小学在制定学校发展规划时，也清醒地认识到学校存在的一些问题。如学校管理者和教师对现代教育理念认识理解有待进一步深化；缺少教育家型校长的引领；"一校四点"管理模式的创建尚需进一步完善等。

上述优势和机遇的分析，缺憾和"瓶颈"问题的挖掘，为北坪实验小学明确学校使命、确立发展定位提供了扎实的认识基础。

2. 明确发展定位

学校发展定位是指学校今后的发展方向。北坪实验小学依据已有的发展基础与存在的问题，结合相关国家文件与区域社会经济发展对教育提出的要求，通过召开研讨会、进行访谈与发放问卷等多种形式，征询教师、学生、家长、校外专家及社会人士等的建议，在新一轮五年发展规划中明确了学校的发展定位：建立一所具有"现代化""个性化""国际化"的办学特色、以责任教育为核心、具有国际视野的优质学校。

在北坪实验小学，"现代化"的核心是人的现代化，即教师和学生的现代化。学校通过校本培训、交流访问等多种形式，转变教师的教育观念，更新教学方法，优化课堂管理，提高教学质量，从而培养出适应参与国际经济竞争和综合国力竞争的新型劳动者和高素质人才。

"个性化"首先是指北坪实验小学的个性特色，包括有个性特色的培养目标——学生责任意识的培养，有特色的课程设置——双语课程的开发，教学方法的改革与创新，教师的个性，有特色的校园文化等。其次，强调教师在教育过程中要突出学生的主体地位，培养学生的主体意识和主体能力，让每一个学生都找到自己个性才能充分发展的独特领域和生长点，为每一个学生的成长搭建平台。

"国际化"的核心则是充分利用国内和国际两个教育市场，来优化配置学校的教育资源和要素，发挥学校的英语教学优势，培养具有国际视野、国际交往能力和国际竞争能力的现代化人才。

为了更好地监控学校各方面的工作进展，保障学校发展规划的有效实施，最终如期实现目标。在总体发展定位之下，规划小组又制定了详细的阶段性发展目标。其中，一年发展目标是使学校成为所在地区"优质教育集群"的样板工程；三年发展目标是使学校成为市内享有"特色示范学校"称号的一流小学；五年发展目标是使学校成为具有国际视野的综合性发展的名校。

总之，学校在明确办学定位时，全面考虑了各个领域与各个部门的情况，找准学校的"最近发展区"和"最优发展区"，确定了具有北坪实验小学特色的发展定位。

3. 践行学校使命

通过多次研讨，全体教师高度认同学校的发展定位，各个部门通力协作制订了部门行动计划，确立了相关的改革措施和策略，以保障学校五年发展规划的有效实施。

在规划文本中，北坪实验小学确立了办学宗旨："植根责任，靓色英语，多元发展。"学校围绕着责任教育这一核心办学理念，深入分析其中的思想内涵，提出了自己的教育使命，即"责立学校，任当世界"。

践行北坪实验小学的教育使命，即追求传承中国优秀历史文化与吸收世界先进文化的有机融合，使学校教育既有"中国灵魂"又有"世界眼光"。学校依托百年校史，深入挖掘其中的优良教育传统，将"责任"文化融入学校工作的方方面面，把"责任"教育上升到以培养民族责任感为重点的高度，从而构建一种优秀的学校精神。学校以责任文化引领学校发展，以责任文化凝聚师生精神，以责任文化铸造学校品质。在北坪实验小学，责任文化成为学校的精神风貌和行为方式，成为学校每一个成员文明修养、道德情操的综合反映。

针对学校使命，学校开展了相关的教育科研工作。学校申请并立项了市一级的责任教育科研课题，通过教育科研深化学校师生的认识水平，寻找责任教育的新亮点和新突破。学校开发了责任教育的校本课程，开展了以责任教育为特色的学科教学实践研究。英语组充分发挥英语教学的特色，利用与英国利物浦市格兰治小学交流的有利条件，扩大对外交流的范围和层次，逐步拓宽交流学校的范围，争取更多的国际资源，吸取发达国家在责任教育方面的优秀经验。学校充分发挥高水平英语教师团队的作用，逐步探索以英语教学为基础，以"双语"教学见长，并培养"多语"兴趣的外语教学模式。学校以英语教学作为切入口，其中融入责任教育，引导学生以开放的心态和环球的眼光学习世界上一切民族的优秀文化。

此外，学校还开展了丰富多彩的活动，诸如每位学生"六个一"的快乐体验活动，"把责任存入人生银行"的主题系列活动，以及"五彩童年，放眼世界"艺术节活动等。通过这些活动，拓展了责任教育的内容和范围，促进了小学生知、情、意、行的和谐发展，奠定了基本的社会公民素养。

道理与点评：一份高水平的学校发展规划必定体现着学校承担的教育使命，具有准确的发展定位。这是学校发展的灵魂，也是学校发展规划的核心内容。很多学校的发展规划，给人以"缺魂"和"无根"的感觉，主要是由于对学校使命和发展定位的思考不够系统和深入。北坪实验小学在新一轮发展规划的制定过程中，体现了对学校现状和未来发展趋势的清醒认识，确定了一个既有一定高度，又符合学校实际，而且具有可操作性的办学定位。在育人目标方面强调全面发展与个性培养并重、民族传统与国际视野兼备的培养路径。学校把"责立学校，任当世界"作为自己的教育使命。通过学校文化建设、教育科研、学校课程建设、学科教学和德育等途径，践行学校的教育使命。"责立学校，任当世界"成为学校发展的灵魂和主线，学校各项工作由此得以整合，这对义务教育阶段的学校，有较强的实践指导意义。

案例三：传承"三修"文化，促进学校内涵发展

京桥小学是一所百年老校，创建于 1904 年，原名"三修学堂"，具有书院性质，取意"三修"，旨在勉励师生"修德以清白做人，修艺以愉悦心灵，修身以奉献社会"。2007 年，因原址市政扩建，迁至新校区。面对 21 世纪教育现代化的今天，学校发展面临诸多困惑：百年的文化积淀，需要传承发展还是另辟蹊径？传承什么？如何传承？学校传统如何跟上时代精神的节拍？学校发展规划的制定，无疑是解决上述困惑的一种很好的途径。

1. 挖掘"三修"内涵，提炼办学思想

对京桥小学而言，独树一帜的"三修"教育，其实是学校创办初期就已提出的办学理念，它是学校发展不可或缺的精神财富，是学校发展的精神动力。因此，在制定规划过程中，学校致力于挖掘"三修"教育的内涵，在此基础上提炼学校的办学思想，并把它与课程建设、教师专业发展、校园文化建设和学生培养等工作结合在一起，最终促进学校的内涵发展。

在制定规划过程中，针对办学思想，学校开展了全体教职员工参与的"教育思想大讨论"，大家一致认为，京桥小学的发展规划，一定要处理好传承与创新的关系，在此基础上促进学校的可持续发展。

首当其冲的一项工作，乃是深入挖掘"三修"教育的内涵。参与讨论的教职员工认为，"三修"教育具有丰富的内涵，它永远也不会过时。可以对它进行多种角度的解读：①"三修"教育中的"修身""修艺"和"修德"，主要指的是培养目标，作为培养目标，它重视了学生的全面发展。②"三修"教育中的"修"，既关注了学校教育的过程与方法，又关注了教育者与教育对象共同发展的轨迹，这与现今素质教育提倡的"全面发展"以及"二期课改"提倡的"以人为本""师生共同发展"等理念不谋而合。

学校在制定规划时，进一步强化了学校传统与现代教育改革要求的契合，明确提出了学校的发展愿景：弘扬"三修"传统文化，创新"三修"教育的丰富内涵，探索学校历史文化教育资源开发与利用的方法与途径，以学生发展与教师发展为本，促进学校内涵发展，构建与现代教育理念相契合且具有京桥小学传统文化底蕴的"三修"教育特色。

在育人目标上，结合"三修"教育的内容，学校要求学生成为"六有"人才：①"有健康的精神世界"——学生感受到生活的美好，人性的美好，感受到生活里充满了阳光，懂得感恩，懂得回报；②"有强烈的求知欲望"——学生对

周围的世界和自身充满好奇，能够积极地探索，多渠道地尝试，不断地形成认知冲突，不断地试图解决问题；③"有明确的自主意识"——学生积极主动，懂得自我发展的重要性，能够在教师的引导下自觉地反省自己，且不断培养自己的发展能力，主动地成长；④"有积极的个性追求"——学生认真对待自身的学业，促进全面素质的提高，在夯实知识基础的前提下，有自己的兴趣爱好，追求个性的自由发展；⑤"有持续的发展潜力"——学生不仅满足知识与技能的学习，还注重过程与方法，形成积极的情感、态度和价值观；⑥"有鲜明的个性特征"——学生在特定的文化熏染下，文明礼貌、干净整洁、诚实自信、活泼开朗，表现出京桥小学生特有的形象特征。

同时，规划文本中对教师发展也提出了"五有"的目标要求：①"有实现自身价值的需要"——教师把工作当作享受，在育人的同时育己，在成事中成人，在焕发学生生命活力的同时，焕发教师自己的生命活力，真切地享受教师职业内在的尊严与幸福；②"有高尚的教师德行"——善、公正、责任感是教师德行的核心，具体表现为教师对学生的爱心、对家长的热心、对同伴的贴心；③"有娴熟的教育教学技艺"——教师按照教育规律和学生的心理规律，智慧地、艺术地教育学生，灵活地、技巧地驾驭课堂教学；④"有较强的课程开发和教育科研能力"——教师不再是课程忠实的执行者，而是课程的开发者；教师不再仅仅是一个教学"操作工"，而是一个思考者，一个思想者，一个研究者；⑤"有现代信息技术的开发和应用能力"——教师具有较高的信息素养，熟练掌握现代信息技术，并能灵活有效地运用到教育教学实践中去。

2. 把"三修"教育渗透到学校各项工作之中

学校的办学思想一旦形成，必然会对学校各项工作起着渗透性的指导价值。京桥小学以"三修"教育为指导思想，在规划学校发展过程中提出了一系列的改革举措。

（1）挖掘书院精神，转变学习方式

京桥小学创校时，是一所具有书院性质的学堂。因此，学校在制定规划时，挖掘了书院精神的内涵，并把它与学习方式变革结合在一起。校长认为，"三修"教育除了上述所倡导的"修德、修艺、修体"的教育内涵，还倡导"修"的精神与气质。"修"在中国传统文化中体现为学问、品行方面的自我钻研、自主研习，倡导一种基于自我独立学习、自主反思的学习方式与方法。"修"的韵味体现了中国古代教育在长期发展历程中不断积淀和凝练而成的书院精神。书院精神是什么？正如著名教育史专家王炳照教授所说："书院真正的精神唯自修与研究。书院里的学生，无一不有自由研究的态度。虽旧有山长，不过为学问上之顾问，至研究发明，仍视平日自修得如何。"在创校初期的"三修"学堂中，恰恰就体现了倡导书院精神回归的愿望与诉求，倡导以个人独立的、充满自由色彩的方式进行研修与学习，注重启发引导和相互讨论，这有利于因材施教，提高学生独立研究的能力。

这种倡导"修"的学习精神与教育品质，有助于转变目前在一些课堂中存在的单一、被动的学习方式，提倡和发展多样化的学生学习方式，有利于学校教育中学生自主、探究、体验的学习方式的形成与发展。

（2）以"三修"教育为指导，开展课程改革

京桥小学以"三修"教育为指导，积极开展课程改革。学校围绕着"三修"教育，开发了一系列的校本课程。

这一类的校本课程是指在学校实施"三修"教育实践中，为承载"修德以清白做人、修艺以愉悦心灵、修身以奉献社会"的教育信条，以学校为主体而开发的课程体系。学校深入挖掘和传承优秀传统文化，进一步整理和表述了"三修"文化的历史、人物、故事和内涵，编写了适合小学生学习的校本教材。"三修"校本课程的建设，给学生提供了良好的教育内容，提供了最大限度地促进学生自主发展和个性发展的机会，提高了学生的创新精神和动手操作能力，同时还提高了学校教师的课程意识，激发了教师的教育教学潜能，促进了教师的专业发展。

（3）以"三修"教育为指导，深化德育工作

京桥小学以"三修"教育为指导，深化了学校的德育工作。学校结合"三修"教育，开展了以民族精神认同为重点内容的系列教育活动；结合节庆活动，深入开展继承"三修"传统文化的特色德育活动；不断改善德育活动的内容、方法和途径，开展为社区、学校、家庭、长辈"做小事，做贡献"等活动，提高对学生情感教育、行为规范教育、礼仪教育等的针对性和实效性。

（4）以"三修"教育为指导，开展校本研修

基于"三修"教育的理念，京桥小学探索创建了新型的教师研修体系，发挥了校本研修在教师专业发展过程中的正向功能与积极作用。这项工作体现在以下五个方面。

第一，发挥教研组的研修功能。制定教研组活动的基本准则与参考方案，把教师组织起来，就如何在校本课程、学科教学中渗透"三修"教育展开讨论与交流，通过经常性的研讨活动，激发教师的思维、兴趣与热情，让更多的学科教师了解和支持"三修"教育。

第二，发挥教研组的示范功能。教研组除了具有研修、发挥学习型组织以促进教师专业技艺发展的功能外，同时还要发挥示范功能，尤其要让"三修"教育的"修德""修艺"与"修身"在学校中发挥积极示范作用。例如，"修德"以加强教师职业道德的修炼，提升教师道德素质，将教师德行的提升作为学校教研组活动的主要工作，制定教师"修德"的行为准则与示范手册；"修艺"以加强教师教学艺术的修炼，提高教师的课堂教学效果；"修身"方面，则关注教师的身体健康和心理健康，让教师具有健康的身体和心灵，对学生起到示范作用。

第三，开展教学案例研讨，改进教学水平。以"三修"教育为指导，开展相关的课堂教学实践改革研究。学校要求每位教师在开学时分析个人教学方面的优势及不足，并根据自己的不足制订个人教学改进计划。学校为每位教师提供展示平台，每位教师在学校都有机会上微课，以呈现自己的教学案例，针对教学实践中的典型案例，教师们共同研讨，以达到资源的共享和教师之间的互动，最终改进教师的教学水平。

第四，开展"三修"教育专题研究。在规划文本中，学校明确以"小学'三修'教育的研究"为规划龙头课题，下设"'三修'教育的校本课程开发""基础型课程中的'三修'教育的学科渗透"以及"德育活动中'三修'教育的渗透"三项子课题，学校希望通过龙头课题的研究，重点探讨"三修"教育的内涵，研究"三修"教育的实施方式，讨论学科教学中的重点和难点问题。学校准备组建各学科的联动研究小组，由科研室主任和组长具体引领相关小组的日常研究。学校希望通过龙头课题的研究，培养研究型的教师。

第五，以"三修"教育为指导，营造学校文化。在精神文化层面，学校基于"三修"教育，倡导与"修德""修艺""修身"契合的校风、班风、学风、教风的建设。在制度文化层面，基于"三修"教育，构建了学校日常的教育制度与规范体系。在物质文化层面，基于"三修"教育，重视教育环境、教育标志和教育景点的设计，完善了校容、校貌、校园建筑及各种设施等，使学生潜移默化地受到"三修"教育的感染和熏陶。

通过上述规划举措，"三修"教育焕发出新的生命活力，促进了学校的可持续发展。

道理与点评：对京桥小学而言，"三修"文化乃学校的灵魂。在新一轮规划期间，京桥小学贯彻落实科学发展观，辩证地处理了继承与创新的关系。通过教育思想大讨论，形成了"传承'三修'文化，促进学校内涵发展"的办学理念，在此基础上整合各方资源，系统考虑学校的改革举措，有效地促进了学校的发展。京桥小学的改革实践表明，学校办学思想的确立，对于学校发展具有重要的渗透性指导价值。

第二项历练

规划付诸实施　定期监测调整

　　本单元包括三所案例学校，它们在实施学校发展规划，通过监测评估调整规划目标和规划内容方面积累了成功的经验。无论是宝七初中、明强小学还是广敏学校，都有一个共同的特点，那就是规划文本制定之后，不是把它们束之高阁作为"抽屉文件"和"墙壁文件"，而是认真地实施规划，让规划通过实施体现它的良好效果，并且通过监测评估，及时地调整规划的目标、内容和实施方式，让学校发展规划更加有针对性和实效性，最大限度地发挥规划引领学校发展的价值，这些有效的做法，值得中小学校长认真学习。

案例一：让学校发展规划"活"起来

宝七初中是位于古镇上的一所公办初中，只有30年的办学历史。学校环境优雅，人际关系和谐。学校参与了华东师范大学叶澜教授主持的新基础教育实验项目，科技教育在区域内具有一定的知名度。学校根据上级政府的要求，制定并实施了新一轮发展规划，以规划促进学校发展，使学校整体办学水平稳步提升，成为区域内一所有较强影响力的优质公办初中。

1. 学校面临的问题与解决问题的途径

宝七初中秉承上一轮规划提出的"尊重、合作、超越"的办学理念，以"基础扎实、情趣明显"为育人目标，坚持科技教育的办学特色。近年来，随着"二期课改"的深入推进和"新基础教育"的实践研究，学校在办学条件、日常管理、教育科研和教学改革等方面均取得了不俗的成绩。但在现代教育转型发展时期，学校仍面临着诸多亟待解决的问题，尤其是一些制约学校长远发展的结构性和机制性问题。

全体教职员工围绕"学校当前存在的主要问题"这一话题，与高校教育专家、学生代表、社区代表、学生家长等相关人员一起，共同参与"头脑风暴"等多种形式的研讨活动。学校领导征询每位参会人员的意见，取得了共识，并将其写入了新一轮的学校规划文本中。

参与讨论的许多教师认为，为了实现学校的长远发展目标，有以下三个问题需要引起重视：首先，教师队伍的整体专业化水平与学校发展需求之间存在着一定的差距，表现为教师专业发展不均衡、教学效率低、队伍结构不尽合理、缺乏有影响力的教师以及未形成高质量的教师梯队等；其次，课程改革与教学改革须进一步推进，在课程方面，需要进一步优化与整合三类课程、编写校本教材、探索课程管理和课程改革新举措，提高课程的育人功效。在教学方面，需要继续探索优化课堂教学策略，提升课堂教学效率，从而切实减轻教师工作压力和学生学业负担；最后，学校文化建设工作滞后，未能形成一个具有宝七初中特色的校园文化体系。

针对学校发展面临的新问题，学校制定了新一轮的发展规划。在新一轮发展规划中，重点设计了解决这些问题的方法与途径。针对教师专业发展方面存在的问题，学校提出了深化理论学习、完善教师考核制度、推进"新蕾"工程、完善"产、学、研"一体化的骨干教师培训模式等措施。针对课程与教学改革，学校计划拓展科技教育的范围和领域，推进科技教育特色的发展，形成以"绿色、航天、创新"为主题的特色课程，学校还提出了重视过程管理、强化质量意识、优化课堂教学等措施。针对校园文化建设，则提出了建设幸福快乐校园、关注学生自觉能动性的充分发展、形成具有特色的学校文化创生模式等建议。同时，对学校的常规教学管理工作做出了安排，并针对学校其他各方面的工作确立了分年度的预期目标与达成标志，形成了一份既符合学校情况，又具有可操作性和前瞻性的规划文本。

2. 落实学校发展规划

学校各个部门根据新一轮发展规划中对学校各项工作的安排与自身工作的特点，对照规划文本与预期发展目标，明确工作职责，调整工作开展方式，制订了部门行动计划。在执行部门行动计划的过程中，各个部门逐渐形成合力，既有效地完成了部门工作，同时也推动了学校的整体发展。

在学校管理工作中，着重于修改、完善学校的各项规章制度，研制学校人力资源开发计划、建立健全教师培训制度，探索、尝试管理重心下移，理顺年级组与学科教研组之间的关系，从而实现提升学校民主管理水平、提高学校管理团队的领导力、形成具有特色的学校文化创生模式等预期目标。

在德育方面，通过"一二三"工作策略，提高学校德育工作的实效性，即突出一个主题(自能发展)，抓住两个中心(实践活动、道德体验)，体现三个特点(自主性、活动性、体验性)，建构以学生自能发展为主题的课程体系、工作团队与工作机制。规划文本中的德育预期目标是：培养2～3名区级德育骨干教师、创建"市行为示范校"、开发一套具有宝七初中特色的校本德育教材和心灵指南课程、培养一批"新基础教育"学生工作团队等。

在课程方面，学校计划将基础型课程、拓展型课程和研究型课程三类课程整合在一起，融入学校整体课程安排中，形成独具特色的课程管理体系。学校计划开发以科技特色教育为主的系列校本课程和选修课程，规范社团与俱乐部活动，重视体育与艺术教育课程建设。在教学方面，学校以教研组建设为抓手，加强对常规教学的管理，加强和完善日常的教学质量监控，使之规范化、有序化。通过上述举措，逐步实现完善课程管理制度、完成学校课程规划、形成"快乐学习、自能发展"的课程文化以及全面提高课堂教学效率、建立大学科交流研讨制度等规划目标。

针对教师培训与教育科研工作，则强调通过深化理论学习，引导、激励教师参与教育科研活动，整合并协调教育教学工作与教育科研工作的关系，及时调整教师评价方式，建构和完善入门教师、合格教师、骨干教师、学科带头人和名师的分类培训机制，为不同层次的教师搭建发展平台，最终培养一批在区域内有较大影响力的知名教师和骨干教师，出版一些在区域内产生较大影响的科研成果。

此外，学校在执行规划的过程中，还明确要求各项工作的负责人，定期与上级教育管理部门沟通，汇报学校教育教学工作的进展情况；加强对规划实施的全程监控，根据具体工作的开展情况和学校内外部环境的变化调整规划的执行方式；完善学校规章制度，实施依法治校；严格管理经费的申请和使用；加强学校与社区、家庭的互动，加强与企业、高校、教育研究机构的合作。通过上述举措，为新一轮规划的有效实施提供坚强的组织保障、制度保障、经费保障与社会保障。

3. 评估执行效果、完善行动方案

在规划实施过程中，宝七初中始终非常重视对规划的评估监测，通过评估监测规划实施，了解规划实施的进展，及时调整规划的目标、内容与执行方式，使之与学校教育教学工作保持一致。为了保证学校发展规划实施的有效性，宝七初中采用政府督导评估和学校自主评估相结合的方式，学校所在区政府根据国家办学标准与要求以及《区中小学办学水平综合督导评估基础指标》，邀请教育评价专家参与评估工作；学校则立足校情与自身发展需求，成立学术委员会、教师代表专业委员会等评估小组，围绕学校预期发展目标的适切性、各阶段性目标的达成情况、规划措施的可行性与执行情况、重点发展项目的可操作性与进展情况等进行自主评估，及时发现问题，调整规划的实施策略。

宝七初中在规划文本形成后不久，就迎来了政府的教育督导评估。督导团根据对规划文本及达成情况的分析与诊断，最终向学校提供了一份评估报告。报告中有如下的判断：新一轮学校发展规划的实施在教师专业发展、学生综合素质的展现、学生自我管理能力的养成以及学校教育科研成果等方面的成效显著；拓展性课程的开发与实施使教师的教学理念发生了根本性变化。

规划的实施对教师的专业成长也产生了良好的影响。一位老师在其教学心得小论文——《藏书票》中写道："在拓展课的教学实践中，我慢慢意识到教师不能只拥有传统的学科知识，而必须敏感地捕捉与时俱进的新的知识信息……我们再也不能只做课程的执行者，而必须是课程的开发者与设计者。"随着教师教学观念的转变，学校的教育科研水平得到了大幅度的提升，出现了一批高水平的教育科研成果，如王老师撰写的《开发社区文化资源，培养学

生综合能力》，获得了市语文教育艺术研究会和邻近一个省教育学会联合举办的语文教育年会一等奖，邓老师的研究课题——《创设体育社团俱乐部，架构学生身心健康发展平台的实践研究》，获得了区课题组评选二等奖。学校出版了一批质量上乘的校本课程教材，如《版画藏书票》《车辆模型制作与创新》《珍爱生命、重视安全》等。学生获奖人数也得到大幅度的提高。更重要的是，在新一轮发展规划的指导下，学生的自我管理能力得到了锻炼，他们在校园电视台、文学社、学校少代会等组织和机构中发挥自己的聪明才智，如招聘校报编辑，从面试题目的准备、面试人员的选拔、会议内容的策划等，每一项工作全部由学生组织进行。学生通过各种校园活动管理自我、塑造自我，彰显着青春的活力。

区政府的评估报告还显示：新一轮发展规划实施两年以来，学校各方面工作进展势头良好，基本上完成了预期发展任务，同时也发现了学校工作中的一些薄弱环节，如可操作性有待提高等。针对出现的新问题，学校快速调整规划的执行策略：首先，改变了原来仅对学校工作条线分割的规划思路，强调按照时间节点制定发展目标与工作任务，从而增强了规划的可检测性；其次，强调学校管理工作在教育教学活动中的枢纽性地位，突出学校规划的整体性；再次，不对学校文化建设制定专门的具体发展目标，而是将其渗透到德育、教学改革、课程改革等各项工作中去，强调发挥校园文化的弥漫性作用；最后，将学校之前的办学理念"尊重、合作、超越"调整为"快乐学习、自能发展"，以培养学生阳光的心态，让学生学会学习、学会合作，以适应现代社会对学生综合素质的要求。在进一步实施发展规划的过程中，学校一方面延续已有的规划措施；另一方面又根据新的问题，灵活调整实施策略，完善行动方案，充分发挥规划的监控与评价作用。

道理与点评：学校发展规划从本质上讲是一个实践的过程，而不是简单的文本制作。一份好的学校发展规划可以保证学校发展的持续性与科学性，它不仅要关注学校的发展目标，更要关注实现规划目标的途径和方式，规划的实施比规划文本的制定更加重要。宝七初中在实施学校发展规划的过程中，一方面立足校情，坚决实施规划，力求保质保量地实现预期发展目标；另一方面，根据学校内外形势的变化，及时调整规划内容与实施方式，使学校发展规划具有针对性与时效性，让学校发展规划"活"起来。宝七初中的规划实施和评估调整，充分体现了"学校发展规划本质上是一个实践的过程"，符合

《义务教育学校校长专业标准》对学校规划工作的要求，对那些把规划文本作为"墙壁文件"和"抽屉文件"，不重视规划实施和评估调整的学校来说，很有启示价值。

案例二：学校发展规划的价值在于实施

明强小学是一所具有深厚文化底蕴的百年老校，校训为"明事理，明自我；强体魄，强精神。"学校办学水平上乘，在最近 10 年的政府教育督导中，连续被评为区学校办学水平 A 等一级。学校是国内著名教育家叶澜教授主持的新基础教育实验项目的基地学校，也是所在地政府教育委员会的课程实验基地。校长经常提醒教师，与其同一时期创办的一些学校如今已在百年的风雨洗礼中或名落孙山，或不复存在，学校应当有危机感。基于这一认识，学校在分析前期参与"新基础教育"实验以及"二期课改"的成功经验的基础上，制定了三年发展规划，希望通过科学合理的规划来保障百年老校的可持续发展。

校长还经常讲，学校是自己迫切要求制定规划，而不是应付上级政府要求而制定规划。因此，明强小学在规划制定、实施以及监测调整的过程中，做得非常认真而踏实。校长认识到，学校发展规划的价值在于实施。学校希望通过落实规划过程的各个环节，保障教育教学质量，在区域内打造高端、稳定的办学品牌。

1. 依据校情诊断，整体规划学校发展

明强小学在规划制定前期，进行了认真细致的校情分析。学校邀请多方人员参与校情诊断。参与人员有区内管理行家、学科专家、校级班子成员、教师代表、学生代表和家长代表等。学校采取师生问卷、草根讲坛、悦读沙龙、学习札记等方式，征集大家对学校改革的意见。经过汇总，学校认识到以下四点不足：①学校作为"生命·实践"教育学基地学校，开展了大量的工作，但是相关的理论研究尚不够深入，管理机制有待进一步更新，领导团队的管理智慧需要进一步提高。②尽管教学改革取得较大成效，但课堂教学中师生活力彰显不足，需要进一步优化教学方法。③教师年龄、性别、职称结构不甚合理，各学科梯队存在明显差距，教师的专业素养不够深厚，整合课程意识薄弱。④学校提出的改革要求以"外在倒逼型"的要求居多，对学生内在成长需求激发不够，学科教师和班主任还没有充分地关注学生的个性，对不同年龄段的学生缺乏具体的阶梯式关注。

学校在承接上一轮发展规划的基础上，针对面临的问题与挑战，结合新基础教育的要求，制定了《"生命·实践"教育学合作校三年发展规划》，确立了学校发展的总目标：全面扎实推进"生命·实践"教育学研究，整体有效提升合作校建设质量，开放有序建构"生态式"研究环境，以"审美·超越"的核心价值涵养师生，以"两明两强"的校训精神浸润成长，在教育审美中陶冶生命，在持续变革中超越自我，树"生命·实践"教育之魂，创"合作共生"研究之境。

在学校管理变革与领导团队建设领域，主要探索以下工作：进一步梳理"两明两强"校训的精神内涵，内化"审美·超越"的核心价值观和"生命·实践"的教育理念；夯实"一校两区"整体高端、稳定发展的管理体制，实现两个校区的均衡发展；实现管理团队领导思维的飞跃，培养主动发展的能力。

在学科教学变革与教师发展领域，主要开展以下工作：总结和发展"和活灵美"的课堂教学模式；提高教师的"新"教学基本功，推动课堂教学变革；实现"志趣育人"的学科教育特色；在"小人物挑大梁"等活动中提高教师的校本科研能力，形成新基础教育生态区学校与学校之间的相互合作与交流；关注新老骨干教师的培养，整合骨干教师的队伍，使其在学校改革中发挥核心引领作用。

在学生工作变革和变革主体发展方面，重点落实以下活动：培养智慧型、特色型、潜力型班主任，并开设班主任名师工作室，激发他们的潜能，提高学校的班主任工作水平；结合班级具体情况，让学生自己设计主题活动，自主经营自己的学习与生活，提高他们的自我管理能力；整体规划不同年龄段学生的成长体验活动，促进每一个学生主动健康地成长。

2. 依据总体目标，分领域实施规划

学校教职员工全体参与制定的规划文本，若不付诸实施，就等同于一纸空文。规划的落实，需要上下齐心、通力合作，需要学校做好细致的组织与管理，要把握好发展的速度、稳定的程度、改革的力度。围绕着学校的办学理念和校训精神，针对学校的总体发展目标，各个部门制订了行动计划，对学校工作的分领域规划予以具体实施，推动各部门工作的有序发展。

与前面提到的学校整体规划一致，部门行动计划主要围绕着"管理变革""学科教学变革"以及"学生工作变革"三大主题来制定，重点在于落实具有可操作性的改革措施。

在管理变革与领导团队建设领域，进一步探索"新基础教育"生态区建设，总结"新基础教育"的实践改革经验，完成新基础教育基地校丛书的框架设计。加强领导团体的智慧领导，变自上而下的硬着陆管理方式为民主协商，变命令性要求为沟通和合作的过程，变只注重下达任务为充满人性的帮助和服务。

通过上述管理改革，形成管理者和被管理者之间相互尊重、体谅、合作的关系。学校还推出《明强小学岗位职数方案》，按照规范要求对中层干部进行聘用和考核。举全校之力，高质量完成市级教育科学规划课题——《百年老校学校文化传承与发展的实践和探索》和《基于文化包容理念的小学"一体双翼"国际理解教育路径的研究》的结题工作，通过课题研究推动学校文化建设往纵深发展。举办校级领导参与的"校长沙龙"活动，提炼学校的办学理念和核心价值观，提高校领导的学习反思能力。每学期举行一次"骨干论坛"，推进学科专题研究，汇编每月一期的"第一生态区推进'新基础教育'研究活动简报"，各部门交流经验，校长进行点评与反馈。

在学科教学变革与教师发展领域，开展新教学基本功大讨论活动，梳理新教学基本功的内涵。继续探索"320"教研创新模式，即20分钟骨干交流，分享经验与困惑；20分钟精品课回放，保持对新基础教育好课特征的敏感性；20分钟学科研究沙龙，成员轮流"头脑风暴"，交流体验。学校鼓励开展"无痕教研"，即趁热打铁进行同伴间的交流互助。推进小教研组领衔式专题研究，即每学期每个年级小教研组至少领衔一次学科大组教研，通过专题研究提高教师的独立思考能力和研究品质。学校提出建设"和活灵美"有机课堂的口号，借助课堂教学大赛使不同梯队的教师体验成功的快乐，培养教师的专业自信心。学校借助多个教研培训基地、大学专家导师，成立名师工作室，采取师徒结对形式，更新教师的教育观念，提升教师的教育境界。创立语文报、数学报及英语角等学科教育阵地，提高学科育人价值。

针对学生工作变革与变革主体发展，以新基础教育班级建设"七条原则"为指导，关注每一个学生的发展，培养学生的责任感和创新精神。发挥班主任名师工作室的作用，对新班主任进行培训，尽快使新班主任熟悉本职工作。举行"快乐活动日"活动，促进教师开展序列性、实效性的班队课活动。通过日常化校区自查和阶段性跨校区视导，加强日常过程性的监测与反馈，促进班级工作的全面提升。

对照规划文本，学校将规划目标和任务分配到各个具体部门，再对各个部门的负责人和教师提出具体的职责要求。通过各个部门的努力合作，一步一步地认真实施规划，发挥规划的引领作用。

3. 依据监测评估，加以调整完善

在制定与实施学校发展规划的过程中，进行监测评估是必不可少的一个阶段。学校采取政府督导评估和学校自主评估相结合的方式，及时总结规划实施的成功经验，寻求薄弱环节加以改进。学校在制定每一个领域的规划时都列出了相应的达成标志，在后期执行过程中，各个部门对照达成标志，时时监测部门规划实施的成效，寻找其中存在的问题和不足，及时调整部门的规划目标和规划举措。

经过教研专家、学校领导以及教师、家长的进一步协商讨论，学校已经认识到，有些领域的规划目标需要调整。例如，在学校管理层面，注重从"领导和管理、课程和教学、学生发展"三方面系统考虑学校日常管理工作，学校主动承担起"新基础教育"区域引领的职责与义务，并重新制定了相应的对策举措。在教师发展层面，注重加强教师做人修养和专业素养上的自觉性。在学生发展层面，注重引领学生自主发展，培养学生的创新能力，学校还做了许多内化"两明两强"校训的工作，为每一个孩子的终身发展和幸福人生奠基。这些调整均对改进学校工作产生了积极的影响。

通过对规划举措的监测与调整，学校改革工作取得了初步成效。学校的办学方向更加明确，管理机制更加完善，学校文化愈加彰显。学校实现了"创建城市化地区优质学校"的既定目标，并使学校在区域内的优质品牌地位更趋稳定，分别以输出办学理念、校长、骨干教师的方式，帮扶支持邻近的薄弱小学。学校被新基础教育研究中心及区教育局确定为"新基础教育"生态区组长校，新基础教育研究中心及区教育局希望学校能够担当辐射示范的重任。学校获得"世界卫生组织健康促进学校""市中小学生行规示范校""市未成年人思想道德建设先进校""市安全文明校园""市巾帼文明示范岗""市博爱集体""市健康先进单位"等新的荣誉，学校呈现了创新发展的活力。

道理与点评：学校发展规划是在诊断校情的基础上，对学校未来发展方向、发展目标和改革举措的设计。它属于一种计划文本，但是任何一种规划都不是为了规划而规划。学校发展规划既强调文本的制定，又强调规划的实施和调整。"一份真正有价值的规划，不是写出来的，而是做出来的。"规划的实施是规划过程的一个重要环节。由于教育形势的复杂性，前期规划文本中确立的发展目标往往需要调整。明强小学之前已经制定了两轮发展规划，在规划实施和监测评估方面具有独特的感悟和丰富的经验，学校依据整体发展目标确立分领域目标，以此实施规划，并在规划中后期依据目标达成度适当加以调整，这使得学校发展规划发挥了更大的价值，这种做法值得肯定与推广。

案例三：动态调整的学校规划

广敏学校是一所由香港爱国同胞捐资助建的九年一贯制农村学校。自2007年起，与一所知名实验学校合作共建办学。学校在制定规划时面临的主要问题是：如何既能充分地依托名校的教育资源，又能保持自己的办学特色？为此，学校以"人文立校，科学育人"为办学理念，以"光德明理"为校训，以"树崇德之人，成达理之才"为培养目标，依托知名实验学校的优质教育资源，寻找适合学校特色发展的新途径。

1. 正视学校现状，深入分析校情

为更加清晰地明确自身定位，形成共同的发展愿景，学校对各项工作进行全面、透彻的分析，合理调整办学思路，以促进学校得到更快的发展。在规划之前的调研活动中，校长鼓励全体教师协同合作，发挥集体智慧，采用"自下而上"和"自上而下"相结合的调研方式，对学校存在的问题进行分析，并寻找解决问题的途径。与此同时，在专家指导下，学校运用SWOT分析方法，对学校基本状况进行系统分析。通过归纳总结，梳理出学校面临的各种优势和机遇：①在组织管理方面，学校建立了完善的管理制度和有效的运行机制，各个职能部门富有凝聚力和执行力。②在课程和教学方面，学校能够严格执行国家课程改革和地方课程改革的要求，并根据自身特色，因地制宜地建设一批较有特色的校本课程。③在教师队伍建设方面，根据目前师资队伍学历层次高、年龄结构合理的状况，学校通过师徒结对的形式，最大限度地调动教师的积极性，积极探寻教师专业发展的原因和动力，力图将教师自我发展与学校发展真正地融为一体。④在学生发展方面，学校为学生营造了和谐的学习氛围，提供了良好的学习环境，这为学生认知发展和综合素质发展提供了很好的支持。⑤在教育信息化建设方面，学校的硬件环境和软件设备都得到了很大改善，建立了信息齐全的门户网站、校园办公平台、校本研修系统。⑥在特色创建方面，学校以"琴棋书画"为主线，致力于打造艺术特色教育，以特色教育为抓手，推动学校的素质教育改革。⑦在教育科研方面，学校立项了国家级和市级的教育科研课题，通过教育科研引领学校发展，提高学校的办学水平。

在前期调研活动中，学校也认识到自身发展过程中存在的"瓶颈"问题，在一定程度上制约着学校的进一步发展，主要问题如下：①管理团队的创新意识和工作的主动性有待提高。②在学生发展方面，毕业生进入国内顶级大学的人数不多，比例偏低。③部分教师自身发展需求和动力不足，教育观念落后，教学方法陈旧，教师专业素养亟待提高。部分青年教师缺乏专业成长的内驱力，自觉主动的意识还不够。④部分教师的课堂教学，不能够充分发挥多媒体和信息技术的优势。校园信息显示系统没有起到积极实时的效果。学校网络在家校合作、师生交流、师师合作等方面所起的双向交流作用还可以加强。⑤在管理机制方面，针对教育质量的评估与监控，激励机制和竞争机制的形成，相关制度建设不够，这方面的工作有待于加强。⑥教师参与教育科研的广度和深度需要进一步扩大，如何让教育科研成为教师的自觉行为，成为提高教育教学质量的利器，这方面还有许多工作要做。

2. 注重全体参与，规划学校发展

基于认真细致的校情分析，学校组织社区、家长、教师、学生多方参与制定规划文本，确立学校中长期发展目标，围绕着学校发展目标，各个部门展开工作。校长发挥自身在规划制定过程中的核心作用，提出了规划的大致框架，并组织规划撰写小组。校长带领教职员工参与规划过程，在规划过程中，校长创设了一种互助合作的环境，带领教师共同分析校情，谋划学校发展。

校长鼓励教师发表自己的意见，校长本人则认真倾听教师的意见，在倾听中分享教师的智慧，这样就形成了一种合作互动、民主协商的良好氛围，这种氛围无论是对校情分析还是对规划文本的制定，都是非常重要的。

学校在充分发挥共同体成员智慧的基础上，诊断校情，通过不同观点的交锋，逐步对学校改革问题达成共识，然后分条块布置规划文本的撰写工作，进而讨论汇总，补充修改，最终形成规划文本。

学校形成了科学合理的规划流程：①准备阶段：成立规划制定小组，落实规划核心成员，布置调查问卷，整理相关资料。②诊断阶段：学校对上一轮学校发展规划进行自评，诊断学校的基本情况，分析原先的办学思想，汇总利益相关者的各种需求，与此同时，通过问卷、座谈、头脑风暴、排序法等，广泛征求教师意见；访谈教育局、督导室和社区代表，了解和把握政府部门和社区对学校发展的建议；在"规划师"指导下对学校进行 SWOT 分析。③设计阶段：提炼办学理念，明确发展定位，在学校发展定位的指导下制定部门目标，并提出相应的规划举措，形成规划文本初稿。④定型阶段，向各个部门提供规划初稿，征求各方意见，对规划文本进行补充修改，最终形成规划定稿。

3. 监督规划实施，调整工作计划

学校规划文本形成以后，针对规划目标和要求，做好具体实施和管理、监督和评价，这样才能从真正意义上发挥规划促进学校发展的作用。在规划实施阶段，学校非常重视对实施情况进行监督。学校先后成立了由校长任负责人的规划实施领导小组，由党支部书记任负责人的规划评估小组。

学校每一个条块部门的规划分为三个部分：工作目标、规划举措和达成标志。实施领导小组和评估小组针对工作目标和达成标志对部门工作进行监督评估。评估小组尤其重视对优先发展项目的监督评估。广敏学校把教师专业发展作为学校的优先发展项目，规划文本中把教师队伍建设放在重要地位，规划评估小组对这一领域的规划达成状况进行了监督评估，这对提升学校办学质量起到了很好的促进作用。

广敏学校不仅将规划视为一个静态的文本，更将其作为一个动态的实施评估过程，在规划实施过程中对规划进行调整和补充。学校并没有对规划目标一定了之，而是根据实际情况进行动态调整和不断完善，充分体现出规划的过程性和动态性。实施领导小组和评估小组对规划实施情况进行全面监督和评估。在实施一个阶段后，审视实施过程，发现问题后，马上及时调整，修改行动方案，使规划内容更符合学校发展的实际要求。

就办学理念而言，学校从上一轮规划开始，一直秉承"人文立校，科学育人"的办学理念，并不断地丰富其内涵。在新一轮规划中，学校进一步界定了办学理念。所谓"人文立校"，就是要让校园充满人文气息，管理体现人文关怀，师生具有人文底蕴；所谓"科学育人"，就是要遵循人的发展和教育规律，传播科学知识，培育时代新人。尽管办学理念在文字上的概括前后一样，但是内涵上发生了很大的变化，学校领导对办学理念的内涵分析更加深刻了，对办学理念的解释文字前后两轮规划不一样，这样的变化和调整就能够促进学校的内涵建设。

在学校特色发展项目上，上一轮规划中，把《以"琴棋书画"育人文素养的实践研究》作为学校发展规划的龙头课题。在新一轮规划阶段，学校把《以"琴棋书画"育人文素养的深化研究》作为规划的优先发展项目。从科研龙头课题到优先发展项目，学校的目的就是希望打造以"琴棋书画"为突破口的艺术特色教育，希望把这项工作做大、做实，这一调整对学校特色发展具有重要的价值和意义。

面对新的教育形势和发展任务，广敏学校在实施规划过程中对一些规划

目标和内容进行了动态的调整，使学校规划更加符合学校的具体情况，这样的规划更能够促进学校的发展。广敏学校在最近一次的区域教育督导评估中受到好评，成为一所办学特色鲜明、可持续发展、综合办学水平在区域内一流的九年一贯制学校。

　　道理与点评：一般来讲，基于校情诊断而制定的学校发展规划文本，它实施到什么程度，其效果就体现到什么程度。其成功与否的关键在于是把规划当作一个静态的文本，还是一个动态的过程。规划由校情分析、文本制定、实施和评估监测四个环节组成，缺少实施环节，再好的规划文本只会是一纸空文。而在规划实施过程中，会出现起初规划时未能预想到的具体问题和突发状况，若能实时调整策略，以应对现实问题，则有助于推动学校的发展。学校发展规划在本质上是一个过程，它不是生硬僵化的文本，而是动态变化的过程。广敏学校很好地把握住规划的过程性，呈现了一个积极调整、不断完善的成功规划案例。

知识与理解

规划学校发展是校长领导学校运营的首要任务，也是校长专业化的核心和首要能力。学校发展规划的制定与实施是校长办学的价值立场、理论主张现实化的过程，具体体现着校长对学校发展的价值引导作用。因此，校长理解学校发展规划的意义，形成正确的专业理解与认识，掌握相应的专业知识与方法，就显得尤为重要。

（一）知识与方法

校长要做好学校发展规划，须具备相应的专业知识与方法。国家相关的法律法规、教育方针政策和学校管理的规章制度，是校长制定学校发展规划的依据，校长必须熟悉并自觉遵守，在学校运营中做到知法、懂法、用法；国内外学校改革和发展的基本趋势，是校长制定学校发展规划的基础，为学校提供基本的发展方向，校长必须善于学习和借鉴优秀校长办学的成功经验；校长必须掌握学校发展规划的制定、实施与测评的理论方法与技术，为学校发展规划的制定提供方法和技术基础。

1. 熟悉国家法规方针，了解学校规章制度

作为校长，应熟悉国家的相关法律法规、教育方针政策和学校管理的规章制度，并将之作为规划学校发展的基础，做到依法办学，充分尊重教师和学生的合法权益，满足广大人民群众对教育的合法需求。

（1）熟悉国家法律法规，在学校管理中做到知法、懂法、用法

第一，《中华人民共和国教育法》是校长需要熟悉的法律。

它是我国教育法体系的第一个层次，是以宪法为依据制定的基本法律，规定了我国教育的基本性质、地位、任务、基本法律原则和基本教育制度等。它包含了我国教育事业的基本原则、基本制度，学校及其他教育机构的设立条件、行使权利和履行义务，教师和其他教育工作者的合法权益以及管理制度，受教育者的权利和义务，社会其他部门对教育的支持，教育的投入与条件保障，教育对外交流与合作以及相关法律责任等，是开展我国社会主义教育事业的根本指导、约束和保障体系。

第二，熟悉《中华人民共和国义务教育法》《中华人民共和国教师法》等部门法律。

《中华人民共和国义务教育法》是实施调整义务教育而产生的各种社会关

系的单行法，是《中华人民共和国教育法》在义务教育阶段的具体体现，它更详细地规定了义务教育阶段兴办教育的基本原则、学生和教师的权利和义务、学校办学、教育教学、经费保障、法律责任等相关条款，是指导我国义务教育发展的具体法律。《中华人民共和国教师法》是调整教育教学活动中以教师为一方而产生的社会关系的单行法，调整的主要问题有教师的法律地位、待遇、权利义务、任职资格、职称评定、评价考核、进修提高以及师资培养等方面的内容。

第三，熟悉其他相关法律法规。

除了以上三部基本法律之外，校长还应熟悉教育行政法规、地方性法规、自治条例、单行条例以及政府规章制度等。

（2）熟悉国家的教育方针政策

第一，熟悉国家教育方针。

教育方针政策是党和国家在一定历史阶段提出的有关教育工作的总的方向和总指针，是教育基本政策的总概括。它是确定我国教育事业发展方向、指导整个教育事业发展的战略原则和行动纲领。它的内容包括教育的性质、地位、目的和基本途径等。近些年，党的教育方针整体来讲强调办好人民满意的教育，具体包括以下几个方面。

首先，坚持教育优先发展。中共十七大强调坚持教育优先发展，建设人力资源强国；中共十八大则强调办好人民满意的教育，坚持教育优先发展，坚持教育为社会主义现代化建设服务、为人民服务。

其次，强调立德树人。加强德育是党和国家对教育常抓不懈的重要方针。党的十七大报告指出，要坚持实施素质教育，提高教育现代化水平，培养德、智、体、美全面发展的社会主义建设者和接班人。党的十八大报告提出把立德树人作为教育的根本任务，培养德、智、体、美全面发展的社会主义建设者和接班人。

再次，重视教育公平。如《国家中长期教育改革和发展规划纲要（2010—2020年）》（以下简称《规划纲要》）把促进公平作为国家基本教育政策，党的十八大报告则强调要大力促进教育公平，合理配置教育资源，重点向农村、边远、贫困、民族地区倾斜，支持特殊教育，提高家庭经济困难学生资助水平，积极推动农民工子女平等接受教育，让每个孩子都能成为有用之才。可见，在教育公平是社会公正的基础这样的治理理念下，国家对教育公平愈加重视，并采取了一系列的政策贯彻落实。

最后，强调教育质量。《规划纲要》把提高质量作为教育改革发展的核心任务，党的十八大报告则强调要全面实施素质教育，深化教育领域综合改革，着力提高教育质量，培养学生创新精神。可见，促进教育公平与提高教育质量已经成为国家教育方针的双重指向。

第二，熟悉国家教育政策。

免费义务教育政策。2003年，温家宝总理在全国人民代表大会上提出"两免一补"政策。2005年，国务院颁布《关于深化农村义务教育经费保障机制改革的通知》，提出按比例分担农村义务教育阶段学生的学杂费。2006年新修订的《中华人民共和国义务教育法》完善了义务教育经费保障机制，确立了义务教育管理的新体制，免费义务教育政策从农村的贫困地区、西部地区覆盖到所有农村地区，再从农村到城市，扩展到全国范围，对不断推进义务教育均衡发展、促进义务教育公平做出了极大贡献。

义务教育发展均衡化政策。2001年，国务院《关于基础教育改革与发展的决定》首次提出义务教育均衡发展的思想；2005年教育部下发《关于进一步推进义务教育均衡发展的若干意见》要求各级教育行政部门有效遏制城乡之间、地区之间和校际教育差距扩大的势头；2006年新修订的《中华人民共和国义务教育法》明确规定各级政府应合理配置教育资源，促进义务教育均衡发展，改善薄弱学校的办学条件。义务教育均衡发展由此由政策上升为法律。

素质教育政策。1986年颁发的《中华人民共和国义务教育法》，强调青少年儿童德、智、体全面发展的重要性；1993年颁发的《中国教育改革和发展纲要》，明确提出中小学要由"应试教育"转向全面提高国民素质的轨道上来；1999年颁布的《关于深化教育改革全面推进素质教育的决定》首次提出素质教育是全党全社会共同的责任，提出素质教育政策的重点在于"调整和改革课程体系、结构、内容，建立新的基础教育课程体系"；党的十七大报告要求坚持育人为本、德育为先，实施素质教育，提高教育现代化水平，培养德、智、体、美全面发展的社会主义建设者和接班人。《规划纲要》把以人为本、推进素质教育作为中国教育改革和发展的战略主题。党的十八大报告则提出全面实施素质教育，深化教育领域综合改革，着力提高教育质量。

（3）熟悉学校的管理规章制度，做到用制度管人，用制度治校

学校的管理规章制度主要包括《党政干部守则》《教职工大会制度》《校长负责制试行条例》《校长负责制党委工作试行条例》《校长办公会会议制度》等干部管理制度；《文件管理制度》《文件制发和审批制度》《文件传阅制度》《文件借阅

制度》《文件信用使用制度》等文件管理制度；《值班、值宿制度》《职工考勤制度》《职工请假销假制度》《财物制度》《教职工守则》等检查考评制度；《教学常规管理制度》《听课制度》《教学工作制度》《优质课评价制度》《学籍管理制度》等教学管理制度；校长需要熟悉的还包括学校的卫生管理制度、学生安全制度、家校合作制度等。

2. 把握学校改革趋势，学习成功办学经验

校长要善于获取教育及学校发展的前沿知识和信息，把握教育以及学校改革的发展趋势，在学校发展规划中做到不断反思和创新。

（1）把握国内外学校教育改革趋势

作为校长，应密切关注当前国内外学校改革和发展的基本趋势。国际学校改革趋势呈现以下三个特征。

个性化。学校个性化发展是 21 世纪教育的主要潮流。《学会生存——教育世界的今天和明天》认为，正是因为学校教育忽视了个人所具有的微妙而复杂的作用，忽视个人所具有的各式各样的表达形式和手段，以及不考虑个性、气质、期望和才能等弱点，所以教育效果不好，也导致了教育不平等。因此它指出，学校需要"一种个人化的教育，要求对个人的潜在才能进行详细的调查研究"。[①]

民主化。参与和平等是学校民主化思想的精髓，参与是指提高学校办学自主性，家长、居民、教师、学生以及社会各部门参与学校管理，社会各界参与重大教育决策等。平等是指对来自不同民族、种族、性别、职业、财产状况、宗教信仰等的学生，学校都应该给予其平等的受教育机会。

信息化。让学生学会收集、选择、处理和创造信息；促进学校教育手段的信息化，包括摄影机、录音机、录像机、反映分析器、语言专用教室、程序打字机、电子学习台、闭路电视、计算机辅助教学及计算机管理教学等；进一步建立信息库、信息网络等。

（2）学习成功的办学经验

为了促进学校的发展以及校长专业化的提升，校长需要不断学习优秀学校的办学经验。优秀学校也不是一蹴而就的，而是一个不断反思与改进的过程，这个过程伴随着优秀学校的成长。由普通学校管理者成长为优秀校长的

---

① 联合国教科文组织国际教育发展委员会 . 学会生存——教育世界的今天和明天[M]. 华东师范大学比较教育研究所，译 . 北京：教育科学出版社，1996：105-106.

过程，是其教育和管理知识不断丰富、办学思想不断发展、办学能力不断提高的长期教育实践过程；是逐步丰富专业知识、完善办学思想、获得办学成就、积累专业声望的过程。学习优秀学校及优秀校长办学改进与成长发展的历史路径，可以令校长自身的办学实践知识和理念有较明显的改进，也体现了校长专业化发展对其终身学习的理念与要求。

3. 掌握规划制定的理论方法，监测评估实施过程

作为校长，要想科学合理地制定和实施学校发展规划，就必须理解其背后的相关理论基础，掌握制定的方法和技术。

(1)要熟悉学校发展规划的相关理论

有限理性理论。体现在教育规划上，即是按照满意原则设计教育目标，重视教育规划制定过程和执行过程中的有限理性，强调公共参与的教育规划制定方式。具体到学校中，就要凝聚学校师生智慧，群策群力，努力减小因信息不足、方法不当、认识不全所带来的规划制定与实施的不当。

内源发展理论。强调发展的内源性，即以人为中心的发展。其要求在管理的过程中进行赋权，强调组织成员在发展中的发言权和活动权，对于学校的发展规划要求共同体成员通过民主协商或对话的方式产生。学校领导、规划专家与全校师生共同参与，分析学校发展的基础，充分利用学校资源确立发展目标和发展项目，制定明确可行的发展活动，最终实现学校发展的规划目标。

校本管理理论。[①] 校本管理即"以学校为本"和"以学校为基础"，它包含三个层面的含义：①"为了学校"，以解决学校所面临的问题、改进学校教育教学实践活动、提升学校办学水平为指向。②"在学校中"，强调学校的问题最好由学校自己来解决，由校领导和教师共同参与研讨，共同分析解决。③"基于学校"，从学校实际出发，挖掘学校潜力，充分运用学校资源，彻底释放学校活力。校本管理反对学校管理与发展的千篇一律，强调学校按照自身的发展需要，确定发展方向，形成办学特色。

(2)掌握学校发展规划制定的流程

学校发展规划制定的具体流程如图 1-1 所示。

---

① 罗莎林德·李瓦西. 校本管理：分析与实践[M]. 北京：北京师范大学出版社，2008：3.

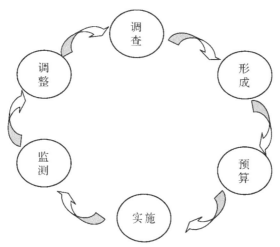

图 1-1　学校发展规划流程

第一是调查分析。学校发展规划制定的第一个环节就是进行校情分析，全面了解学校的情况，摸清学校的家底、资源，可以通过社区大会、SWOT分析、GAP 分析、画问题树或问题优先排序等方法，来分析和诊断学校存在的优势和不足。

第二是形成文本。即制订学校发展规划的文本。

第三是预算过程。预算过程是学校发展规划的一个重要环节，它将各个项目以及学校优先发展项目放在财政背景下来考虑，做好事先的预算和评估工作。预算过程主要分成预算回顾、预算预测、预算实施和预算评估四个组成部分。

第四是规划实施。它是学校发展规划的重中之重，通过全员参与、及时沟通、资源优化组合等策略，对学校工作进行系统化安排，保障学校发展规划的有效实施。

第五是监测评估。通过考察规划制定的规范性、文本的合理性、实施的规范性、自主目标的实现程度以及规划预期的变化等来监测与评估学校发展规划的实施成效。

第六是调整改进。通过一系列的学校发展规划的实施与反思，对学校在发展中所存在的问题有了更进一步的理解与认识，这时需要对学校的管理理念、策略与行为实时进行调整与改进，并为下一轮学校发展规划做准备。

（3）掌握学校发展规划的相关技术

利益相关者分析。首先，运用头脑风暴法画出利益相关者清单；其次，分别注明其利益得失对利益相关者的影响力和重要性判断；最后，区分出"高影响力、高重要性""高影响力、低重要性""低影响力、高重要性"以及"低影响力、低重要性"四类群体。

社区图。在制定学校发展规划中，社区图不仅显示学校及学生住家的位置、学校所在社区的社会经济发展状况，还应显示出社区内儿童的类别，社区内学校已利用的资源，尚待开发并能利用的资源等，以帮助在较短时间内获得学校的相关信息。社区地图主要有以下用途：第一，寻找资源，获取相关支持。通过社区图可以看到社区所辖范围内，哪些资源是已开发并被学校所利用、哪些是尚待开发并且为学校提供支持的资源，以帮助学校确立争取外援支持的方向；第二，认定社区内的不安全区域学生。通过对社区内对学生可能造成伤害的不安全区域的认定，可以帮助学校在安全教育课中对学生进行相关的安全教育并对开展相关活动提出警醒注意。第三，体现和实现全纳性。通过相关调查，将社区中女、残、失、辍学儿童清晰表明，以帮助学校在具体分析的基础上，制定有关帮扶措施，使社区内所有适龄儿童都到学校就读，保证儿童基本权利的真正获得。

SWOT分析法。SWOT分析法是用来确定组织本身的竞争优势（Strength）、竞争劣势（Weakness）、机会（Opportunity）和威胁（Threat），从而将组织战略与组织内部资源、外部环境有机结合起来。学校发展规划中SWOT分析方法的运用，就是要通过自我诊断方式较客观而准确地分析和研究一所学校的现实情况，从中找出对学校建设有利的、值得发扬的因素，以及对学校建设不利的、如何去规避的因素，并发现存在的问题，找出解决的办法，明确以后的发展方向，从而使校长和教师清晰地认清学校目前的发展状况，确定下一步的发展目标。

问题树。问题树的基本形式为一种梳妆的网络结构示意图，树干部分为核心问题，树根部分为问题的原因，树冠部分为问题的结果。具体画法：在一张纸的中心，写下问题（问题可以由社区成员或学生、教师提出）。在纸的下面再找出原因，并标明它们之间的关系。一直这样下去，直到找出最根本的原因。然后在问题下面写出尽可能的各种影响和后果，并把它们用线连起来。在影响和后果的后面直接引出影响的影响和后果的后果。

排序法。排序就是把同类事物通过相互间的比较，区分优先次序的过程。排序可以使我们参考不同人群的不同意见，把问题的优先顺序明确下来。排序一般由两种方法：一种是优先排序；另一种是对比排序。优先排序是在问题不多于六个的情况下采用的方法，主要是让访谈对象就问题在比较的前提下提出他们的看法，就所罗列的问题询问"你认为哪一个是最急迫、最重要的问题?"依次将分数填进去，分数越高越重要，排序序号就越靠前。对比排序是对问题众多或访谈对象素质不高的情况下通常采用的方法，就是将问题进行两两比较，以选择哪一个问题更为重要。

(二)理解与认识

校长要做好学校发展规划的制定工作，必须对学校发展规划有着清晰的理解和认识，能够从国家的大政方针以及学校的实际出发，明确学校办学定位，履行实施义务教育的工作使命;在此基础上凝聚师生智慧，形成办学合力，在尊重学校传统和实际的基础上，提炼办学理念，形成富有学校特色的学校发展规划。

1. 明确义务教育使命，树立教育公平与质量的理念

在义务教育阶段，教育公平与质量已成为义务教育改革与发展的双重价值取向，这就要求校长明确学校办学定位，履行义务教育工作使命，为学生提供"公平有质量"的义务教育，关注处境不利儿童的教育状况，保障其受教育权。

"公平有质量"的义务教育提倡"公平"与"质量"协同发展的学校发展模式，是我国义务教育发展到新阶段对学校管理提出来的新的重大命题。走向公平有质量的学校管理反映了随着我国发展到新的历史阶段，教育发展的价值取向不再是单打独斗的单向度发展，而是和谐发展的整体推进，是"公平"与"质量"的价值取向的并驾齐驱，齐头并进。没有公平的质量是不道德的，没有质量的公平是低层次的，兼顾公平与质量的学校发展规划是保障每一个受教育者身心潜能得到全面发展的基础，也是每一个适龄受教育者的基本权利。因此，学校在制定发展规划过程中，应将公平视为规划制定的基本原则和重要基础，将质量视为规划制定的核心要素和重要目标，公平和质量应贯穿在学校发展规划制定、执行、评价的始终。

2. 注重学校发展规划，形成师生发展合力

校长要推进学校发展规划的制定与实施，必须在对学校发展规划的内涵给予充分理解的基础上，高度重视学校发展规划，在此过程中要凝聚全体师生的合力。具体要做到以下几个方面。

(1)理解学校发展规划的内涵

学校发展规划是为学校这个学习共同体确立共同认可和分享的奋斗目标，

是凝聚全校师生员工团结一致、共同努力的重要行动，旨在以此引领学校变革，增强师生员工对学校发展目标的认同感，产生学校群体的凝聚力，确保办学目标的实现。

　　（2）理解学校发展规划的意义

　　学校发展规划强调全员性，能够凝聚全校师生智慧。学校发展规划是通过"自下而上"和"自上而下"相结合的方式，由学校共同体成员一起来确定学校未来的发展蓝图，寻找学校优先发展的项目，制订改革项目的行动计划。在制订的过程中强调形成师生合力，通过描绘的愿景与价值取向，代表全体学校成员的根本利益而不是领导者的个人利益。因此，能够充分调动所有成员的积极性，形成合力，促进师生全心全意地为学校谋发展。

　　学校发展规划具有战略性，指引了学校中长期发展方向。战略就是学校确定的总体目标以及主要实施策略。战略具有总体性、全局性、前瞻性特征和中长程的特点，是学校的顶层设计和系统布局，是推进教育事业发展的纲领。而战略规划是一种学校全局性的总体规划，其制定是在把握学校所处的宏观背景、分析自身优势和劣势的基础上进行的，主要由战略指导思想、战略目标、战略重点、战略实施策略、阶段划分以及措施与保障等方面构成。它概括了一个学校的事业追求和发展思路，集中了学校未来发展的指向与意图，体现了在规划期内最优先发展的领域，汇聚了规划执行的路径、方法、根据、条件和实践概念，使得学校战略的实施有了保障。

　　学校发展规划具有变革性，能够引导学校不断走向创新。学校发展规划首先是一种学校教育理念的更新，通过引入先进的学校管理理念和育人理念，对学校的办学目标、办学思路、评估方式进行反思和改进，对学校的组织构成、办学效能进行重新审视，从而对学校的组织架构进行战略重组。学校发展规划关注学校管理结构的调整、行为的改变，在参与、体验、反思中，对学校的发展进行理性的分析，从而厘清学校发展中的理念、制度、策略所存在的不足，并实施有效的学校变革策略。

　　学校发展规划强调自主性，能够促使学校管理者转变领导风格。随着教育管理体制的不断深化以及校长负责制的实施，学校主动适应社会发展的独立性和主动性不断增强，因而，学校自主发展的空间也越来越大，而自主发展的前提就是通过发扬民主、广泛采纳相关利益群体的意见和建议来改善学校的管理、设计和实施学校发展的系列过程和活动，并由此调试学校组织内部人员之间、学校组织与周围环境之间的关系，获得广泛认同，群策群力地促进学校与社区的共同发展。这就需要校长及其他管理者转变领导风格，改变以往那种独断和家长式的领导方式，转而采取民主式的管理，努力与广大师生进行沟通，吸引他们参与到规划的制定中来，表达自己的利益诉求，同时贡献自己的智慧。

（3）形成学校发展规划

一所学校的发展离不开一个恰当而清晰的发展规划，而校长在学校发展规划制定中发挥着关键性的作用。一个好的学校发展规划需要校长能够充分尊重学校传统和学校实际，凝聚全体师生的智慧，精心提炼学校的办学理念，明确学校的办学定位，从而以突出学校办学特色为导向制定学校的战略发展规划。这就需要校长首先能够清晰地诊断学校的发展现状，及时发现和研究分析学校发展面临的主要问题；其次能够组织社区、家长、教师、学生多方参与制定学校发展规划，确立学校中长期发展目标；再次，落实学校发展规划，制订学年、学期工作计划，指导教职工制定具体行动方案，并提供人、财、物等条件支持；最后，监测学校发展规划的实施，根据实施情况修正学校发展规划，调整工作计划，完善行动方案。

3. 尊重学校传统实际，形成办学理念特色

任何一所学校都有自己的历史传统，不同学校由于其区域性所致，存在文化背景、历史和传统的积淀、办学条件以及教育教学等多方面的差异，因此，规划学校发展不应该也不可能有统一或者标准的模式，而是立足于学校发展的历史传统以及现实实际。

首先，对学校进行准确定位，学校定位的关键则是对学校内外部环境的深入分析。对学校外部环境的调查研究是准确定位的重要基础。随着我国社会转型的加快，社会阶层日益分化，分布区域逐步清晰，由此派生出对教育的选择性需要乃至对学校的教育教学设施与办学特色的要求。因此，只有对现阶段学校服务范围内的居民经济收入水平、文化传统、对学校教育的价值取向与选择方式等做深入细致的调查分析，并对社区的教育资源、相关学校及其他教育机构的状况有清晰的了解与认识，才能在规划学校未来发展时，使其所提出的教育理念及变革方式为学生和家长所认同，只有这样，学校所实施的教育教学等各种行动方案，才具有现实性、针对性和可行性。

其次，研究学校独特的发展根基与历程。学校发展必须建立在学校发展现状的基础上。尤其需要面对学校独特的发展问题、利用学校发展中已经形成的一些有利条件、在显示的发展空间中谋求发展。因此，作为校长，要非常仔细地梳理自己学校的发展历史，通过资料整理、讨论、调查研究等方式，明确学校的发展现状，面对独特的发展问题，分析背后的影响因素，了解自己在改变现状方面所具有的基础和内外条件。①

最后，规划学校发展还要突出学校特色，防止出现"千校一面"的办学状况。现代学校发展规划制定与实施过程中的一项重点工作就是提炼和形成学校自身的办学特色，而影响和制约学校发展的关键要素之一就是学校办学特色的形成与发展。因此，积极地挖掘、提炼、建设和发展凸显本校的办学特色，是学校发展规划制定与实施过程中的一项重点工作。②

 ## 拓展阅读

1. 陈建华. 中小学发展规划［M］. 北京：北京大学出版社，2013.

2. 毛亚庆. 学校管理的改进与创新［M］. 北京：北京师范大学出版社，2013.

3. 韦毅，洪涛. 学校发展规划与特色创建［M］. 长春：东北师范大学出版社，2009.

4. 张兆勤，等. 学校发展计划指南［M］. 北京：教育科学出版社，2008.

5. 教育部发展规划司. 教育规划理论与实践［M］. 北京：中国大百科全书出版社，2006.

6. 倪梅，陈建华. 参与式规划与学校发展［M］. 北京：北京大学出版社，2010.

7. 联合国教科文组织国际教育规划研究所. 教育规划基础［M］. 上海：上海教育出版社，2009.

8. 季苹. 学校发展自我诊断［M］. 北京：教育科学出版社，2004.

9. 毛亚庆. 论公平有质量的学校管理改进［J］. 教育学报，2013.

10. 楚江亭. 学校发展规划：内涵、特征及模式转变［J］. 教育研究，2008(2).

11. 谢利民. 学校发展规划的制定、实施与评价［J］. 教育研究，2008(2).

---

① 李家成. 论学校发展规划在学校变革中的价值实现［J］. 当代教育科学，2004(16)：28-30.

② 谢利民. 学校发展规划的制定、实施与评价. 教育研究，2008(2)：86-89.

思考题

1. 请结合一所学校的具体情况，谈谈你开展校情分析的具体方法和策略。

2. 有人认为，提炼学校的办学理念、确立学校的发展定位是学校发展规划的核心工作，办学思想和发展定位对学校工作具有渗透性的指导价值，对此你是怎么看的？

3. 学校工作千头万绪，各项工作不可能齐头并进，你在规划过程中如何遴选学校的优先发展项目？

4. 假如你制定了一所学校的规划文本，那么如何保障各项规划举措得以实施？

二、营造育人文化

　　教育部颁布的《义务教育学校校长专业标准》(以下简称《标准》)，在校长专业职责的基本内容中，"营造育人文化"部分首先列明的"专业要求"是："把德育工作摆在素质教育的首要位置，全面加强学校德育体系建设。"不仅明确了德育工作在学校"营造育人文化"中的首要位置，也是对《标准》所设定的"以德为先"基本理念的回应和落实，特别是强调要"全面加强学校德育体系建设"。这无疑是中小学校长责无旁贷的道德使命，也是坚持社会主义办学方向的必然要求。"营造育人文化"的专业要求如下所示。

专业职责		专业要求
二营造育人文化	专业理解与认识	11. 把德育工作摆在素质教育的首要位置，全面加强学校德育体系建设。 12. 将学校文化建设作为学校德育工作的重要方面，重视学校文化潜移默化的教育功能，把文化育人作为办学治校的重要内容与途径。 13. 热爱祖国优秀传统文化，充分发挥优秀传统文化的时代意义与教育价值，重视地域文化的重要作用。
	专业知识与方法	14. 广泛涉猎自然科学与人文社会科学知识，具有良好的艺术修养和相应的艺术欣赏与表现的知识。 15. 了解校园文化建设的基本理论，掌握促进优秀文化融入学校教育的方法和途径。 16. 掌握不同年龄阶段学生思想品德形成和健康心理发展的特点与规律，了解学生思想与品行养成过程及其教育方法。
	专业能力与行为	17. 绿化、美化校园环境，精心营造人文氛围，建设优良的校风、教风、学风，设计体现学校特点和教育理念的校训、校歌、校徽、校标。 18. 精心设计和组织艺术节、科技节等校园文化活动，充分利用好重大节庆日、传统节日等有特殊意义的日子以及学校组织特有的仪式，开展主题教育活动。 19. 建设绿色健康的校园信息网络，向师生推荐优秀的精神文化作品和先进模范人物，努力防范不良的流行文化、网络文化和学校周边环境对学生的负面影响。 20. 凝聚学校文化建设力量，发挥教师、学生及社团的主体作用，为共青团、少先队、学生社团、班集体活动开展提供必要条件，保证活动时间。

专题导入

　　长期以来，中小学德育工作中确实存在着诸多的问题。时代的变迁，使一些沿袭思想政治工作的观念和曾经行之有效的方法正面临一系列挑战，长期搭载于任务型工作之上的"大一统"德育方法，遇到了空前的阻力，甚至一些曾被奉为经典的德育工作理论与做法也在实践中逐渐减弱了以往的成效，陷入了"老办法不灵""硬办法不行"等的困境。在进入21世纪第二个10年的今天，我们的中小学德育工作原有的问题依然存在，同时又面临许多新的问题与挑战。

　　为此，中小学校长必须以专业理解与认识创设和优化学校德育环境，以专业知识与方法组织和领导德育具体工作，以专业能力与行为开展德育活动和处理解决德育工作中遇到的各种问题，以获取德育实效。在开放的社会环境中，塑造适应时代需要的学生优秀个性品质和良好的道德行为，绝不是单凭教师在课堂上的说教所能完成的，需要最大程度地优化学生的成长环境，延伸德育的视野，"将学校文化建设作为学校德育工作的重要方面，重视学校文化潜移默化的教育功能，把文化育人作为办学治校的重要内容与途径。"（《标准》第12条）整合学校内外部的各种教育资源，充分认识、发掘与运用家庭和社会生活发展变化中的德育因素，以充实学校德育的内容，丰富学校德育的形式，拓展学校德育的途径，创新学校德育的手段，建设与完善学校德育工作体系。《标准》的第17—20条，对校长做出了专业能力与行为的要求，为了集中反映这些专业能力与行为的要求，"建设校园文化，组织节庆活动"和"发挥主体作用，防范负面影响"便构成了义务教育学校校长的第三项和第四项历练。

　　如何履行这些专业职责的要求，不少学校在开展德育工作的内容与形式方面，做了大量的探索与实践，取得许多值得总结与借鉴的经验和做法，其中主要有如何构建行之有效的德育工作体系，使德育贯穿于学校教育教学全过程，实现"育人"职能对各项教育工作、服务工作与管理工作的全覆盖；通过建设校园文化，营造良好的育人环境，促进优良的教风、学风、校风的形成；创新德育活动内容与形式，提高德育工作的针对性和时效性；发掘与发挥学校各种组织效能。从而，为广大校长在提高"营造文化育人"的能力和办学治校实践上提供了有益的借鉴。

第三项历练

建设校园文化　组织节庆活动

　　本专题的案例，向我们展示了部分优秀校长按照党和国家的教育方针政策，根据新的历史时期中小学生德育工作面临的新情况、新问题，结合各自的校情和地域特点，在营造文化育人的过程中，构设一套体现社会主义核心价值观又切合青少年学生身心发展规律的学校德育工作体系，精心构设校园文化，拓展与创新了适应时代特点的德育内容、方式与方法，运用现代信息技术方法与途径，增强德育活动的感染力、影响力与凝聚力，等等。探索了一些从实际出发又行之有效的学校德育工作新途径。

案例一：构筑德育体系，覆盖育人过程

新辉中学是一所普通公立初级中学。为了营造学生健康成长的良好环境，学校以育人为本，集全校之力，营造和谐奋进的校园文化，把德育工作摆在素质教育的首要位置，全面加强学校德育体系建设，包括以德育科研为先导，提升教师的育德能力；以校本课程建设为载体，建设序列化的德育课程体系；以德育资源整合为抓手，构建起了学校全方位的德育工作网络。

1. 以德育科研为先导，提升教师的育德能力

初中生是人的一生发展的重要时期，也是人的人生观、价值观、世界观形成的关键时期。为了帮助初中学生树立正确的人生观，学校以德育科研为先导，全面提升教师的育德能力。学校确立了多项研究课题，作为构建科学有效的德育体系建设的认识基础。以《初中学生创新人格培养的实践研究》为学校三年德育工作的龙头课题，引领全校德育工作不断向全面和纵深发展；以全员德育队伍打造为依托，进一步提升教师实施行为规范教育的育德能力；以细化初中三年分年级培养目标为抓手，引领班级特色文化的打造，强化行为规范的养成教育。

（1）科研先导引领全校和班级的行为规范教育

其一，学校科研部全程参与德育工作部的班主任班会展示活动。班主任工作室围绕"主题谈话课"开展班主任培训。德育工作部以此为契机，由参与此次培训的教师做专题讲座和主题班会课展示等方式，开展全校班主任的主题培训。科研部配合德育工作部给予开课教师《自我发现成长小故事》等相关资料，并围绕开课主题开展了教学环节的设计、优化等工作。

其二，科研部全程参与德育工作部组织的全市初中学生法制辩论赛指导工作。由年级组组织，科研部积极配合，为学生成长搭建平台。从辩论稿的修订、写作规范到辩论中的技巧、要领等，给予积极的支持、指导和帮助。

其三，德育工作部策划组织年度的"艺术人文研讨会"。各年级组配合德育工作部，梳理教师育德智慧，策划组织多种主题的"艺术人文研讨会"，如《彰显艺术特色，提升人文素养——记新辉中学艺术人文教育研讨会》《立足文化打造，提升人文素养——记新辉中学艺术人文教育研讨会》等。在此基础上，学校加大德育科研力度，探索塑造学生创新人格的途径与抓手。在《初中学生创新人格培养的实践研究》课题的基础上探索行为规范教育的新途径。

其四，提高年级组长研究本年级德育工作特点的能力，寻找有利于本年

级学生创新人格形成的着力点，强化年级组工作的研究。以"新辉中学分年级德育目标细化"为课题，推动年级组工作的科学性和有效性，努力打造层次鲜明的分年级德育工作的特色。

其五，营造班主任追求专业化发展的氛围。以探索创新班级管理模式为载体，打造特色班级文化。围绕学生的良好行为规范的养成及其强化，学校在班主任工作和班集体建设方面，要求班主任从"细节入手，用心思考，智慧管理"来抓好班级的各项工作。每个班级的情况不一样，要形成班级特色，就必须分析班情，研究学生，读懂学生，明确班级目标，创建班歌，设计班徽，制订和完善班规，措施得力，方法恰当。各班学生经过班主任的引领与指导，积极开展示范班争创活动，各项班集体活动取得实际效果，形成和巩固各自班级的文化特色。

(2)建设高素质教师队伍保障行为规范教育

倡导教书育人、管理育人、服务育人的学校工作理念，形成教师人人都是德育工作者的学校情境氛围。注重在学科教学过程中挖掘德育资源，落实情感、态度和价值观的教学目标。注重班主任队伍建设，探索提高教师育德能力的途径。

其一，铸造师德师魂，丰厚育人土壤。学校首先在教师团队中，开展了"欣赏他人，悦纳自我"的活动，锤炼师德，身正为范，引领学生，创设全员育人的氛围。"内修素养·外树形象"的活动，提升了教师队伍的敬业精神和专业行为。以《新辉中学教师自律条例》为依托，要求教师在学校工作和生活中的所有言行上严于律己，在学科教学中爱岗乐业，率先垂范，教书育人，在育人责任的履行与教学岗位的奉献中诠释教育的价值。首先，开展提高班主任专业化水平的专题培训。以提高班主任人文素养为主旨，加强班主任工作实效性为目的，促进班主任专业化发展为最终指向，学校组织开展了以班集体建设为载体的温馨教室建设的理论探讨，如"让快乐伴随学生的和谐发展——班级活动设计的系列辅导"讲座。其次，以科研课题为载体，探索新时代学生心理发展与变化的特点，研究德育内容与手段的创新，促进班主任育德实践能力的提高。最后，充分发挥优秀班主任的引领与辐射功能，以"以老带新""以优促平"和"以新激创"等形式与措施，切实提升班级工作建设能力。

其二，在校本培训中加强对学生行为规范教育的研究，促进全员德育队伍的专业成长。以全员德育队伍打造为依托，进一步提升教师的育德能力。构建以创新人格培养为指向的全员德育队伍专业成长的校本培训。积极举办德育沙龙，聚焦创新人格学生培养措施研究；构建德育观察员队伍，探索学科育人中行为规范教育的实施。聚焦创新人格学生培养措施研究。以"创新人格塑造"为主题开展系列活动进行育德能力培养。组织开展了"分享班级文化打造经验班主任"的校本培训；年级组会上师生共谈班级文化建设的《我眼中的新班级》活动；教工大会上的《创新人格培养大家谈》，等等。

其三，打造平等、民主、合作发展的年级管理文化。针对四个年级学生年龄的差异，通过携手课程与教学部、科研部组织好五种会议，实现各年级管理文化的自然历程认同、同化、内化。每月一次年级组大会，进行情况通报、年级发展态势研讨；每两个月一次年级组长会，同各教研组长、备课组长、班主任分析各班级学生的整体学习情况，即常规体检；每月两次的年级组长会，即同班主任的各班级发展态势分析会，统筹协调年级层面上的大型活动工作布置；不定期地由班主任牵头的任课教师座谈会，分析到人，精细管理；每学期一次的体现家校合作、共同育人的家长会。

2. 以校本课程建设为载体，建设德育课程序列

多年来，学校开设的显性和隐性的德育课程，通过学科渗透、社会实践、主题活动等多种载体进行，取得了一定的效果。首先，行为规范教育的课程体系通过隐性的德育课程加以体现。

（1）行为规范教育的制度化。学校处处有德育，事事是德育，人人搞德育。德育要到位，需建立健全德育常规。在进一步加强行为规范教育中，建立了升旗仪式表彰制、一日常规评比制、班级轮流值勤制等具体常规制度，保证了行为规范有章可循。

（2）行为规范教育的阵地化。学校把校班会作为德育工作的主渠道，抓住每周一次的升旗仪式、开学与毕业典礼、社会实践基地等，强化学生的良好行为规范。同时对学生进行多渠道、多角度、多层面的行为规范教育，并将德育渗透到各学科的教学中，发挥课堂教学的主阵地功能，使学校德育工作能迈上新台阶。

（3）行为规范教育的系列化。爱国主义教育是学校德育工作的核心，日常行为规范建设是学校德育的奠基工程。为了更好地贯彻全市中学生行为规范教育的精神，学校制定了《新辉中学学生一日常规》手册，使教育内容形成体系，抓出实效。主要有：爱国主义教育与学校管理建设相结合——仪式系列；爱国主义教育与社区家庭教育相结合——一体化教育系列；爱国主义教育与学校中心工作相结合——重大纪念日系列；爱国主义教育与社会实践活动相结合——活动课程系列，等等。

（4）行为规范教育的规范化。日常行为规范教育是德育工作的重要一环，学校德育工作部常抓不懈，抓好"轮勤班级、常规检查员、寻访团"三支队伍。寓行为规范教育于常规养成教育之中，形成和巩固班级特色。

其次，为了提升德育课程的层次，促进学生的全面发展与个性发展，帮助他们牢固地形成正确的世界观、人生观和价值观，学校尝试进行了德育课程的系统架构，初步建立起了五大类、十大模块德育课程序列。

德育课程类别	德育课程模块
【民族精神类—— 为了忘却的记念】	踏上体验之旅——做一个历练丰富的人
	阅万卷书　行万里路——做一个心怀天下的人
【生命教育类—— 为了生命的璀璨】	拓展学习时空——做一个心智明激的人
	感受假日阳光——做一个阳光健康的人
【人文艺术类—— 为了修养的提升】	捧读经典　品味书香——做一个有文化学识的人
	徜徉于艺术殿堂——做一个有品位修养的人
【公民意识类—— 为了肩负的责任】	感受亲情　表达尊敬——做一个懂得感恩的人
	走进社区　传递温暖——做一个担当负责的人
【科学创新类—— 为了能力的提升】	走近科学　感悟人生——做一个崇尚科学的人
	实践探究　体验创新——做一个勇于创新的人

在课程架构设计上，关注德育的元素，在拓展类、研究型课程中，依据以国家意识、文化认同、公民人格为主要内容的民族精神教育和生命教育的要求，开发了《论语选读》《伦理学初步》《初中生理健康读本》《心灵成长活动手册》以及《国防教育读本》等10余门显性德育课程，深受学生的喜欢。

3. 整合德育资源，构建覆盖育人过程的工作网络

（1）学校与社会实践基地的积极整合。整合红色教育资源，为学生提供全方位的革命传统教育体验，学校充分利用所在区域的多种爱国主义教育基地，如烈士陵园以及周边地区的红色教育资源，从地缘上为学生搭建了多层次、全方位的红色教育网络，提升了初中生的爱国主义教育体验层次。

（2）学校与社区牵手发展。每年暑期结束前，学校都会同所在的社区合作，提供社会服务资源，开展丰富多彩的公益活动。引导学生联系所在社区，帮助居民小区、街道范围内那些有社会服务需求的人，例如参与大孩子带小孩子的读书活动和体育锻炼活动；开展拥军优属、尊老敬老、慰问孤老、奉献爱心的活动等。

（3）整合学校特色活动项目，塑造学生的创新人格。持续开展以"走近科学，感悟人生，提升品位"为主题的系列活动，例如，组织学生参观两院院士风采馆，开展"生命科学""天宫一号""蛟龙号载人潜水器"等系列讲座。开展以"走近科学，感悟人生，弘扬民族精神"为主题的系列活动，例如，组织学生开展"民俗节日""生活的准则""红色系列活动——激扬青春""走近科学家，约会艺术家"等活动。组织开展科技节、艺术节、艺术之旅、班班有歌声、课本剧大赛、朗诵与古诗词讲座、古诗文诵读、辩论赛等系列活动。

（4）注重家校联系，形成教育合力。通过家校联系单、家长会、家长志愿者、家庭教育论坛等，充分整合校内外教育资源，依托家庭和社会力量开展丰富多彩的教育活动，探索行为规范教育的新思路，形成教育合力。

道理与点评：从新辉中学的案例来看，该学校以育人为本，集全校之力，营造和谐奋进的校园文化包括：以德育科研为先导，提升教师的育德能力；以校本课程建设为载体，建设序列化的德育课程体系；以德育资源整合为抓手，构建学校全方位的德育工作网络。初步实现了"把德育工作摆在素质教育的首要位置，全面加强学校德育体系建设"的目的。

德育工作如同学校其他工作一样，成效如何关键在教师。因此，该学校将"以德育科研为先导，提升教师的育德能力"作为工作的抓手，通过多项研究课题的探索，营造班主任追求专业化发展的氛围和加强年级组长对本年级工作规律研究的要求，提高了班主任、年级组长对学生行为规范教育的能力。在校本培训中，加强如何开展行为规范教育的研究，促进了全体教师的育德能力提高，以此作为对学生开展行为规范教育的保障。该学校还尝试进行了德育课程的系统架构，初步建立起了五大类、十大模块德育课程体系，通过开设的显性和隐性的德育课程，以学科渗透、社会实践、主题活动等多种有效载体全方位推进思想品德教育。通过与社会实践基地的积极整合，充分利用所在区域内的多种爱国主义教育基地，为学生搭建了多层次、全方位的红色教育网络。学校还与社区牵手，引导、帮助学生联系所在社区，为居民小区、街道提供力所能及的多种社会志愿服务。为塑造学生的健康人格，持续开展以"走近科学，感悟人生，提升品位"为主题的系列活动，让体现社会主义价值观的正能量，各种丰富多彩的文化生活，对学生的世界观、人生观和价值观的形成，起到了潜移默化的作用。

案例二：传承优秀文化　培育一代新人

新民小学在长达一个多世纪的办学历程中，饱含着无数仁人志士的慈善、爱心、心血、智慧和理想。该学校校长认识到，所有这些是学校宝贵的精神财富，也是建设校园文化最坚实的人文基础。

1. 校园文化建设以历史文化传承为基础

为纪念学校百年校庆，校长下决心重修校史。通过广泛发动相关部门机构和知情人，四方征集，想方设法收集到了许多珍贵而富有教育价值的校史资料，包括找到了很多不同历史年代的学校及其师生的老照片，找到了办学之初开掘的百年老井，寻觅到了20世纪30年代曾矗立在校园内的纪念石碑，找到了学校两位创始人的后裔，发掘了很多校友，经过整理精选，汇编成一本图文并茂的百年校庆纪念册——《百年新小》。全书分为"百年学校不凡春秋""爱我学校以心育人""塑我学校求真务实""兴我学校开拓创新"四大篇章，系统翔实地介绍了学校历史和沿革，全面丰富地阐述了学校的办学思想和特色，多彩生动地展示了校友、师生的精神风貌。

《百年新小》成了学校开展爱国主义教育、民族精神教育和实施素质教育的最真实、最生动的教材。校长在校庆庆典时动情地说："小学教育是人一生中的启蒙教育，它为人的一生发展打下了非常关键的基础。一个人一生中最快乐、最纯真的童年时光就是在小学度过的，它会给人的一生留下许多难以磨灭的美好回忆。"因此，一所学校的百年风雨历程，是令每一位师生最值得欣喜、值得追思、值得汲取的精神财富。遥想当年，师恩难忘，学友意长；回望历史，故土情深，成绩斐然。它更是促进学校新一轮发展的坚实基础。站在新百年的起点上，要进一步弘扬学校优良传统，坚持行之有效的办学思想和特色，最大限度地为农村孩子提供优质教育，力争为家乡的教育谱写更绚丽的篇章，为家乡父老培养更多优秀的儿女，为现代化农业园区建设提供更多的高素质人才。

为了充分发挥学校传统优秀文化在现时代的育人功能，学校开展了《利用校史文化，对学生进行传统美德教育的实践》的课题研究，让这些丰富的历史文化资源，有计划、有步骤、有实效地渗透到学校的日常教育教学活动中去，复活在每个孩子的身上和心中。为此，学校建设了许多能反映百年文化的景点，制作了介绍学校两位创始人艰辛办学的历程以及生平的宣传版面，还制作了为政府和社会公认的新的历史时期4名杰出校友的雕塑及其他艺术作品，永久性地嵌立在校园和教学楼醒目的墙壁上，成为学生最生动、最贴近的人生榜样。

借学校举行百年庆典之际，学校建造了校园20处人文景点并自然地分布在学校的五园三区——桃李园、松梅园、莲湘园、童趣园、稚乐园和运动区、表演区、休闲区。双十景的每一个景点都蕴含了一个故事，充满了浓厚的历史文化气息，反映了学校深厚的文化积淀，构成了美丽优雅的校园环境。

学校的大门非常简朴，但含义深刻。大门右侧由一根圆柱与三面梯形墙面组成，那根圆柱形似一支笔，又象征一根栋梁，三面梯形的墙面恰似三本书，又象征万卷书。其寓意"读书破万卷，下笔如有神"的诗意。旁边的绿化春意盎然，绿色代表绿领巾，红色代表红领巾，象征了学生天天走进校园"天天要写好字，天天要读好书，长大了人人做祖国的栋梁之材"的求知梦想。

学校校园外侧有一排陈旧古朴的老房子，开天窗的房顶、低矮的屋檐、斑驳的砖壁，还有随风而摇曳的木窗，与新校舍形成强烈反差，曾有人提议砌一朵围墙或种一排冬青树遮挡起来。但是校长却非常钟情这幢老房子，因为它有"故事"：1937年，当时学校的校舍被日本侵略者全部烧毁，师生就借用了这幢老房子做校舍，并断断续续在其中上了5年的课，在老房子的旁边还残留着当年校舍被烧毁后的三块石柱。于是，学校在紧挨老房子的墙边种了桃树、李树等果树。现在，当人们来到这校园的一角，看到老房子，对照新校舍，就想到学校百年沧桑，历史悠久；看到残留的石柱，就联想到侵略者是多么凶恶残暴；看到桃树、李树，想到百年育人，桃李满天下，硕果累累。在校园曲径蜿蜒的各处，有"百年校庆纪念碑""勇敢的鲜军雕像""何、朱两先生纪念堂遗址""何、朱两先生铜像""书香苑""校训石""思源石""开智石""书山有路""围墙画廊"等景点，还新建了"静渊亭""志贤门""1917年老照片石刻画""村校边门""能歌善舞雕塑""思乡泉""欢乐大舞台""牡丹石"等新十大人文景点。它们都是生动朴实的校园故事。它将历史与文化、生态与建筑融合在一起，散发出独特的江南园林魅力，点点滴滴，潜移默化，长年累月滋润着师生的精神世界。"双十景"有的经历了百年风雨，是一部活生生的学校百年史，是百年文化的深厚积淀，有的还是近几年的新作，但都蕴含着丰富深刻的教育意义，更是一本立体的、系统的、有历史纵深感和鲜活时代信息的校本教材，它使润物细无声的环境熏陶、睹物思情的历史浸染和英雄贤达的言行引导等教育手段，与学校日常的教育教学活动水乳交融，构成了学校教育的有机整体。

"双十景"是一个美丽漂亮、赏心悦目的大花园，优美的校园环境吸引了众多的周边群众。每逢双休日、节假日，附近居民都喜欢到校园里走一走，看一看，或一家老小，或三五成群，其乐融融。学校获得了家长的认可，获得了社区的认可，还吸引了泰国、韩国、新加坡、中国香港等多个代表团来校参观。学校通过组织各类活动向社区辐射各类知识和时代文明，完成了学校在社区中的特定任务。在社会各界及专家评选中，具有浓厚百年文化积淀的新民小学被评为所在区域的十大景点之一，并成为区域内社会主义新农村建设的一个文化窗口。

2. 校园文化建设以学生喜闻乐见为前提

现在有不少校长和教师感到，学校在各种德育活动上花了很多时间、投入了各种资源、耗费了不少精力，形式也搞得轰轰烈烈，可效果还是不太理想，什么原因？套话多、形式多、成人化。怎么办？唯有创新。新民小学找到了运用少儿拍手歌对学生进行思想行为教育的好方法与好途径。

缘起一次无意的邂逅。一天，校长在校园巡视，看到树荫下几个小朋友正在边拍手边唱童谣："一、二、三，我们都是木头人，不许讲话，不许动！"他当时既被孩子们欢快的游戏所深深吸引，也为童谣反映的内容所忧虑。回到办公室，刚才孩子们快乐的神情还印在他的脑海里，忽发奇想：我们为什么不把学校的培养目标和日常教育的要求融化在学生喜欢的儿歌中，让孩子们在玩玩唱唱中，学知识、学道理、学做人呢？当夜，校长就根据正在开展的安全教育，试写了学校的第一首拍手歌——《安全旋律》。

你拍一，我拍一，人的生命最宝贵，
你拍二，我拍二，安全第一要铭记；
你拍三，我拍三，上下楼梯靠右边，
你拍四，我拍四，大追大吵须禁止；
你拍五，我拍五，红灯绿灯看清楚，
你拍六，我拍六，横道线上慢慢走；
你拍七，我拍七，摊贩食品不能吃，
你拍八，我拍八，水塘河边别玩耍；
你拍九，我拍九，遵纪守法一路走，
你拍十，我拍十，安全快乐不出事。

第二天一早，校长就请教导处把这首新的拍手歌发给全校学生试唱。结果，学生们在拍拍唱唱中，不仅背熟了歌词，而且记住了安全要求。教师们也都反映这拍拍唱唱的欢快形式教育比平时严肃说教的效果好多了。

初战告捷，顺势而为。校长广泛听取了师生的意见，把学校平时对学生的要求，分门别类写进一首首拍手歌中。短短两个月时间，竟一连写了30余首。很快这些又新鲜又通俗的拍手歌，就在学校的早晨、课间、午后唱响；那清脆的掌声伴着明快的肢体节奏与欢乐的歌声，在走廊、草坪、花园里回荡，拍手歌成了学校最有童趣的一个特色教育，成为学生最喜欢的一种课余游戏。

学校把拍手歌汇编成册，正式出版了校本教材《我爱新小拍手歌》。拍手歌中既有讴歌美丽校园的，又有崇尚文明礼仪的；既有讲究学习方法和锻炼身体的，又有憧憬开创未来的；同时，每一章节都配有思考与实践活动，让学生有所学，还有所思，有所乐，还有所为，有所体验，还有所感悟。应该说，这是一种品德行为教育的好形式、好方法、好途径。音乐教师还给部分拍手歌配上了曲子，小朋友学起来更津津有味，又拍又唱，又跳又舞，乐在其中，益在其中。2012年，学校还用拍手歌的形式创作了校歌《上课乐》，深受师生和家长的欢迎。

大家感到拍手歌注重满足童趣、贴近生活、有益身心、锤炼情操、快乐和谐，寓教育于儿歌中，顺应了少年儿童身心发展的需要与特点，反映了德育内容和形式与时俱进的时代特征。现在，一系列的拍手歌已成为学生快乐成长的精神美餐，成为学校德育的一道亮丽风景线，学生们在拍拍、唱唱、玩玩中不知不觉地养成了自己的观念，规范了自己的行为，明白了不少道理，成为他们在人生道路上健康成长的重要导引。

拍手歌不仅受到孩子们的欢迎、家长的称赞，也得到了教育专家的认可。一些教育专家听到学校的拍手歌后连声称赞："好！好！是一种好方法。"有的还欣然题词：我爱新小拍手歌。有著名的儿童文学家对学校的拍手歌做了数次精心的修改指导，有儿童画家还为每首拍手歌和每篇导语配了插图，使诗稿更趋完美，寓意更显深刻。有著名的少先队儿童教育专家评价拍手歌"具有生命活力和发展前途，很有教育意义，可能成为基础德育的一朵新花"。

如今，新小的拍手歌已经增加到60首，荣获全国第五届小公民道德建设一等奖和市、区教育系统多种奖项。一些省市的报纸、电视台等新闻媒体也多次介绍学校开展拍手歌教育活动的做法与经验，并给予高度评价。

3. 校园文化建设以传统文化创新为发展

莲湘，既是一种民间舞蹈，又是一种民间健身项目，也是一种民间娱乐项目，融民俗、舞蹈、音乐、娱乐和健身于一体，闪烁出民族、民俗特色，具有独特的艺术价值，相传已有300多年的历史，它是中华优秀的传统文化艺术，目前已被列入省级非物质文化遗产名录。学校所在区域是莲湘的发源地，被誉为中国莲湘文化之乡。

传统莲湘共有十四节，每节八拍。莲湘动作轻快明朗，姿态优美大方，富有节奏，响声不绝，热闹非凡，表达着人民"对美好生活"的向往和追求。它犹如一组带道具的健美操，常由一人、数人或数十人乃至上百人手执莲湘棒随乐起，舞者通常以右手持莲湘棒中部，用手腕、手指及上下臂的旋转变化动作与上下身动作配合呼应，上、下、左、右舞动，主要有交齐、起步、转棒、敲肩、敲地、对打转身等基本动作，敲击部位有肩、腰、背、臂、肘、两手、两膝和两足。莲湘舞让人精神焕发、赏心悦目，深受人们特别是小学生的喜爱。

进入21世纪后，学校设置了莲湘课程，制定了莲湘教育目标、内容与方式。因为莲湘既是舞蹈艺术又是娱乐健身项目，学校将莲湘融入音乐和体育课程与教学中，做到了艺教和体教的完美结合。以莲湘为主线，通过"天天有莲湘操、周周有莲湘课、月月有莲湘赛、年年有莲湘节"和"人人有莲湘棒、班班有莲湘队"来营造浓厚的莲湘氛围，以说莲湘、玩莲湘、打莲湘、传莲湘、画莲湘、写莲湘来凸显"莲湘健身、莲湘娱乐、莲湘怡情、莲湘益智、莲湘育人"的功效。做到了毕业的学生人人知道莲湘、人人学会莲湘、人人传承莲湘、人人享受莲湘，真正把莲湘打造成富有特色的具有很高知名度的"一校一品"，成为市、区校园文化建设别具一格的亮点、品牌和特色。在普及的基础上，学校又办起了提高班，成立了莲湘社，编成一个个舞台节目在各类活动中汇报演出。莲湘中有乡音、有乡情，莲湘中有文化、有智慧。在阵阵莲湘棒的敲击声中，打出了今天乡村少年儿童的活泼和天真，传递了学子的快乐和心声。历年来，学校莲湘在镇、区、市、全国各类表演和比赛中频频亮相、获奖，得到了领导、专家和社会的广泛认同和赞赏。

道理与点评：从新民小学的案例来看，该学校尽一所乡村小学之力，把绿化、美化校园环境，精心营造人文氛围作为办学的使命，从而为建设优良的校风、教风、学风奠定了坚实的基础。在建设优良的校园文化的过程中，校长发掘了学校办学的优秀传统文化和丰富的历史文化资源，并赋予在现时代的育人功能，通过制作许多能反映学校百年文化的景点，建立起了润物细无声的育人环境，睹物思情的历史浸染场景。在德育活动的设置与开展中，既不墨守传统思想政治工作惯于说教的陈规，也不盲目追寻流行时尚的新潮，而是从学校所在的乡村沃土中，汲取优秀的文化资源，用少儿喜闻乐见的内容与形式，以融民俗、舞蹈、音乐、娱乐和健身于一体的莲湘舞，自编学生的拍手歌等为主体内容，以此作为校本课程融入音乐和体育课程与教学中，从而将学校的育人目标与内容有计划、有步骤、有实效地渗透到日常教育教学活动中去。从新民小学和"重视地域文化的重要作用"的案例中，我们可以看到，《标准》提出的"促进优秀文化融入学校教育"的要求，在学校德育工作中是可以找到实施的方法和途径的。同时，也为德育内容课程化提供了有益的借鉴，在德育校本课程的开发与实施方面，校长应当能从课程的选择、主题的确立、内容的厘定、形式的编排等方面，将民族的地域的优秀文化传统融入其中，反映时代先进的文化潮流，并更贴近学生学习与生活的实际，以适应青少年学生身心发展的需要。学校文化建设完全可以产生潜移默化的教育功能，德育内容的系统化与课程化，将进一步促进文化育人成为办学治校的重要内容与途径。

案例三：建设优雅校园　文化成就师生

学校文化是一所学校的灵魂，是推动学校可持续发展的动力，也是折射学校品质和风范的一面镜子，我们必须站在时代的高度，确保先进的校园文化在基础教育的先导地位，通过多种有效途径营造良好的校园文化环境，培养先进的校园文化意识。在建设校园文化过程中，新光学校批判继承，开拓创新，提出"文化立校、文化强校、文化靓校"的发展定位，让师生在文化润泽滋养下健康幸福地成长。

1. 建设优雅校园环境，雅和文化感染师生

苏霍姆林斯基提出："让学校的每一面墙壁都会说话。"校园环境文化景观是校园中各处可见的、有形的自然文化特征，能对师生行为产生约束与引导作用，可以通过自身存在价值让学生耳濡目染，潜移默化中滋养学生的健康成长。新光学校充分利用一切可以利用的地方，让每一位师生都能有展示特长的空间，校园的一草一木、一砖一瓦都赋予了育人的内涵。

（1）山水读书吧——由"乐智山"和"乐水瀑"两处景观组成，是学生们最喜欢的读书空间，也是学校校标的具体形象展现，寄托着学校的理想——培养学生既要像大山一样伟岸挺拔，又要像泉水一样灵动活泼。

（2）智力迷宫——为了实现真正意义上的文化"落地"，在教学楼天井处开设的迷宫，通过蜿蜒曲折的游戏过程，让学生领悟，人生道路上的困难无处不在、接踵而至，当遇到困难时，换一种思维，换一种方法，也许就会找到解决问题的出路。

（3）心灵阳光浴场——学校的阳光心理中心。学生们可以到宣泄室里发泄减压，可以到沙盘游戏室中随意拼摆，可以到音乐体感椅上彻底放松，可以向"爱心姐姐"倾诉心事……在这里，他们可以排解学习与生活中遇到的各种不快，建设他们的阳光心态，奠基他们的阳光人生。

（4）五心教育树——在国旗台前"栽种"了一棵"五心教育树"，把周一定为信心日，周二定为细心日，周三、周四分别是爱心日、慧心日，周五至周末是感恩日，教育师生信心做人、细心做事、爱心奉献、慧心学习，并用感恩心对待他人，看待社会。天天提醒，是对心灵的关照；日日漫润，是对生命的成全。

（5）教师语林——透过教师的教育心语荟萃，可以看到教师对教育的理解和对生命的感悟。

(6)家乡文化长廊——在教学楼的走廊墙壁上，设置以"河洛文化"和"新安文化"为内容的家乡文化景观，让学生耳濡目染地认识到家乡的名胜、特产、历史名人和风土人情，感受到中华文化的博大精深。

(7)阳光书廊和悦心坊——要让孩子手不释卷，请把书放在他们触手可及的地方，让书成为一种无处不在的教育资源。温暖的阳光洒在身上，知识的阳光播进心田。优美的音乐、古色古香的茶桌、琳琅满目的书刊、温馨的摇椅，这是学校的沙龙室，给教师提供了一个精神成长的天地，让同伴在畅谈中放松，在游戏中减压，在交流中凝聚。

(8)雅和文化展室——以实物、图片、影像、装饰、音乐等方式，全面展示学校典雅优美的环境文化、儒雅和睦的教师文化、文雅和乐的学生文化、高雅和谐的精神文化、温雅和畅的课堂文化，等等，荟萃学校文化建设的成果，见证师生的成长，彰显学校的品质与品牌。

2. 确立精神文化导向，校园文化成就师生

新光学校在长期的办学实践中认识到，校园文化建设其核心问题应该是学校的精神文化建设，是凝聚师生的共同理想和价值取向，它既是深层的群体意识，又是群体的向心力和凝聚力，不仅对建设特色学校具有促进作用，更对培养全面发展的人才具有强大的塑造作用。学校的思路与具体做法是，想在心上，讲在嘴上，抓在手上；表现在景观上，内化在思想上，呈现在行为上。通过长期持之以恒的"酿造"和"熏陶"，使学校精神弥漫为气息，外显为行为，彰显为气质。

(1)建设优良的校风、教风、学风

用"构建和谐校园，奠基智慧人生"的办学理念和"阳光心态、健康身体、美丽心灵"的团队精神，建设相互依存、彼此促进的和谐校园。教育不是牺牲，而是享受；教育不是重复，而是创造；教育不光是未来的希望，更是当下的幸福。

为了真正形成"赏识合作、健康和谐"的校风，学校在师生工作与学习的各种团队建设中，关注细节，巧用"蝴蝶效应"；强化优势，发挥"马太效应"；注重激励，形成"皮格马利翁效应"；树立危机意识，避免"青蛙效应"。引导师生要用欣赏的眼光重视和赞扬别人，让每个人都能发挥作用，每个人都能给学校带来变化。为了形成"以智启智，以爱育爱"的教风，教师们不仅用爱走进孩子心灵，同时也十分关注自身的专业素质提升，坚持在读思研相结合的过程中提升育人质量，做到"以智启智"。学校坚持用教师成长丈量学生成长、学校发展的做法，正在悄然地改变着学校的面貌和内涵。为了形成"乐读善思，多彩发展"的学风，激发学生学习动力，让学生在阅读中思考，在思考中进步，除了文化课，学校还把七彩课堂排入课表，让每一位学生都能根据自身兴趣爱好，发展特长，张扬个性，多彩发展，获取多才多艺，在不同的方面体验进步和成功的愉悦，获得人生的成就感和幸福感。

（2）形成具有学校特色教育理念的校训、校标、校歌等

新光学校的校训是：日进有功，即每天进步一点点，只要坚持，就会成功。让全校师生领悟并记取，自己做每一件事，若能一次比一次进步，一天比一天前进，今天比昨天好，明天比今天好，日积月累，水滴石穿，总能取得成就。校标是山水结合体的艺术形象构造，以新光山水相依相伴的地域特点为构图的基础，表现为既有大山的稳重，又有泉水的灵动。山水的艺术化组合形式，构成了学校第一个拼音字母的缩写。校歌《肩负重任，一往无前》作为学校散发着凝聚力和感染力的文化名片，激励着一届又一届的莘莘学子勤奋学习，不畏艰辛，百折不挠，勇往直前。学校把"爱、互助、守信、感恩、不自私、不浪费、责任感、荣誉感、精神追求"确定为校园中心词，作为全力崇尚与弘扬的价值观体现，引领学生健康成长，走向成功。

3. 组织节庆活动教育，培育强化良好品行

新光学校在建设优雅校园环境过程中，将确立精神文化导向同对进行学生的养成教育和开展丰富多彩的节庆活动相结合，培育学生良好的品德行为。养成教育是从小为学生打下做人的基础，养成良好的行为和学习习惯。每学期开学初，学校利用升旗仪式强化训练学生的行为，班会时间学习《中学生日常行为规范》《新光学生十条要求》《新光学生一日常规》，努力做到各种行为规范要求的具体化。学校在努力培育纪律风气严肃、行为习惯良好的学风过程中，以学生会、各种学生社团为依托，借助精心设计和组织的艺术节和科技节等开展丰富多彩的校园文化生活，并在重大节庆日里开展主题教育活动，组织学生进行以"十个主题教育月"为载体、"知行评"三步骤以及"学、议、测、渗、演、唱、训、做、查、比"十字施行的自我组织、自行选择、自由组合、自我管理的活动内容与表现形式。一年中结合每个月的重要节日和教育主题，新光学校所开展的主要活动如下。

三月：以学雷锋为主题的社会主义核心价值观教育。

四月：以传统教育为主题，即中华传统美德与文明礼仪教育。

五月："审美、创新、科技"三合一主题教育。

六月：树理想、讲信念教育。

七月、八月：爱党、拥军、红色经典与法制教育。

九月：中华民族文化精神教育、尊师爱生、生活德育、养成教育。

十月："爱国（爱社会主义）、爱家乡、爱集体"三热爱。

十一月：国学文化、性别教育、心理健康教育。

十二月：伟大之初、英模之路专题教育。

元月、春节：亲情敬长、劳动节俭教育。

开展的具体主题活动有：庆祝建党建国系列活动、红歌唱响校园、感恩教育、国学经典诵读比赛、书法绘画比赛等。

这些活动及其多种表现形式，渗透了各个主题教育的要素，使学生在活动的组织与展示过程中，用自己的体验去感受和领悟如何在学习与生活实践中，分辨真善美与假恶丑，学会爱祖国、爱家乡、爱父母、爱老师、爱同学。此外，还倡导每位学生每天为自己的家庭做一件好事活动以及节日送"礼"活动，如"三八妇女节""九九重阳节""春节"等传统节日，这些都是学生奉献爱心、表达孝意的最佳时机，学校号召学生为家人送上一句祝福的话语、献上一杯热茶、为忙碌的父母捶捶背、为操劳的爷爷奶奶洗洗脚……温馨的举动犹如一份好礼，传承了中华文明，迎来了家庭的和谐。做教育就是做文化传承，继承传统优秀的文化，发扬光大，结合实际创造特色文化，实现动态与静态相结合的育人格局，为学校良好的学风、校风打下坚实的基础。

4. 拓展学生社会实践，提高德育活动效果

新光学校关注每一个学生的学习生活品质，坚持"源于学生、高于学生、立足校情、合作创新"的教育发展策略，以促进学生的全面发展与个性发展为宗旨，充分关注学生多样化学习的发展需求，针对不同学生的特点因材施教，组织学生开展各种富有教育意义的综合实践活动，充分发挥社会相关机构的教育功能。如法制社团到法院参观法庭建设，尝试做"小法官"，培育学生的法治精神，提高他们遵纪守法的自觉性；清明节祭扫烈士墓，瞻仰革命烈士纪念碑，培养学生的爱国主义精神和国际主义精神；参观现代农业科技园区、植物园、各种博物馆以及纪念馆等，开拓学生的视野，丰富学生的自然科学知识与人文历史知识，激发和深化学生爱家乡、爱国家与保护自然环境的情感与认识；与消防大队零距离接触，观摩消防官兵的灭火演习，强化学生安全规则教育，提高防灾救灾意识与社会责任感；与交警大队联手组建小交警队，见习道路交通规则管理实践，深化学生对道路交通法规与规章的认识，加强文明行为与法制意识，等等。学生的社会实践活动的足迹遍布众多领域。

此外，每年寒暑假期布置综合实践活动小课题研究，学生自愿选题，自主实践。如在暑期学校设计的《缤纷夏日　快乐暑假》实践作业中，设置的"书香弥漫"部分，包括：阅读推荐、阅读记录卡、阅读报告等，以此拓展学生的阅读视野和提升学生的阅读能力；"研究性学习"部分，包括"我是家庭小主人""我是社区小主人""巧手创造美好生活""科技制作我能做""社会调查我参与""社会实践我能行"等环节，涉及科技、人文、社会、资源、环境、地理、生物等诸多领域，并将研究成果作为校本课程开发的重要内容纳入学校课程体系，实现校本课程内容生活化，学校教育多元化，逐步形成具有特色的课程体系。

道理与点评：目前我国正处于社会转型期，人们的价值取向趋于多元，加之大众传媒近年常存在混乱和误导以及社会上出现的消极腐败现象等，都不同程度地影响与渗透到中小学校，对青少年正确的世界观、人生观、价值观的形成，带来了极大的影响与冲击。加强校园文化建设不仅是学校全面育人不可或缺的重要环节，也对培养德智体美全面发展的中国特色社会主义事业的接班人有重要意义。《义务教育学校校长专业标准》将德育工作摆在了素质教育的首要位置，将学校文化建设作为学校德育工作的重要方面，显然，文化育人已经作为办学治校的重要内容与途径。如何营造育人文化，把握学校建设之魂早已是专家学者和一线教育工作者的重要研究内容。新光学校从美化校园环境入手，通过建设优良的学风、校风，组织各种内容的节庆活动，开展具有鲜明主题的教育活动，使德育搭载着多种形式的文化活动进行，使其师生在校园文化润泽中幸福成长。同时，组织学生开展有各种教育意义的社会综合实践活动，充分发挥各种社会机构工作对学生健康成长的价值与教育功能，从而产生了春风化雨、润物无声的效果。

第四项历练

发挥主体作用　防范负面影响

　　为营造育人文化，在优化校园文化环境的过程中，校长需要凝聚学校文化建设力量，其主要途径是发挥教师、学生及社团的主体作用，积极为共青团、少先队、学生社团、班集体活动的开展提供必要条件，提供各种支持，并保证活动的时间。在信息化时代，校长还需要高度关注校园网络建设，充分发挥网络德育的育人功能，传输正能量，以防范与抵御各种对中小学学生健康成长可能产生的负面影响。

案例一：聚焦班队建设　创新育人环境

学校文化氛围对学生的影响是无形的、看不见、摸不着的，但又无时无刻不影响他们的思想和行为。现阶段小学的班级除一年级新生外，均以少先队组织的形式存在。因此，怎样发挥教师、学生及社团的主体作用，如何营造班队文化为学生创造良好的环境，是新民学校发挥文化育人功能所做的重要探索。

1. 为创建新型班队的环境文化建设

环境是一位无声的老师，一个班级的文化环境对学生的熏陶是潜移默化的，对培养学生的思想品德、道德情操起着至关重要的作用。在新民学校中，各年级都是由班主任老师带领全班同学，用自己的智慧和双手来布置教室。

（1）美化班级环境。教室是学生的"家"，发动学生参与教室的布置，能在无形中强化学生的主人翁意识。如有的班主任把教室墙壁画块分割，分别承包给不同的学习小组去完成，同学们自主选择布置材料，小组同学合力完成。无论是主题选材还是剪贴，尽可能发掘学生的自主能力和团结的合作精神，从设计采购到制作张贴都发动学生广泛参与，使学生的能力得到锻炼，萌生他们的合作意识，培育团队精神。

（2）从环境布置中彰显班级特色。班级环境文化的构建，要渗透出极富班级特色的文化气息。师生一起设计班徽，一起制定了班级的口号、班规、班训、班级精神等，比如：小袋鼠中队的"活泼开朗、天天向上"；太阳花中队的"活泼、懂事、有爱心"；小白鸽中队的"我努力、我自信、我成功"；小太阳中队的"相亲相爱、团结互助"……教室一角更有展示学生有个性作品的平台，如"我是小小书画家""童心话童话""书画河畔""看吧""书香溢室""原创屋"……

（3）办好班级主题板报。对每一期班级主题板报的版面进行精心设计，"环保在我心""绿色伴我行""我手写我心""学习雷锋好榜样""欢乐的节日"等，同学们自主设计版头、版面、插图，版报内容结合相关主题，围绕班级特色文化建设，体现学生的个性和班级的特色。

（4）建立班级德育积分榜，提倡良性竞争文化。一个班级的学生千差万别，有着各自的特点，各自的爱好，各自的优势和不足，如何抓住闪光点、充分调动学生的积极性、树立起学生的自信、培养健全的人格成为重要探索。新民学校通过建立"班级德育积分榜"，提倡班级良性竞争，让学生在被赏识的积极氛围中成长进步。光荣榜是动态的，内容是多元的，受表彰的可以是小队，也可以是个人，如学习进步的、劳动积极的、助人为乐的、拾金不昧的、孝敬父母的等，都属于积分范围。通过班级环境文化的建设，让每个学生置身于深厚的、具有个性化的班级文化氛围中，给人一种精神上的振奋，从中不断吸取丰富的营养，积淀文化的底蕴。

2. 为净化学生心灵的人文环境营造

班级内营造轻松、愉悦的人文环境是孩子们投入学习的前提，只有在这种精神状态下才能产生真正的教育效果。

（1）对教师重新定位。在新民学校的办学理念实施中，对教师的定位不再是单一的施教者，更要求班主任老师要具备多变的角色。在班级中，班主任老师成了一个引领者；在活动中，老师和学生具有平等的地位，因此，班主任老师不仅要在平时与学生的活动和交流中注意自己的言行举止，更要在面对和处理具体事情时注意自己的言行与情绪，班级内可以有"师生对话箱"，让老师成为孩子们的知心人，学校里，有"与校长共进午餐"活动，让孩子们畅所欲言。倾听和分享成为班级师生关系的纽带，充分体现了新民学校核心文化的重要内涵——虚心有节。

（2）对学生的重新认识。改变把学生看成是一个个并列的、平行的与孤立的人的观念，充分认识学生与学生之间是容易产生各种碰撞和摩擦的，并在其中产生相互的影响和触动。在这一过程中，学生的受教育者与施教育者的角色经常互换，这种同龄人之间相互的教育，是一种非常有效的学生自我教育。所以，在班级人文环境的建设中，鼓励孩子们在自主组织的活动中提升自我——每周的队会活动，利用十分钟的时间交流自己小队的活动成果；每周的广播纪实，由班级自发征稿、播音，把班级大事传递给全校师生；每月升旗仪式，将班级文化建设特色活动利用这一平台进行展示和推广；每学年更新学生自主管理委员会成员，学生通过自荐、推荐、展示、答辩、拉票等环节充分展示自我，组建新一届学生自主管理委员会，由学生进行自我管理，真正做到自己的活动自己搞，自己的班级自己管。用一次次活动增强班级内学生的凝聚力，用一次次展示推进班级文化建设的前进脚步，再次体现了新民学校核心文化的重要内涵——厚德笃行。

3. 为创建新型班队的管理文化建设

创建优秀的班队文化首先必须要有清晰具体的班级制度。国有国法，家有家规，一个班级的良好班风、学风的形成，必然要有一个合理的适应学生的规章制度，来成就和约束学生的习惯的养成。班集体是全班同学共同的"家"，一个良好的班集体除了依靠学生的自觉，还需要一些必要的管理制度，以最大的限度克服学生行为的随意性，并发挥惩处歪风、激励后进、奖励先进的作用。所以，科学、民主、健全的班级管理制度，是班级文化建设的一项重要内容，是良好班风得以形成的有力保证。需要激发学生的主体意识，健全班级管理制度。但是，班级制度的制定一定要量体裁衣，要让学生自己来制定，并且要清晰、具体到每个人、每件事。完善的班级管理制度会对学生的一生产生巨大的影响，一套好的规章制度比得上十个包办型的班主任。在制度实施了以后就要坚持按照原则办事，坚持每一天。只有这样才能使学生在制度的约束下，形成良好的人格品质和生活学习的好习惯，成就孩子的一生。

(1)师生共同制定班级公约

班级公约是全班同学共同信守的制度，它包括文明礼仪、学习常规、基本规范、卫生值日等多个方面，是班级学生活动的行动指南，在制定班级公约时，要激励每一位学生参与，广泛听取每位学生的意见、建议，最后表决形成定案。这样，学生才能从内心认同，才能促使他们以积极的态度去执行，从而让每个学生进行自主管理。

班规的形成，传统的做法是班主任拟定条款，这样在一定程度上让学生形成逆反心理，造成一定的抵触情绪，收效不大。在新民学校新生准备期时，各班班主任老师会先在班级讲优秀班集体的事迹，从而让学生明白制定一套切实可行而又推动班级发展的班规班纪的必要性和重要性；然后通过个人建议、小组讨论、班会等形式，引导学生反复斟酌的共同制定出既符合校情、班情，又能让全班同学共勉的起到激励警戒作用的班规班纪。从学习、纪律、卫生、礼仪、行为规范等方面，提出了明确的目标和确保目标实现的措施。由于这些目标和措施完全是由同学们自己提出、商定的，有切实可行的近期目标，也有高标准的远期目标，所以同学们在完成时，就显得更主动，更有信心，更得心应手。班规制定出来了，不实施等于一纸空白。作为班主任，应引导全班学生学习班规，要求他们自觉按要求去做，互相督促，勉励自己，使其成为班规的实施者。

(2)多样化的小组式管理，促使学生行为自律

在班级管理中提倡"小组合作"式的新型学习方式，促使学生各种良好行为由"他律"逐步转变为"自律"。在全面了解班级每个学生的个性差异、能力

特征、学习习惯、性格、成绩等因素的基础上，科学编定座位，合理组建小组。每组一般配1名优生、3名中等生、1名后进生，优生担任组长，以便开展组内互助和组间竞赛活动。同桌的编排可把相反性格的或相近性格的排在一起。

开展组内互相合作和组间竞争。一种是常规竞赛小组化，就是大家共同制定的班级公约，由分管的班干部负责，对每一位学生进行评分。每周末的评分，以小组为单位评出周优胜组和优胜组长。还有一种是课外学习活动小组化，根据自己班的实际情况，开展一系列有利于促进学生健康发展的竞赛项目，如作业竞赛、背课文、古诗竞赛、阅读竞赛和一些公益性、服务性的活动，小组的每一个成员都必须自我努力，还必须密切配合协作、互相帮助、互相促进。

建立组内互助合作、组间积极竞争的激励机制。在组内充分发挥小组长的积极作用，营造出浓厚的你追我赶、互帮互助的学习气氛。而且奖励优胜组和先进组长。这样，既培养了学生的自觉性，又提高了学生的合作意识和竞争意识。

（3）成立大队自主管理委员会，促进学生全面发展

新民学校的少先队大队自主管理委员会，始终保持一批经由各个中队选拔后脱颖而出的优秀少先队员。这支积极勤奋、勇于创新的队伍形成了"自己的活动自己搞、自己的阵地自己建、自己的事情自己管"的少先队工作的学生自主管理模式。学生自主管理的委员们会自主参与学校各项活动和社会实践，在活动过程中培养责任意识，进行自我管理，并把管理的模式与成效带进各个班级的各个中队，真正实现自我教育、自我发展。

——公开竞选、公平竞争的大队委员选举过程。学校的大队委员选举一直以来都本着"公平、公开、公正"的原则。公开的竞选过程，采取推荐、自荐等方式进行参选。所有通过初步参选的候选人根据学校要求参加"秀我风采、采访老校友、才艺展示"等部分，再由全校学生公开投票选出其中的佼佼者成为大队委员。

——规范、精细、制度化的自主管理委员会举措。少先队的活动，不仅需要精干的队干部、负责的辅导员来保证活动的有效性，还需要严格的管理制度来进行有效的规范。少先队管理制度是实现少先队工作目标必须遵循的行动准则。建立和健全管理制度对少先队活动具有重要意义。

值勤中队是学校少先队员进行"自主"管理的措施之一，是少先队常规活

动中的重要的一项。在值勤中队活动期间，少先队员们主动承担任务，进行自主管理，主动为大家服务。值勤制度中列明了值勤队员的要求、分工以及值勤时间，通过每周的培训，让值勤队员明确自己的岗位职责，以主人翁的姿态对待每一天的值勤。

为了有效解决问题，制定目标，用得最多的是开会这种方法。只有明确会议主题、掌握会议时间、做好会议记录，才能成就一次高效的会议。大队部就大队委、中队委、中队辅导员等不同的会议制定了例会制度。每周一次、每月一次的例会制度，提高大家的工作效率，能更好地检查工作，及时发现存在的问题与矛盾，提出解决问题的办法，拿出解决问题的措施。

4. 为打造班级精神的多样化集体活动

班级活动是学生在学校生活的基本形式，也是班级文化建设的重要内容，班主任应善于组织学生开展丰富多彩的集体活动，且活动形式和内容应充分体现学生的主体地位，尊重学生的意愿，力求贴近学生生活和已有的经验，让学生在活动中体验、感悟、发展，通过集体活动打造奋发向上、团结拼搏的班级精神。

（1）主题班会培养学生主动意识

主题班会是班级中最常见的活动之一。学校主题班会的形式多样，有讨论、讲读材料、小品等，内容以培养学生良好的行为习惯和班级阶段性工作等为主。每周三的午会课还会开展十分钟队会活动，其活动内容由班级学生在老师的带领下联系本班的实际情况，进行思想行动方面的教育与引导。尽可能挖掘身边的教育资源，充分发挥学生的主动性和积极性，让每一个学生在思想上受到教育，在行为上得到改进。例如，针对学生中出现的一些不良行为习惯，开展以"培养良好习惯"为主题的班会活动，活动时可以先借助图片、文字、小故事等手段，向学生列举在行为规范方面存在的种种陋习，再让学生联系本校、本班和自己的实际说说身边或自己的陋习，最后展开讨论，谈谈如何改掉陋习，并且付诸行动。

（2）红领巾广播培养学生创新精神

在学校少先队活动的多个阵地中，红领巾广播是一个以少先队员为主体，自编、自导、自播的全校型的广播节目，听众是全校的少先队员及儿童团员们。每学期开学初，少先队大队部制定该学期每周广播的主题及负责的班级。由于广播站完全采用学生自主管理的方式运作，所以从广播主持、串稿的撰写、具体内容的落实到节目环节的设计，全部都由负责班级的学生自己分工合作完成。广播站现所有小播报员全部来自三至五年级各个班级的优秀少先队员，在少先队辅导员的指导及大队自主委员会的策划安排下，他们组织并播报一个个内容形式多样并与师生生活、学习、娱乐密切相关的广播节目，在锻炼培养学生创新精神的同时，节目也深得全校师生的喜爱。

（3）自主的班级网络展现学生多样风采

在学校网页的右下方有一个"走进快乐中队"的链接，通过这个链接便可直接进入各个校区各个中队的班级网页。班级网页对内是一个面向全体同学的展示、交流平台，记录着班级成长的足迹，分享同学的点滴收获，构筑友谊的纽带；对外面向所有关心本班级的老师、家长及社会人士，是反映本班级同学精神面貌的窗口。每个班级网页中分了"班级介绍""班级动态""班级相册""班级日志""任课老师介绍"及"友情链接"等板块。每个班级的班主任老师会根据实际情况为班级制定一份简要的"班级介绍"；每个班级的信息员根据学校及班级发生的事件对"班级动态"进行文字描述及更新；每班的中队干部会将好人好事或者优秀作业展示在"班级日志"或"班级相册"上……班级网页的一点一滴的更新都承载着每个班级的成长历程，也记载了学生自主管理的过程与成长。各个中队的班级网页大多是由每班的班主任老师带领同学定期更新，也有不少中高年级的班级网页由本班同学自主完成更新。

道理与点评：班级是学校文化建设力量的聚焦点，班级文化是班级师生共同创造的精神财富，是校园文化的重要组成部分，发挥教师、学生及社团的主体作用，最终要体现在班级环境的建设上。良好的班级环境是校园文化的一个重要组成部分，班级教室内布置和美化的是学生生活着的一片空间，一所学校的教室布置折射出的不仅是学生的精神面貌和班级建设的成就，也反映出班主任（中队辅导员）队伍的能力和实施素质教育的水平，更体现了校长在营造育人文化方面的造诣。努力创设良好的班级环境文化，使其成为无声的教育资源，可以激发和触动学生的心灵活力，对学生积极健康的成长起着重要的作用，也是形成班队集体的凝聚力和良好班风的必备条件。新民学校在发挥主体作用的过程中，班主任、中队辅导员的恰当引领，不但使学生多方面的素养在班级环境文化建设中得到锻炼和提高，还使班级环境文化起到了教育功能，从而达到在班级环境文化建设中教育人、培养人和熏陶人的目的。有效地发挥班队文化的主体教育功能，有利于培养学生的自主意识，使学生得到全面的发展和个性的充分展示。聚焦班队建设，创育人环境，尤其是班级管理文化的建设，打造自主创新精神的多样化集体活动，不但能有效地调动学生的学习与实践的兴趣，更重要的是能使学生形成良好的品德、塑造积极向上的班级精神，促进了学生的健康成长，也对学校和教师的发展有着重要和深远的意义。

案例二：主动应对挑战，创新网络德育

当今社会已步入信息化社会，随着数字技术的飞速发展，网络在学校、家庭、社会等各个领域不断普及和应用，已成为最重要、最快捷、最富有生机活力的大众传媒方式。当前许多学校纷纷建立了自己的校园德育网站。但是，如何使这种网站式的网络德育，起到全面管理学校德育工作的功能，提高学校德育的实效性，同时，又能够加强对学生网络道德规范的教育，提高学生的道德自律能力，并具有自己的特色，这些是现阶段学校营造育人文化过程中面临的重要问题与挑战。新民学校对此做了大量艰巨的努力与探索。

1. 主动应对网络时代对学校德育的挑战

在信息化浪潮席卷中小学校园之际，新民学校校长就清醒地意识到，网络对学校各项工作特别是德育，是把双刃剑，它既可以成为帮助学生树立正确世界观、人生观、价值观与培养高尚道德情操的阵地；也可能给德育工作带来种种意想不到的困惑、难题与挑战。但是，信息化是现代社会发展的必然趋势，网络教育是教育现代化的必然组成。在互联网无孔不入的社会环境面前，学校德育工作应当以积极的态度应对网络的发展，主动指导学生如何去接受网络的挑战，充分利用网络的优势，因势利导，探索网络环境下的德育新途径、新方法与新手段。

其一，"工欲善其事，必先利其器。"建设信息技术设施设备先进的校园网，让学生乐于在学校上网。在市、区教育行政部门的支持下，新民学校成为当时区域内首批校园网建设试点校之一，校区的光纤连接速度达到百兆，每间教室和办公室均有信息接入点，师生可以通过服务器直接登录到互联网上。学校还投资购进了先进的视频点播系统，逐步建成了面向社会的"空中课堂"，它可以使学生在教室、家中和校外每一个地方直接和学校联系在一起，观看学校的影像教育教学资料。学校在营建网络基础设施的同时，培养了一支爱岗敬业、勇于探索的信息技术教师队伍，他们不仅创作出了优秀的教学课件，还总结出了运用信息技术进行教育教学改革的经验，为开展信息化时代的德育工作奠定了良好的技术基础。

其二，"凡事预则立，不预则废。"制订相应的周密且详细的网络德育工作计划，让德育工作有的放矢。为了使计划切实可行，在全校范围内进行了抽样调查，从了解学生具备的上网条件与时间，到诊断学生在上网的过程中经常遇到的疑难问题；从学生上网的目的及其内容，到上网受到的多种影响等，

开展"网络离我们有多远"的专题讨论，让全校的师生了解网络已然走进我们的生活，它可以跨越时空的限制，零距离的实现人们之间的交流等。利用班会、壁报、校内电视台、升旗仪式等宣传形式，开展的"网络知识全方位大搜索"，让学生明确上网的目的，懂得网络可以使我们的学习、工作与生活变得更便捷、更丰富、更精彩……网络成为帮助学生健康、快乐成长的"服务器"。通过这些活动，学生对网络有了正确的理解与认知，为他们正确运用网络打下了健康坚实的基础。

2. 正确引导与支持学生走进网络时代

(1)开辟多种途径，教会学生上网。在激发学生对网络产生兴趣的同时，学校充分发挥校本教研的作用，统一调整课程与课时安排，利用信息技术课、活动课、科普课、思想品德课等，让学生走进网络教室实际操作练习。特别是在校会课上利用先进的多媒体设备向全体学生现场直播点击上网的常识，教会学生正确的上网方法。学生们在课间也经常围拢在电脑旁，练习上网，"上网冲浪"一时成为学生课间休息时的活动之一。

(2)建设德育网站，发挥育人功能。依托德育处、信息教研组的力量，学校建起了自己的德育网站。网站的设计贯彻了"以人为本"的原则，以形象化为本，更为学生上网导航服务。网站设置的具体内容充分征求和吸取各少先队中队和辅导员的建议，力图符合学生的年龄特点特别是欣赏要求。打开网站首页，学校丰富多彩的德育活动跃然眼前，首页导航栏中"我们的家"介绍了学生大量的网络作品和习作例文，优秀作品被展示在网上，发挥了资源共享的效能，提高了学生的创作激情和写作欲望；"校园快讯"动态反映了学校开展的各项活动，扩大与加深了学生对活动的了解和记忆；"学校之最"以图片的形式展示了丰富多彩的校园生活，展示了校园小能人的亮丽风采；"教师心语"倾诉着教师真切感人的心声，链接了师生的情感，使师生的心灵"无缝对接"；"家教之窗"为家长们提供了更多的教子经验与方法，家校携手成为众多家长关注的话题；"推荐网站"向广大学生提供了优秀的少年儿童网站的链接，例如：雏鹰网、中青网、童网、红泥巴村等众多健康有益的网站。德育网站的建立，使学生多了一个广阔的活动天地，这些内容既扩大了学生视野，丰富了学生知识，净化了学生心灵，陶冶了学生情操，又培养了他们的集体主义与爱国主义精神，萌发了报效祖国的决心，充分发挥了德育的隐性功能。

(3)突出班级网站的德育主阵地作用。为了更好地助力网络德育建设，更好地记录学生成长轨迹，新民学校经过认真的调研，为各个班级准备了三件

"法宝"：移动硬盘、数码相机、班级网站。各班成立由班主任、助理班主任、班级小网管组成的班级信息小组，一方面，为班级每位成员建立一个电子档案包，用电子信息记录学生成长的轨迹。电子档案包括学生参与班级、学校活动的资料，分为学习、生活、作业、荣誉等多项个人成长方面，具体有学习成绩动态曲线图，作业情况、班级表现情况的量化数据等；另一方面，注意采集平时班级各方面的活动信息，完善班级文化。在这个过程中，逐步建立和完善了班级网站，充分发挥了"家庭、学校、社会"的桥梁纽带作用，用班级网站记录班级的成长，从而激发学生多方面发展的愿望与行动。学校不仅召开班级网络道德主题班会，规范学生网络文明行为，树立良好的网络道德规范，还通过班级网站、国旗下演讲、校园广播、辩论赛等形式，开展网络道德"八荣八耻"宣传教育。通过这些措施，调动学生参与网上德育活动的积极性，让他们在一个互动的网络世界里，自愿交流、互相鼓励、共同提高，让班级网站成为学生的"心灵之家"。

3. 持之以恒地坚守网络德育阵地

为了充分发挥德育网站的功能，既要建好网站，更要做好及时更新网站内容，定期与即时调整网站页面设置，精心做好网站服务等工作。

（1）及时更新网站内容。这是网站汇集对学生的凝聚力、保持对学生持久的吸引力、起到抵御消极文化影响的前提。学校德育处统一对各种德育活动的信息进行加工和处理，及时将最新的德育信息传输上网。运用多媒体技术加工使传统的德育素材变得形象生动，还可以为学生自主学习提供喜闻乐见的资料以及精辟的导读评析等多种帮助，以有效的抵御负面的文化影响。例如：在德育网站的首页中设有"楷模人物"专栏，储备了毛泽东、周恩来、雷锋等距学生生活年代虽比较遥远却仍具有极大影响力的榜样人物的丰富介绍，平时讲起来枯燥的故事，通过学生手指间的流动，则可达到理解知晓、记忆深刻的目的。

（2）定期或即时调整网站页面设置，丰富网络活动的内容。学校开展的各项特色活动要及时发布在首页的显要位置，充分发挥网络的互动功能，并做到随时更换内容。如"百年校庆"活动，将活动照片反馈在网上，培养学生树立"校兴我荣"的观念，激发为学校争光的意识与决心。各种全校性的文艺、体育、科技活动及时用图文进行报道和评论；各年级、班级的特色活动，给予专题报道和跟踪讨论的空间；师生中取得优异成绩或优秀事迹的也开辟专栏，进行不同层面与范围的讨论……德育活动的渗透性、情趣性、互动性和生活化等特征在网络中得以充分融合。

（3）精心做好网站服务，延伸德育功能。在学校德育网站的平台上，利用各种网络媒介构建德育网络，如要求班主任、辅导员熟练运用 QQ、博客、微博、微信等工具走进学生中间，深入交流，传递教育正能量。并号召教师建立微博，向学生、同事、学生家长公开，提供深入细致的辅导服务。网络环境下的德育工作，作为学校传统德育的延伸和补充，发挥了巨大的效用。网上互动更容易突破教师与家长、学生之间的沟通障碍，实现深度交流。学校倡导教师将个人信箱向家长和学生进行公布，一些家长和高年级学生非常喜欢这种交流的方式，他们把对学校工作的意见、对教师的看法等发送到校长、教师的信箱；教师则在网上提供各种热线服务，为学生答疑解惑、实施心理辅导，为家长找寻适合的教育方式方法。通过网络促进了学生与学生、学生与教师、学生与社会、教师与社会之间的交往，把口头说教转化为多层面的情感交融与精神沟通，增强了德育的情境性、情感性与有效性。网站服务架设了沟通教师与家长、教师与学生心灵的一座桥梁，成了开展民主治校的一条通畅的渠道。

（4）以现代技术提高网络德育管理效能，创新德育网络信息管理新模式。充分发挥网络在德育动态和管理信息发布、德育科研、德育交流、宣传表彰和舆论导向等方面的功能，以优化德育手段、德育过程和德育环境，丰富道德生活，让这些资源为全校师生以及家长共享。网络环境下以网络为辅助工具，构建出科学合理的德育网络信息管理系统，这一系统除有强大丰富的教育功能外，同时兼备比较全面完善的办公系统功能的德育管理体系，以简化办事流程，提供快捷简易的工作方式，压缩工作时间，切实提高学校德育工作的管理效能。网络对学生精神生活所产生的影响力和渗透力是巨大的，防患于未然，是教育的目的之一。"授人以鱼，不如授人以渔。"学校需要构筑有效的防火网络，铺设绿色通道。面对精彩的让人眼花缭乱的网络，必须加大网络道德教育的力度，积极帮助学生树立健康的上网意识，培养健康的网上人格，给学生的思想武装上一道坚实的"防火墙"。网络时代的中小学德育任重道远，学校各个主体应该携起手来继续探索。

道理与点评：当今社会，网络已成为最重要、最快捷、最富有生机活力的大众传媒方式，是学习、工作与生活等离不开的工具。正如案例中学校校长清醒意识到的那样，网络对学校各项工作特别是德育，是把双刃剑，既然无法回避，就只能直面应对它可能给德育工作带来种种意想不到的困惑、难题与挑战。为此，这位校长做了大量艰辛的工作。从认识和行动上，主动应对网络时代对学校德育的挑战，建设信息技术设施设备先进的校园网，让学生乐于在学校上网，尽可能争取由学校掌控学生上网的行为和时间；让学生全面了解网络，对网络的使用与功能做正确的导向，规范学生网络文明行为，建立良好的网络道德规范，为网络信息发挥正能量打下基础；建设德育网站，调动教师、家长、社会特别是学生自己的主动性与积极性，突出班级网站的德育主阵地作用，记录学生学习成绩动态曲线、学生参与班级与学校各种活动的资料等成长轨迹；使之不仅是学校开展德育工作的平台，更是学生发挥和展现自己多方面才华的舞台与窗口，成为学生的"心灵之家"，从而让网络德育的育人功能，以润物无声、踏雪无痕的方式体现出来。随着信息化时代的发展，持之以恒地坚守网络德育阵地，显得尤为重要。新民学校在这方面所做的工作也值得借鉴，包括定期或即时调整网站页面设置，不断更新与丰富网络活动的内容；及时采用最新的信息技术与服务产品，精心做好网站服务，延伸德育功能；不断提高网络德育的管理效能，创新德育网络信息管理新模式。

 知识与理解

营造育人文化，体现着校长的价值领导。是发挥学校的育人功能、优化学校的育人环境、培养德智体美全面发展的社会主义事业建设者和接班人的客观要求。为了创设优良的育人文化，实现文化育人，校长必须从观念、素养和方法等各层面重新塑造自我，提升自身对育人文化的专业理解与认识，掌握营造育人文化的专业知识与方法，树立文化育人、德育为先的理念，把立德树人作为学校文化建设的根本任务，保障学校德育工作的有效实施，促使学生形成正确的世界观、人生观和价值观，促使学生的人格品质得到健康成长。

(一) 知识与方法

要建设学校文化，实现文化育人，校长必须掌握相关的专业知识与方法。校长需要掌握的有关营造育人文化的专业知识与方法包括：自然科学和人文社会科学知识，良好的艺术修养和相应的艺术欣赏和表现的知识；校园文化建设的基本理论，促进优秀文化融入学校教育的方法和途径；不同年龄阶段学生思想品德形成和健康心理发展的特点和规律，学生思想和品行养成过程及其教育方法。

1. 涉猎自然和人文社会科学知识，具备艺术修养和欣赏表现能力

树立育人为本的理念，营造育人文化氛围，首先对校长自身的人文素养及艺术素养提出了一定的要求。校长的领导属于专业领导，其影响力并不是建立在职位权力的基础上，不是强制性的约束和控制，而是以其渊博的学识和在工作、生活中体现出来的个人素养对全体师生产生的巨大向心力、凝聚力和领导力。

(1) 校长要广泛涉猎自然科学知识和人文社会科学知识

自然科学是研究自然界的物质形态、结构、性质和运动规律的科学。它包括数学、物理学、化学、生物学等基础科学和天文学、气象学、农学、医学等实用科学。人文社会学科是一种知识体系，也是价值体系，是人类世界观、价值观的理论认识，是对社会发展、社会运行和社会管理认识和实践的科学。

苏霍姆林斯基认为，校长"不仅要懂得中小学教学计划中的内容，而且要懂得比这多得多。校长应当看到科学发展的最新成就，这些成就的基础知识

就是中小学的教学内容。至于教学大纲就更不必说了，那是最基本的知识，如果连这些都不懂，领导学校就纯属空话"。①

校长的职责是领导和管理好一所学校，为了能胜任这一任务，校长应该具有专门和广博相结合的知识结构，要广泛涉猎自然科学知识和人文社会科学知识。现代教育是一个多样的、开放的、综合的大系统，校长要有广阔的专业知识，才能触类旁通，从而具有较强的迁移能力，才能真正做好一个学校的领导者。

首先，校长应对现代自然科学技术的发展趋势、方向和成就有所了解，广泛涉猎自然科学知识，特别应该重视与学校课程有关的那些学科（如数学、地理、生物等）的最新成就和进展，应能结合教学实际正确地组织学校的教育科研活动，不断改革教学工作。

其次，校长应对人文社会科学知识有广泛的涉猎。人文社会科学是人文科学和社会科学的总称。人文科学包括哲学、经济学、政治学、史学、法学、文艺学、伦理学、语言学等。社会科学如政治学、经济学、军事学、法学、教育学、文艺学、史学、语言学、民族学、宗教学、社会学、心理学、人类学、考古学、管理学等，其任务是研究并阐述各种社会现象及其发展规律。

（2）校长要具备艺术修养和艺术欣赏及表现能力

校长是学校的领导者，艺术修养是校长领导力中不可或缺的元素。艺术修养是人对艺术的理解、审美和特别感受。艺术修养与领导者的政治思想素养、身体素养、学识素养等有机结合起来共同运用于领导的工作活动中，增强领导者的人格魅力、软影响力和领导权威。②

艺术修养的提高可以增强校长的交流、沟通能力，领导者在人际交往中的谈话演说能力与艺术修养之间有很大的相关性；艺术修养的提高可以增强校长的创新能力，人们的创新意识、精神与思路都离不开艺术修养，艺术活动可以激发创新意识、诱发创新思路，可以锻炼观察力、提高想象力、调节思维方式。总而言之，艺术修养可以提高校长各方面的领导能力。

艺术欣赏能力是指对艺术作品产生审美愉悦，凭借艺术作品而展开的一种积极的、主动的审美再创造活动。艺术表现力简单地说就是对美的表现能力，指人内在的情感通过外部动作表现出来的形式。艺术欣赏和表现能力是

---

① 苏霍姆林斯基. 和青年校长的谈话[M]. 上海：上海教育出版社，1983：33.

② 邹婷. 艺术素养：领导能力中不可或缺的元素[D]. 长沙：湖南师范大学，2007.

校长不可或缺的素质，如果校长对艺术作品具备了一定的思想标准和艺术标准，具备了一定的表现能力，就会自觉地倡导那些真、善、美的事物，并以自己真、善、美的行为带动和影响学校，使学校形成一种积极向上的亲和力、向心力和凝聚力。

注重加强自身艺术素养，提升艺术欣赏和表现能力，不仅有益于提高校长在真、善、美与假、恶、丑之间的甄别能力，同时也将有益于校长不断提升自己的道德水准，并促使个人工作效率、群众威望、社会公信力的极大攀升。获取艺术欣赏和表现的知识，提高艺术素养，不是可有可无的个人点缀，而是能够在工作实践中产生信任感和凝聚力所应注重的重要方面，也是校长自身得以全面发展的重要手段。

为了提高艺术素养，校长可以在工作之余，通过绘画、舞蹈、电影、音乐等艺术形式欣赏或阅读，仔细体会艺术的魅力，提升自己的审美修养能力，可以广泛地参加艺术活动，注重使自己由最初的感性认识不断提升到理性认识的层次，通过提高欣赏水平与鉴赏能力而培养自己更加开阔的眼界和敏锐的观察力，从而对履行校长职能进行更为深层的思考。

2. 了解校园文化建设理论，掌握促进优秀文化融入学校教育的方法和途径

营造育人的文化氛围要求校长首先要对学校文化建设的基本理论进行了解，而且要掌握促进优秀文化融入学校教育的方法和途径。

（1）学校文化建设基本理论

学校文化包括物质文化、精神文化、制度文化和行为文化四个层面。

学校物质文化，是占据一定学校空间的有形实体文化形态，是学校文化存在和发展的物质基础和保障，同时也是学校文化的物质载体。它包括学校进行教学、管理、科研等活动所需要的物质设施和学校物质文化建设。学校物质文化主要通过以下内容的创设来体现和发挥它的育人功能：学校地理环境，学校所处地理位置的优劣与教育功能的发挥直接相关；学校规划与布局，体现了学校的外在形象，反映了学校的整体风貌；学校建筑等基础设施，学校建筑一般是通过建筑的造型、建筑的空间布局来表现一定的思想内容和价值追求的；学校人文景观，学校人文景观是学校发展过程中形成的艺术空间体系，具有观赏价值、文化价值或生态价值，包括绿化树木、公共设施、雕塑等。

学校精神文化，就其内涵来说，它是一所学校在长期的发展过程中逐渐形成的共同的价值取向和心理诉求，是一所学校在各种环境下得以发展壮大的精神支柱，是激励全校师生为实现美好目标积极进取的精神动力。从其外延看，它体现在全校师生的思维方式、行为方式和生活方式之中，体现在全校师生的共同理想信念、道德品格、价值准则和性格特征之中，体现在学校的全部生活和文化之中。学校精神文化体系由学校核心价值观、学校办学理念和学校风气三个子体系构成，它是学校文化的灵魂，决定学校文化的性质和发展方向。

学校制度文化是指学校的各种规章制度与教职工、学生等对待制度的态度、方式有机结合形成的一种文化。① 它是学校教育管理思想、管理体制以及管理模式的凝结形式，为学校的发展提供了重要保障，也使得学校各级组织的工作乃至全部学校成员的活动有了依据，确保教育教学各方面的活动顺利进行。

学校行为文化是指学校的师生员工在学校教学、管理、生活以及各种活动中表现出来的精神状态、行为操守和文化品位等。行为文化又可以分为三个方面：一是学校的管理行为。在学校管理行为中处处体现学校的文化特点，体现学校的文化品位。二是教师的行为。它是学校文化的具体实践。三是学生行为。优秀的学校文化可以促进学生形成良好的行为习惯。

（2）掌握促进优秀文化融入学校教育的方法和途径

校长要建设育人的文化氛围，需要掌握促进优秀文化融入学校教育的方法和途径。优秀文化具备以下特点：首先，它是追求真理的文化；其次，是尊重科学的文化；最后，是崇尚理性的文化。学校应该充分利用各种教育资源，采取多种学生乐于接受的方式，寓教于学、寓教于乐、寓教于生活，使学生自觉学习接受优秀文化，受到熏陶。

促进优秀文化融入学校教育，首先可以充分发挥学校物质文化感染和熏陶作用。学校物质文化景观具有某种强制力量，它们通过自身的存在价值，让学生耳濡目染，在学生对校园物质文化解读的过程中，"不仅可以展示学生独特的精神世界，而且也可以形成学生不同的精神世界。"② 让校园里的每一草一木，每一堵墙都能与学生"对话"，因此，校长要让校园里的每一处物质文

---

① 刘任丰，杜时忠. 隐性德育课程视角下的学校制度文化建设[J]. 教育导刊. 2006
（8）：34.

② 金生 . 理解与教育：走向哲学解释学的教育哲学导论[M]. 北京：教育科学出版社，1997.

化景观都蕴含一定的德育追求、道德规范、精神鼓励。利用校园艺术雕塑、宣传画廊、广播板报、文学社团等作用逐步渲染一种民族的爱国主义文化氛围，一种勤奋好学、团结互助的文化氛围，使校园内各处都洋溢着高尚的文化情调。

其次，促进优秀文化的融入可以通过课堂教学实现。可以将优秀的文化通过课堂教学的形式直接传授给学生，使学生感受到优秀文化的熏陶。在制定学校教育教学长期计划和总体规划时，要科学规划、精心设计文化教育内容，将优秀文化融合于课堂内容之中。

再次，促进优秀文化的融入要重视课外活动这一有效途径。让学生通过参与活动，潜移默化地受到感染，接受优秀文化教育。文化教育要通过实践才可以展现出它的魅力，因此，要根据学生的身心特点和发展需求，通过组织开展丰富多彩的实践教育活动，在实践中让学生真正体会到优秀文化的内涵，让文化的无穷魅力直接深入到学生们的内心，引导学生自觉弘扬优秀文化，达到修身养性的目的。

最后，促进优秀文化的融入还要注意网络文化建设。随着现代科技的迅猛发展和信息技术的日趋进步，信息化已经渗透到现代生活的各个角落，信息全球化已经成为不可逆转的时代潮流。面对新的发展趋势，必须形成新的教育观念。要加强校园网络建设，开办富有特色和吸引力的教育网站。建立规章制度，精心设计栏目，精选传播内容，引导学生自觉遵守网络道德规范。要文明上网，更要教育学生正确使用网络，防范不良文化的影响。

3. 掌握学生品德和心理特点，了解养成过程和教育方法

学校德育工作的对象是成长中的青少年学生，正是这种特殊性，使德育区别于当今社会其他组织的思想政治工作。学生在心理、情感等各个方面具有突出的特点，校长必须深入钻研相关的教育学和心理学知识，了解和掌握学生思想品德形成和健康心理发展的特点和规律，了解学生思想和品行养成的过程及教育方法。

(1)掌握学生思想品德形成和健康心理发展的特点和规律

教育要促进人的发展，而人的发展是有自身规律的。学生的思想品德和心理发展在不同的年龄阶段呈现出阶段性的特点。

我国心理学家的研究证实了儿童品德发展的阶段性，同时还研究得到了儿童个性发展的关键期，即突变、根本变化期。个性发展的关键期分别在

2.5—3 岁，5.5—6 岁，小学三年级，初中二年级。①

在学生的思想品德发展过程中，品德发展规律决定了认知水平，也决定了教育的内容和方法，要把广泛而复杂的思想品德素质目标要求内化为学生的个性品质，校长必须掌握中小学生的品德发展的阶段性规律，指导学校的德育工作。

学生的品德发展与心理的发展是交织在一起的。如今受家庭、学校和社会各个层面的影响，青少年学生的心理健康问题逐渐成为影响其成长的突出因素。学生是否具有开朗、合群、乐学、自立的健康人格，将直接影响学生的学习态度和道德品质的形成。因此，学校要实现"以学生发展为本"，校长就必须去了解学生健康心理发展的特点与规律，了解有关心理健康教育的一般原理和方法，从而为学校开展心理咨询、辅导乃至专业性的心理干预活动等，提供必不可少的理解与支持。

（2）了解学生品德的养成过程和教育方法

道德品质的养成过程，是以认识作为起点，经过情感、意志、行动等环节，再从实践活动中，对上述过程进行评价，吸取教训，总结经验，最后将经验、教训反馈到认识中去，又开始新一轮的循环的过程。在品德养成的过程中，知、情、意、行相互制约、相互促进：知是基础，为情、意、行指明方向；情是动力，催化形成；意是内部调节保障机制；行是知、情、意共同作用下的结果，又是评价这三个要素的重要标准。人的品德是在活动和交往中逐步养成的，同时具有阶段性和时代性特点。校长必须对学生品德的养成过程具有一定的了解，才能更好地引领学校的德育工作。

校长把德育工作放在重要的位置，除了要对学生现有的状况、学生的心理、品德等各方面特点以及品德的形成过程进行了解之外，还需要掌握在学校中进行德育的方法。

首先，学校的主体工作是课堂教学，教学永远具有教育性，应当起到德育主要渠道的作用，形成"教书"与"育人"相统一的效果。为此，校长就必须深入了解与把握各门学科教学内容与形式在培育学生思想品德中的特点与作用，为指导教师挖掘课程教学的思想性打下基础。除了传统的智育课程之外，为了使中小学生得到全面发展，充分发挥体育与美育促进青少年成长过程中的作用，校长还应当深刻了解和体验艺术和体育对学生良好个性成长的作用，

---

① 林崇德. 品德发展心理学[M]. 上海：上海教育出版社，1989.

从认知上改变学校只关注学生智育甚至演变为只抓考试分数的状况。

其次，校长要加强学校的心理健康与生命教育，加强法制教育，组织丰富多彩的德育活动，加强综合实践教育。心理健康与生命教育是从另外一种角度实施德育的方式，使学生获得对于生命的理解，尊重生命、珍惜生命，拥有健康的心理；法制教育也是德育工作的重要组成部分，要使学生掌握公民的基本权利和义务，了解法律面前人人平等，成为遵纪守法的公民；学生品德的养成是在具体的活动中实现的，校长必须加强综合实践教育，提高学生德育发展的平台。

最后，校长应掌握具体的德育方法。依照社会心理学观点，一个人从生来无道德的个体到成为一个有道德观念的社会人要经历一个把社会道德要求内化为个人道德品质的过程，德育方法在这个过程中起着重要的桥梁作用。[①]在我国，现代学校德育中常见的德育方法主要有：说服法、示范法、讨论法和角色扮演法。在德育活动中，德育实践的效能直接取决于德育主体对上述四种德育方法的灵活选配。校长应指导教师根据具体的德育内容和情境，选取并灵活运用各种德育方法，促进学生思想与品行的养成。

(二)理解与认识

为了营造育人文化，校长除了掌握相关的知识与方法外，还需形成相应的理解与认识，为此需从以下几个方面努力：首先要树立育人为本的理念，将德育工作摆在素质教育的首要位置，积极主动采取各种措施和策略，全面加强学校德育体系的建设；其次要重视学校文化建设工作，重视学校文化潜移默化的教育功能，实现文化育人；最后要发挥优秀传统文化和地域文化的时代意义和教育价值，促进优秀文化融入学校的文化建设。

1. 坚持德育为首，加强德育体系

学校从其诞生之日起就是以"育人为本"为职责的，要把促进人的发展和生活的完善作为学校教育的根本出发点和归宿，教育要"以人为本"。[②] 以德育统领学生素质的提升和人格完善，促进学生的全面发展，是多年来我国教育发展的成功经验。校长要坚持育人为本的理念，将德育工作摆在素质教育的首要位置，全面加强学校德育体系的建设。

(1)德育工作是素质教育的首要工作

---

① 陈利. 关于中小学德育方法的分类[J]. 教育科学，1990(4)：38-43.

② 鲁洁. 教育的原点：育人[J]. 华东师范大学学报(教育科学版)，2008(4)：15-22.

德育肩负着培养思想道德素质的重要任务，在素质教育中居于首要的地位。素质教育的核心命题是解决培养什么人、如何培养人的重大问题，而坚持德育为先是解决这一命题的关键。[①] 德育对保证学校人才培养的正确方向、促进学生全面发展起着决定性作用，是素质教育的灵魂。校长要认识到教育的要义不在"制器"，而在"育人"，即在传授各种专门知识的同时，促进学生智慧的生成和德行的成长，由此增进对社会的关怀，对人类精神价值的思索，最终养成广阔的视野，完满的人格。育人要育德才兼备者，在学校中，校长要把德育工作摆在素质教育的首要位置。

（2）全面加强学校德育体系建设

全面加强学校德育体系建设，完善学校德育工作是学生健康成长的需要，是实现教育目的的需要。在素质教育的背景下，校长要从以下几个方面努力，全面加强学校的德育体系建设。

首先，校长要领导建立、优化德育工作队伍。衡量一所学校德育工作是否卓有成效的重要标准之一，就是看这所学校是否有一支师德高尚、政治理论素质高、教育经验丰富的德育工作队伍。要实现德育工作队伍的优化，校长需要领导建设一支政治素质好、管理能力强的德育领导干部队伍，统领学校的德育工作；建设一支为人师表、热心育人的班主任队伍，贯彻实施德育工作；建设一支高素质的教师德育工作队伍，相互配合，共同实现育人目标。

其次，校长要分解、细化德育工作目标。德育目标的制定不仅要坚持其政治属性，即坚持社会主义的育人方向，而且应该符合中小学生的年龄特点、知识水平和成长规律。校长应注重目标的层次性、完整性和连续性，要对目标不断进行分解、细化，使目标能够整体衔接、分层递进、分步实施。

最后，校长要促进德育途径与方法的多样化。校长要注重探索德育工作的有效途径，坚持以课堂为主渠道，以课外活动为辅助，加强学科渗透，展开多样化和生活化的活动，将课堂、课外和校外这三个大讲堂有机结合起来。[②] 在德育方法上要指导教师综合运用多种方法，将说服法、示范法、讨论法、角色扮演法等与具体的德育内容相结合，实现德育目标。

另外，校长在管理德育时应实施"三全"育人的管理模式：三全管理模式中的"三全"指全员育人、全程育人和全方位育人。全员育人指学校教师、学

① 高记平. 德育：素质教育的基础和关键[J]. 基础教育参考，2011（14）：65-66.
② 孙明瑞. 浅谈以人为本中小学德育体系的构建[J]. 教育探索，2005（10）：72-73.

校其他教育工作者和学校后勤保障系统中的人员都有育人责任和义务，都是学校德育工作者。全程育人强调要注重小学和中学德育的衔接管理问题，避免德育目标和内容重复，使学校德育工作更具有针对性，从而增强德育工作的实效性。全方位育人指学校、家庭、社会密切配合，共同营造一个良好的育人环境。①

2. 建设学校文化，实现文化育人

学校文化是经过长期发展历史积淀而形成的全校师生的教育实践活动方式及其所创造的成果的总和。这里面包含了物质层面、制度层面、精神层面和行为层面，而其核心是精神层面中的价值观念、办学思想、教育理念、群体的心理意识等。② 学校文化是学校发展的持久动力和核心力量。校长要认识到学校文化的重要作用，重视学校文化的教育功能，将文化育人作为办学治校的重要内容与途径。

(1)认识到学校文化的重要作用

学校文化具有导向、激励、约束等多种功能，能够推动学校的发展。学校文化凝聚着一个学校的价值取向和群体精神，体现着学校所追求的目标，是学校无形的向导。学校是一个具有远大志向的学习共同体，在这个集体中，教师共同发展，学生共同进步，每一个个体都会在集体中得到温暖和激励。成为一个极具凝聚力的组织和团队。优秀的学校文化对校园中的每个个体的思想、心理和行为都有一定的约束和规范作用。

除此之外，学校文化具有潜移默化的教育功能，这是学校文化个性的一面，是与其他组织文化相比所具有的独特性。任何文化都有教化的作用和教育的意义，但是一般的社会文化对人的教化作用大多是无组织、无意识的。学校文化是根据国家的教育方针和学生成长的规律有意识营造的，是经过学校师生长期的教育实践活动积淀起来的。它反映了学校的办学思想和培养目标，具有很强的目的性和教育性。③

学校文化的教育功能体现在智育方面，通过各种课程和丰富的课外活动，使学生在增长基本知识和提高基本技能的同时，动手能力得到提升，并且能

---

① 刘任丰，杜时忠．隐性德育课程视角下的学校制度文化建设[J]．教育导刊．2006(8)：34.

②③ 顾明远．论学校文化建设[J]．西南师范大学学报（人文社会科学版），2006(5)：67-70.

在活动中进一步激发学生学习的兴趣和积极性，使学生做到学以致用。学校文化的教育功能也包括德育和心理保健的功能，可以激励全体师生积极向上、努力奋斗，具有重要的德育价值，既可以陶冶人的情操，激发学生产生自觉的内驱力，主动完善自我，塑造高尚的品德，又可以通过各种活动满足学生多方面的社会性需求，协调学生之间的人际关系，激励学生保持积极健康的心理状态。

（2）重视学校文化建设，实现育人功能

优秀的学校文化对学生的健康成长起着凝聚、导向、同化、激励等作用，有助于形成良好的思想道德和科学文化素质，树立正确的世界观、人生观和价值观。因此，校长必须站在时代的高度，通过多种有效途径营造良好的学校文化，促进中小学生的全面健康发展。

校长要有抓好文化建设的使命感和责任感。学校文化需要经过全校师生长期的努力建立起来的。学校文化建立起来之后，就具有统一价值观念，领导学生的行为，实现育人的功能。校长要以文化建设为引导，帮助每一个学生确立高尚的人生理想，形成健康积极的品德。学校文化建设工作不仅关系到青少年个性的发展，终身的幸福，而且也关系到国家和民族的未来。在我国建设有中国特色社会主义教育体系的纲领性文件《中国教育改革和发展纲要》中就指出："要建设健康的、主动的校园文化，树立良好的校风、学风，使学校成为建设社会主义精神文明的重要阵地。"

建设学校文化，首先要认同社会的主流文化。当代我国社会的主流文化是改革开放、继承创新，弘扬中华优秀文化传统，汲取人类一切优秀文明成果，创造社会主义新文化。另外，学校文化建设需要精心策划，细心培育。校长要努力学习，了解学校的历史，挖掘学校的优秀文化传统，学习当前的形势和教育理论，认真思考办学思路，策划学校文化的建设，提出设想，和全校师生共同讨论，达成共识，然后精心设计，共同努力，把理念化为现实。①

3. 坚守优秀传统文化，重视地域文化作用

中国传统文化内涵丰富，博大精深，在现代学校文化建设中继承中国优秀的传统文化，是建设现代学校先进文化的需要，是培养具有中国魂和世界

---

① 高记平. 德育：素质教育的基础和关键[J]. 基础教育参考，2011（14）：65-66.

眼光的现代人的需要，是提高学生素质的需要。① 地域文化具有鲜明的地方特色，能够促进学校特色品牌的建立，形成鲜明的办学特色。

（1）热爱优秀传统文化，发挥时代意义和教育价值

优秀传统文化的时代意义和教育价值主要体现在以下几个方面：首先，传统文化对其他文化的开放性。这是中国传统文化能够发展到今天并在现代社会发生作用的一个基本的前提。其次，传统文化在人生价值方面突出强调了人的精神需求。再次，传统文化在人生追求的终极目标就是对真理的追求。最后，传统文化注重德治。把中国优秀传统文化作为中小学教育的内容具有极其重要的现实和长远意义。加强中小学阶段优秀传统文化教育，对于丰富当代中小学生的民族文化知识、培养良好的道德品质、陶冶学生情操、提升精神境界、塑造健全人格具有潜移默化、不可替代的作用。

为了实现优秀传统文化的教育价值，校长应该从以下几个方面努力：第一，制定传统文化教育规则，明确指导思想。中国传统文化源远流长，博大精深，其内容极为丰富。尽管在几千年的历史发展中人们的思想观念发生了变化，但是中国社会文化体系的核心要素，如以人为本、爱国主义、修身、慎独、克己、讲气节、讲骨气观念始终高度稳定，使中国的教育有可能确立一个稳定的指导思想原则，并在这一原则下进行教育体制的规划，这样传统文化才能取得良好的效果。第二，拓宽传统文化的教育途径、丰富教育内容。可以通过开设传统文化课程、营造文化氛围和开展实践活动等多种方式来进行传统文化教育。第三，创新传统文化教育方式，提高教育实效。通过各种灵活的方式，引导学生学习并接受传统文化知识。②

（2）重视地域文化的重要作用

中国幅员辽阔，民族众多，地势各异，气候不一。在这种差异较大的自然环境中，自古至今形成了参差多态的中国文化，这是文化多样性的表现。

地域文化作为一个地方传统、生活历史和精神观念的结晶，是当地人民在漫长的岁月中为生息繁衍和社会进步而创造的物质文明和精神文明的总汇。其先进部分不仅对当地的政治、经济及文化产生积极而重要的影响，而且对

---

① 李金初，牛玉发．现代学校文化建设对中国传统文化的继承[J]．中国教育学刊，2004(12)：10.

② 曹南燕，徐伟．中国传统文化的当代教育价值及其实现[J]．理论月刊，2009(10)：87.

个体的成长发展也具有不可或缺的作用，传承地方优秀文化，使其连绵不绝，不仅是生活在这一地区成员的共同的、不可推卸的责任，也是这一地区学校教育的重要历史使命所在。

地域文化不仅与学生的学习、生活密切联系，而且其本身就是一种对他们的成长、发展起重要影响的真正的生活，挖掘地域文化的教育功能，可以促进学生理性地建构地方精神与文化价值观，增强学生爱家乡的情感。深入研究和融合优秀的地域文化，吸收地域文化精髓，对于强化学校德育功能，实现文化育人目标，具有积极而实际的意义。

校长要重视地域文化的作用，在校本课程的开发和设置上下功夫，引导教师充分挖掘地域文化丰富而深刻的内涵，由于每个学校所处的社区条件不一样，这使得校本课程有可能成为具有独特性魅力、最具吸引力的课程。而开发和利用地域文化并将它作为充实校本课程的材料，一方面有利于养成全面的文化素养，形成健康多元的文化观；另一方面，还可本着"就近取材"的原则，对本土社会资源进行开发，使校本课程的资源库臻于完备，结构更加均衡，同时也缩短课程与学生之间的距离。另一方面，将地域文化作为学校重要的教育教学资源和办学优势，可以推动学校办学的特色建设，形成独特的学校品牌。

 拓展阅读

1. 檀传宝．德育原理[M]．北京：北京师范大学出版社，2007.

2. 曹宏飞．学校文化建设与管理研究[M]．上海：华东师范大学出版社，2007.

3. 吴中平，徐建华，徐跃飞．冲突与融合：学校文化建设新视角[M]．上海：上海三联书店，2006.

4. 班华．现代德育论[M]．合肥：安徽人民出版社，2001.

5. 鲁洁．德育新论[M]．南京：江苏教育出版社，2000.

6. ［荷兰］冯·皮尔森．文化战略[M]．刘利圭，译．北京：中国社会科学出版社，1992.

7. 郑金洲．教育文化学[M]．北京：人民教育出版社，2000.

8. 王继华．教育文化战略构建[M]．哈尔滨：黑龙江人民出版社，2006.

9. 侯书森．领导艺术论[M]．北京：科学普及出版社，1992.

10. 顾明远．民族文化传统与教育现代化[M]．北京：北京师范大学出版社，1998.

思考题

1. 怎样从建设优良的校风、教风、学风着眼，精心营造适应学校具体实际的人文氛围？

2. 如何精心设计和组织艺术节、科技节等校园文化活动？怎样充分利用好重大节庆日、传统节日等有特殊意义的日子开展主题教育活动？

3. 建设绿色健康的校园信息网络有何意义？怎样有效防范不良的流行文化、网络文化和学校周边环境对学生的负面影响？

4. 怎样有效凝聚学校文化建设力量，在德育过程中发挥班集体、教师、学生及社团的主体作用？

三、领导课程教学

在中华人民共和国教育部 2013 年颁布的《义务教育学校校长专业标准》的六项校长专业职责中，领导课程教学属于第三项，具体如下所示。

专业职责		专业要求
三 领 导 课 程 教 学	专业理解与认识	21. 坚持面向全体学生，因材施教，全面提高教育教学质量。 22. 尊重教育教学规律，注重培养学生的责任意识、创新精神和实践能力。 23. 尊重教师的教学经验和智慧，积极推进教学改革与创新。
	专业知识与方法	24. 掌握学生不同发展阶段的培养目标和课程标准。 25. 了解课程编制、课程开发与实施、课程评价的相关知识和教材、教辅使用的政策以及国内外课程教学改革的经验。 26. 掌握课堂教学以及教育信息技术应用的一般原理与方法。
	专业能力与行为	27. 有效统筹国家、地方、学校三级课程，确保国家课程、地方课程的落实，推动校本课程的开发与实施，为学生提供丰富多样的课程教学资源。 28. 认真落实义务教育课程标准，切实减轻学生过重课业负担，不得随意提高课程难度，不得挤占体育、音乐、美术及少先队活动等课程的课时，确保学生每天一小时校园体育活动。 29. 建立听课与评课制度，深入课堂听课并对课堂教学进行指导，每学期听课不少于地方教育行政部门规定的课时数量。 30. 积极组织开展教研活动和教学改革，建立完善促进学生全面发展的教育教学评价制度，不片面追求学生考试成绩和升学率。

专题导入

领导课程与教学是校长专业能力的核心体现。国家新课程实施以来，全国不少中小学都开展了课程与教学的改革与探索。近些年来，过于强调接受学习、死记硬背、机械训练的现状有所改善，但从总体上看，还有不少中小学普遍存在过于重视机械记忆与训练，教师"加班加点"，学生埋头"题海战术"，师生负担均比较重。一些教师实质上运用的仍然是传统、落后的教学方法和方式。

因此，校长的课程与教学领导力首先体现在领导学校课堂教学改革，即国家课程的校本化实施，减轻学生过重负担。不管是什么类型的课程，不管是什么版本的教材，都无法适应所有的学校、学生。校长应当组织学校教师依据课程标准，根据学生情况来调整实施课程。教师是课程实施的主人，是课程改革的主体。课堂教学是国家课程校本化实施的主阵地。如何依据课程标准和学生学情来进行国家课程的校本化实施是减轻学生过重负担的关键。

其次，校长的课程与教学领导力体现在学校整体课程架构上。校长应当统筹国家、地方、学校三级课程，为学校的育人目标提供服务。首先，要思考三级课程在学校课程计划中的结构，这样的结构如何与学校的育人紧密联系。课程改革十多年来，不少学校纷纷开设各种校本课程。然而，在实践中出现了校本课程随意开设的现象，质量堪忧。校本课程并不是一堆毫无目的、松松垮垮的课程，校长值得深思和慎思：课程计划中的地方、学校课程，与学校整体课程是什么关系？如何将这些课程与国家课程建立关联，为学生搭建起具有整体性、个性化的学习历程？因此，学校课程的开设并不是在原有国家课程中简单地增加一些课程门类，而是指课程结构的整体设计。学校课程的育人效果取决于学校课程的整体性，涉及课程的方方面面；取决于学校课程的连续性，关注课程之间的纵横向联系。

最后，校长要成就学校高质量的课程与教学，必须引领本校教师的在职学习，促进教师实践能力不断提升。目前以培训、科研为主要形式的"专业成长"往往成了教师的"额外负担"，教师的专业素质一直处在"被提升"中。陷于困境中的"教师专业成长"究竟从何做起？要改变这种"被成长""被提升"的状态，只有让教师的专业发展成为内在需求，唤醒教师的内在自觉。学校校长如何结合课程与教学改革，深入听课指导，开展相应的教科研活动是为教师搭建专业发展的平台、激发教师专业发展的内在驱动力，是十分重要的。

第五项历练

统筹三级课程　减轻过重负担

统筹三级课程，需要校长对学校课程进行统筹规划，带领学校教师深入课堂分析学校学生的学习，在了解学生学习特点和差异的基础上，将国家课程进行校本化改造，在课堂上进行针对性的教学，使之适应本校每一位学生的发展，从而减轻学生的过重负担。同时，关注学生的终身能力的培养，为学生搭建多样化的发展平台。本项专业历练包括两个案例：启明小学一度曾是一所薄弱的社区公立小学，在生源没有改变的几年中，学校通过课程统整的改革成为一所优质的学校；清泉小学也同样曾是一度办学低迷的学校，通过学校的整体课程优化逐渐成为一所优质学校。这两所学校的校长在课程与教学的改革中各自走出了值得借鉴的成功之路。

案例一：启明小学运用学期课程统整，让教学适合学生

启明小学地处城郊接合部，生源是划片招生的普通老百姓的孩子和部分外来务工人员子女，教师是一群普普通通的教师；教学质量、办学水平和学校综合实力曾经长期处于周边各小学中的落后状态；是一所基础较差的薄弱学校。

1. 面对课堂教学的困难和问题，学校决心改变

2003年上半年，学校接受过一次区的全面督导，督导报告指出：教师课堂教学基础差。刚到任的张校长用一个月的时间听了每一位教师的课，深深感到督导专家的评价切中要害。张校长进一步分析发现：其实学校的教师不缺理念。但是，理念归理念，教学工作却依然老套——从来不看《课程标准》，也不管教材是不是适应自己的学生，就是拿着一本教材、一本教参在课堂里照本宣科，死抠死教，课堂死气沉沉，学生死记硬背，教学质量长期落后。

2. 引导教师跳出"教教材"的框框

张校长认为，各种教材都有长处，但没有一本教材能够适合所有的学校和所有的学生，学校应当按照国家课程标准选择教学内容，使之适合本校学生。作为数学专业教师的她给老师们提供了一套其他版本的数学教材，引导老师们发现：其实《课程标准》里的同一个知识点，不同的教材上会有不同的表达方式，学校可以选取最适合学生的来教。学校让数学组先进行试点，准备一节全校公开课，把其他版本教材中更适合学生的例题、习题吸收过来，替换学校教材里的例题、习题。这节公开课，引发了全校的关注和讨论。随后，学校带着老师外出听课，听全国优秀教师上各种版本教材的课。老师们头脑中死盯着"一本教材"教的框框终于被打破了。学校的课堂开始有了生气。大家开始尝到了甜头。

3. 引导教师系统设计适合学生的教学内容——学做《统整指南》

跳出"教教材"的框框以后，怎样使教师们能在日常的教学中坚持这种有效的做法？这就要有一个抓手，于是，学校吸取了区教科室专家提出的建议：让老师们对一学期的教学从整体上做出思考，进行系统设计——实施"学期课程统整"。

数学学科是学校的领头学科。学校和数学教研组的老师们一起学习《课程标准》，一起研读1—5年级的上海教材，一起研究如何梳理一学期的教材内容，如何把握难易程度、如何理顺教学进度。大家一稿又一稿地修改《统整指

南》，在这个基础上，学校开了公开课，受到听课专家的肯定与赞扬。随后，学校召开了几次研讨会。大家都感到这条路走对了。

学校要求教师在不增加知识点、不增加学生负担的前提下，根据《课程标准》要求，以上海教材为主，参考其他版本的教材，根据学校学生的特点，对一学期教学内容的编排顺序、难易程度（包括例题、习题）、德育要素、习惯培养等做出调整。把设计的结果写成一个文本——取名为《统整指南》，然后按自己设计的这个《统整指南》备课、上课。这就是学校一直坚持在做的教材内容统整。

下面以一个单元为例，说说当时学校是怎么做《统整指南》的。

表 3-1　二年级第二学期数学第六单元　几何小实践

基础知识点	资源利用	例题、习题	学习习惯、方法	德育要素
东南西北	北师大版二上 苏教版二下 人教版三下	调整北师大版 p58 实践活动引入 补充例题苏教版 p45"试一试"； 补充拓展练习苏教版 p47； 补充学习活动苏教版 p47； 教学资源：人教版 p7 指南针的介绍	1. 会结合具体场景看图认路，培养学生仔细观察的习惯和方法。 2. 通过绘制路线图，培养学生的动手操作能力。	通过介绍指南针，培养学生的民族自豪感。
角	人教版二下 北师大版二下	补充学习活动人教版二下 p40 补充教学北师大版二下 p68 教学资源：北师大版二下 p70	通过观察比较，培养学生养成验证的意识和习惯。	通过介绍欣赏生活中的美，培养学生热爱家乡的情感。
三角形与四边形	无统整内容			
三角形的分类	苏教版四下 浙教版四下	苏教版四下 p26 作为学习活动单 补充浙教版四下 p75 拓展练习；	通过动手操作、分类等学习活动，养成仔细观察比较的学习习惯。	通过"猜一猜"等游戏活动，培养学生养成全面思考，形成严谨的数学学习态度。

学校就是这样对一到五年级的教材做了梳理，不仅有对整个单元的调整，还有一些跨年级的调整。这里也有一个故事：

在梳理教材知识体系时，学校发现：一、二年级没有单列的应用题单元，只将应用题作为计算教学的引入或辅助，而且不讲数量关系，没有基本的十一种数量关系为基础，但是到三年级一下子要学复合应用题，这样会给学生增设难度。为了佐证学校的想法，学校又翻阅了其他版本的教材，发现这些教材中都非常重视低年级的数量关系教学，都有单列的应用题单元，于是学校就在一、二年级的教学中，统整了基本数量关系这一内容，根据学生数学学习的规律，为后续的学习做好铺垫，到了三年级学生学起复合应用题就很顺了。学校高兴地看到：课程改革后调整的数学教材与学校当时的做法不谋而合，现在的一、二年级数学教材中将应用题单列为一个单元，说明学校当时的做法是符合学科规律的。

看到了学期课程统整给课堂教学带来的好处，2003 年年底，学校向全校招募实验"志愿者"。结果，语、数、英老师来了，小学科的老师也来了，全校 90％的老师来了。

2004 年的寒假是启明小学老师们难以忘怀的，那个寒假学校图书馆里的教育理论书几乎被借空，那个寒假老师们自己开车到杭州寻找各种版本的教材和教学资源，全校一下子完成了语、数、英、音乐等学科几十万字的《学期课程统整指南》初稿。

经过几个学期的试验，老师们的工作方式变了，课教得流畅了，学生学得也轻松了，学生的学习成绩也慢慢上来了。

4. 根据学生学习能力系统培养的主线来统整教材

张校长在此时并没有满足于统整教材知识点的成果，她在不断的听课中进一步发现，教师对学生学习能力的培养还停留在口头上，没有同教学内容结合起来，更没有系统培养。学校开展教材统整的目的是要让学校的学生"善学"，"善学"的要求除了"基础扎实"以外，还要"会学习、会探究"，最终达到"教是为了不教"的境界。而仅仅有内容的统整和习惯培养还远达不到这个目标。

怎样解决这个问题？张校长还是请数学组带头。根据张校长的学科专业经验：提高学生数学学习能力的关键是让学生学会数学思想。

一开始，大家连什么是"数学思想"都不理解，更谈不上培养"数学思想"了；后来，张校长把自己原来的研究成果介绍给大家，着重介绍了培养学生猜测、验证思想的做法，老师们开始理解了，但是还是不敢尝试；而真正使老师们在思想上决心培养学生"数学思想"的，是一次教研活动。在那次教研活动中，学校组织教师学习了杂志上刊登的北京市李烈校长的一节数学课和华应龙老师的点评。华老师说："小学数学教学中三流教师教知识，二流教师教方法，一流教师教思想。"他的话对大家震撼很大。之后，学校又带领老师们外出听课，又听到了一些培养数学思想的课。老师们彻底明白了。大家决定把数学思想作为培养重点，重新修订《统整指南》，进行系统培养。以下这个表格就是学校梳理的小学阶段数学思想培养序列之一——转化思想。

表3-2　转化思想

年级	内　　容	目标
一年级第二学期	p.50　长度比较 p.52　度量	在教师的引导下，通过学习活动体验比较，初步感知转化思想。
	p.4　巧算 p.8　乘法引入	在教师的启发下，体验运用转化的思想，将新知与旧知建立起联系，初步学会运用转化的思想解决简单的巧算问题。
二年级第二学期	p.4　分拆成几个几加几个几	在老师的启发下，能够将两位数乘一位数的乘法转化成两个一位数相乘的和，进一步感知转化思想，学会运用转化的思想解决分拆问题。
三年级第一学期	p.78　它们有多大 p.79　计算小胖家的面积	知道转化的思想，学会运用转化的思想将组合图形的面积转化为已学过图形的面积，进而计算组合图形的面积。
三年级第二学期	p.6　组合图形的面积	能自觉运用转化的思想来求组合图形面积，并能介绍具体转化的思考方法。
四年级第一学期	p.16　小数的认识 p.39　小数加减法	1. 根据整数与小数的联系从整数的十进制位值体系出发，利用转化思想，来认识小数的意义，掌握小数的概念。 2. 能独立利用转化思想在单位计算时将小数转化成整数进行加减法计算。

老师教学方式的转变带来了学生学习方式的转变，例如：在学了平行四边形面积公式以后，学生能够用数学转化的思想自主探究出三角形、梯形等的面积计算公式。

在数学组的带动下，其他学科也找到了能力培养的重点，如语文组围绕

"让学生掌握听、说、读、写的方法"，英语组围绕"学用结合"原则，美术学科的主线是"生活实用美术"，自然学科就是"探究能力培养"等。各学科重新修订了《统整指南》，展开了学生学习能力的系统培养。

5. 基于教材统整开展教学改革——"一教一法"

老师们学会了"教材统整"，围绕各学科的统整主线，将基础课程的教材内容做了调适，把握了教什么的问题；但是，统整后的内容需要更多样的教法将其落实到课堂，特别是统整教材后学生学习能力的提升，迫切需要改进自己以往的教法。

于是学校展开了"一教一法"的研究。即：教师选择一个统整的教学内容，运用一种老师自己从未用过的教法来教，开展实验，看这种教法是否适合学生，适应此类教学内容。如果答案是肯定的，那么这种教法就可以在以后的同类内容教学中运用了。

渐渐地，调适教材、创生教法成为学校教研组研究的主要内容；越来越多的新教法被教师们同教学内容统整起来以后运用到了课堂教学中；他们把教法写进《统整指南》，进行"教法统整"。

6. 对三类课程整体设计、统整实施

到了 2008 年，学校通过"学期课程统整"，已经基本上解决了教师对基础课程教材的调整和适用问题，基础课程已经基本适应了学生的发展，国家对于学生的统一的基础课程要求，学校已经能够保证达到了；但是以课程照应每一个孩子的健康发展要求来看，还需要让不同的孩子得到不同的发展，真正开发每一个学生的学习潜能，使学校教育真正成为为每一个孩子终身发展奠基的教育。学校的抓手还是课程，以课程来保证培养目标的实现。

2008 学年起，学校进行全校课程的整体设计，统整实施。从教师层面的教材统整扩展到学校层面的课程统整。首先，学校进行了《启明小学××学年度课程实施指南》的研制。以保证市教委的《课程计划》忠实执行为基础，结合本校的培养目标和学生、教师实际，学校以学年为单位，对全校课程做系统设计，由校长室和全校教职工共同形成《启明小学××学年度课程实施指南》，这是一个指导全校新学年课程实施的纲领性文件，这个文件中对全校的基础型课程、拓展型课程、探究型课程的开设和实施做了系统设计，统筹安排。如图 3-1 所示。

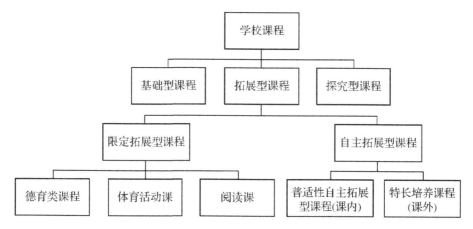

图 3-1　启明小学××学年度课程结构

对课程做整体设计后，学校又制定了不同类型课程的实施策略。基础型课程的实施通过"学期课程统整"来实现，注意加大"学科内三类课程统整"的力度。拓展型课程的实施除了限定拓展型课程以外，加大自主拓展型课程的实施力度，不仅仅培养学生的"兴趣"，还要加大对学生特长的培养力度，为学生个性的发展打下基础。限定拓展型课程的实施以教学行政班为组织形式展开，以班集体活动为基本实施方式。自主拓展型课程主要以"走班"形式，分为面向全体的拓展课程和关注个性发展的特长生拓展课程，前者安排在课内，后者安排在课外。自主拓展型课程都是校本课程，限定拓展型课程中既有部分国家、地方课程，也有校本课程。将探究型课程与基础型、拓展型课程统整以后实施，注意学生年龄特点，加大有效性探索。

学校对全校课程进行统整实施的具体做法如下。

(1)学科内"三类课程统整"。教师实施"学期课程统整"，以基础型课程为主干，将拓展型、探究型内容统整起来，形成三类课程统整的完整的学生学习体系，防止学习内容的相互割裂。

其中，拓展性内容在自主拓展的课时内实施。拓展内容中不仅有知识，还包括能力、方法的拓展运用。

举例一：如英语一年级下学期，学到"蛋糕"时，引导学生把以前学过的词汇综合起来运用，设计了《蛋糕是怎样做成的》，以实现词汇学习的螺旋式上升与拓展。中高年级在英语阅读拓展课程中，突出了阅读技巧的指导和运用。如三年级学生在阅读中遇到不认识的词会查词典，或使用电子词典；四年级学生要学会利用上下文猜测词语含义，用词典验证；五年级学生要基本掌握联系上下文判断词语意思，学会"意群阅读"。

举例二：在数学学科的拓展中，着重围绕解题方法和思维方法进行。数学教材中学了"鸡兔同笼"，提到了"列表法"，列表法是解决数学生活问题的有效方法，老师就在拓展课具体介绍了如何用列表法解决生活中的数学问题的方法。

举例三：在语文学科的拓展中，重点关注学生阅读兴趣的激发，如学了课文《草船借箭》《赤壁之战》的教学，拓展课老师就介绍《三国演义》，激发学生阅读名著的兴趣。同时关注读书方法的指导，如浏览性的泛读、探求性的速读、品味性的精读等。

探究型课程的实施形式为专题作业，实施载体为"课题研究"。课时安排为每周一课时，由语、数、英学科分别承担1/3，其他学科则将探究型内容纳入基础型课程的课时内完成，教学每一门基础型学科，每学期至少有一项探究作业，同时鼓励拓展型课程教师引导学生开展探究活动。

例如：二年级音乐课教了《节奏》，教师就让学生探究《生活中的节奏》；五年级的学生综合运用统计、计算等数学知识，自主设计年级的社会实践活动方案，用学到的数学知识解决生活中的问题；五年级语文第五单元有两篇课文是关于老舍的，教师就组织学生进行《走进老舍》的研究，探究老舍生平、品析老舍作品。在这样的过程中，学生对课堂上学到的知识有了更深的体验，还有的对一些问题产生了浓厚的兴趣，引发自觉的后续学习。自主拓展课"开心农场"，学生发现种的菜长了虫，为了避免杀虫剂的污染，探究如何用环保的方法驱虫。通过查找资料，学生假设是否可以利用自然界相生相克的原理，通过种植一些气味浓烈的蔬菜（如大蒜、香菜等）来驱赶虫子，并根据假设进行实验。合唱拓展课为了让学生更好地表现《喜庆》这首曲子，老师让学生探究我国各地区、各民族的各类喜庆活动的习俗、方式等，然后创编喜庆的节奏，选择喜欢的形式（如肢体、打击乐器、图画等）来表现。

（2）开发"特长生培养"课程

张校长认为，课程要关照每一个孩子的健康成长，要以学定教，学校需要为"特长生"提供培养课程，关照那些在某一方面的发展上有特别兴趣和天赋的学生。

学校将"特长生"课程安排在课外，以小组学习的方式进行，由各指导教师确定内容、活动次数、人数等。每位学生根据兴趣自愿报名参加，由指导教师双向选择，定向培养，并允许在活动过程中做调整。师资安排上，本校教师为主，外聘为辅。

学校将特长生课程划入"自主拓展型课程"序列，是建立在普适性的自主拓展课程基础上的，强调兼顾兴趣和特长，不仅有语数外、也有科艺体。通过几年的培养，他们都在某方面显露出自己的才华，得到发展，获得成功，树立了自信。

为了使学校的课程真正体现学生需求，学校还在学期结束时进行调查，听取学生对课程开设的需求，对下一学期的课程设置进行调整，逐步完善。

7. "统整"带来的改变

（1）基础课程的要求得到了落实，学生学业质量得到了提升

学校经过了上面的一系列工作，没有加班加点集体补课，也没有大量练习，实验一年后，学校学生的学业成绩开始摆脱全区落后状况，两年后，达到全区中等水平，三年后达到中等偏上水平，四年后走到了全区公办学校前列，然后一直保持在这个水平上。

2010年，"建立中小学生学业质量分析、反馈与指导系统"项目组对"五区中小学生学业质量分析测试"，根据学生问卷调查显示：学习压力方面，学校三年级学生认为作业量比较少和非常少的百分比比区平均水平高出42个百分点；学生内部学习动机方面，认为学习本身是一件有趣的事情的人数比区平均水平高出13个百分点，认为自己总能实现自己所设定的学习目标的人数高于区平均水平11个百分点；学生对自己学习方法的评价方面，学校学生"尝试总结已经学过知识"比区平均水平高出14个百分点，"喜欢通过小组讨论来学习"比区平均水平高出18个百分点。

在2012年的绿色指标评价中，学校学生的高阶思维能力都超过了全市平均水平。

（2）教师的专业水平提升了

老师们在校长的专业引领下找到了一个实施新课程的切实抓手，实实在在的研究让教师的教学潜能得到了真正的开发，回顾这几年的实验研究，几乎每一个老师都感到自己专业水平的大幅提升。

在学校一位参与实验老师的成长案例中这样写道："教材是可以改变的，教材也可以自己编写，这一点要是在以前是想都不敢想，但是现在我可以自豪地说，我行，我可以。在投身科研课题研究的这两年中，我学到了不少创新的教学理念，科研成果从哪来，就从学校的教学实践、教学改革中来。现

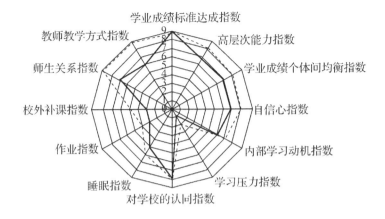

—— 本校 - - - - - 本区

图 3-2 2012 年启明小学各指标雷达分析

在我可以大胆地改动教材，摈弃老套的教学方法，采用更合理的教学设计，获取更好的教学效果。"简单朴实的语言中透露的是教师站在教材之上的自信。

　　道理与点评：启明学校面对学校生源差异大、无法适应现有教材教学、教师专业能力薄弱的现状，选择了一个很好的切入口——课程统整，抓住了学校课程教学这个改革的核心领域。学校以课程统整为载体，让课程标准从天上落到地下，带动了教师对教育核心的思考和行动。学校从学生的差异出发，让教师认识到要让课程与教学适应学校学生，要将国家课程校本化改造。学校从一个教研组开始，带领教师调整教材、知识点，使其适应本校学生的课程统整，让教师学会用教材教。然后，引导教师从关注学科知识点的教学到关注课堂教学如何培养学生的学科核心能力，从而大大提高了课堂的效益。随着学校教师对相关问题与实践更深入的思考，课题产生了巨大的综合效应，学校学生在绿色指标评价中的综合素质特别是高阶思维能力的出色表现，证明了学校"课程统整"的改革举措在高效能、轻负担的要求下培养学生方面的实效。

案例二：用课程改造学校

清泉小学是一所拥有两个校区、52 个教学班、1900 名学生、132 名教职工的城市普通地段小学。办学已 50 多年。目前在新的历史时期，学校呈现出问题多多甚至濒临倒闭的现状，校长致力于用课程改造学校，让教师摆脱职业倦怠，让学生喜欢学校。通过几年的努力，清泉小学在课程改造中发生了天翻地覆的变化，获得了喜人的成就。

1. 学校面临的问题

四年前，清泉小学刚上任的葛校长受到三个问题的困扰。

一是孩子们不喜欢学校。葛校长曾经做过一个实验，某次三年级家长会结束之后，他让每位家长带着一个问题回家，在第二天早晨上学之前问孩子：昨天校长开会说了，今天你有两个选项，其一是到学校参加一次考试，其二是到公园里徒步行走 5 千米，你选择什么？结果是：98％的孩子选择了去公园徒步行走。今天，孩子并不怎么喜欢校园，就是因为他们来到学校找不到兴奋点，找不到自己喜欢的事情做，实现不了自己的价值，所以就会对校园生活产生厌倦之感。

二是教师处于"四面楚歌"之中，职业倦怠已经剥夺了教师的职业幸福感。这些压力，有来自人事制度的，如教师不能自由选择和流动，困在一所学校人际关系将十分复杂；有来自绩效工资制度的，干多干少一个样，体现不出自己的价值；有来自上级部门的，不断地进行职称、晋级、考核、比赛、评优……让老师一次次备受打击，不断挫败职业自信心和尊严感；有来自社会和家长的，社会对教师的要求，家长对教师的干预与矛盾；有来自学生的，问题学生越来越多，随着信息时代的到来，学生的知识面越来越宽广，对教师的专业和操作能力提出了更高的要求……教师承受着来自四面八方的压力。教师的职业倦怠已经成为制约学校发展的一个重要问题。教师如何厘清自己的角色，承担起种种的期望，而又能过上幸福的教育生活呢？

三是学校没有完成国家创新人才的培养任务。美国是盛产大师的国度，两百多年的历史一路风景。以科技领域为例，自 1901 年设诺贝尔奖以来，获自然科学奖 236 人次。小到 iPad，大到航母，美国全方位地影响着世界。如此巨大的影响力，靠的是顶尖人才优势。中国受过高等教育人数众多，约是美国全部从业者总数的一半。如此众多的人才当中却没有乔布斯式的人物。从航天到鼠标，学校除了靠"仿造"过日子，几乎没有原创。"钱学森之问"的本质，实际上是对新中国成立以来学校教育的追问和反思。

面对这所问题多多甚至濒临倒闭的学校，葛校长十分无奈，他不禁想到，远在大洋彼岸的美国，奥巴马总统在2010—2013年关掉了2 000所没有效益的中小学，其中50%的学校解雇了50%的校长和教师(据《参考消息》)。但中国的国情是不可能解雇校长和教师的，因而，在困境中寻找适合学校发展的路径十分重要。

他认为，好的课程设计和架构，是学校迅速发展和崛起的关键。因为教师只有走进课程，才能促进自我的快速发展，实现自己的价值，找到自己的幸福；学生则是通过课程才能健康快乐地成长。

2. 重建学校的课程

确定学校的发展愿景和培养目标。2011年，校长带领全体教师共同研究了学校的历史、文化和传统，提取了办好学校的主要因素，分析了存在的问题和今后的发展方向，出台了《清泉小学发展纲要》。通过实施和推进幸福教育，办成让"学生向往、教师幸福、社会满意"的理想中的好学校，学校提出的培养目标是："实施幸福教育，培养'德如玉、智如泉'的清泉学子，让每一个孩子拥有幸福人生。"学校要促进学生全面地发展，幸福地成长。学校希望通过课程的改变，让每一个学生走上最适合自己的发展路径——让问题学生变成正常学生，让正常学生变成优秀学生，让优秀学生变成大器学生。

建构幸福教育课程体系。要实现学校的愿景和培养目标，葛校长确定的治校方略是：构建指向幸福的教育课程体系；以课程为核心，顶层设计组织结构、管理体制、运行机制、流程再造、队伍发展、资源配置、家校合育。校长将幸福教育课程体系确定为：国家课程＋适性课程。他认为：国家课程属于共性化的课程，体现了国家意志，学生必须选择。国家课程校本化后，更加适合自己的老师和学生，可以解决学校的高度同质化问题。适性课程属于个性化的课程、选择性的课程，就是给学生以机会。

这样，就建构了"清泉"特有的幸福教育课程体系。国家课程，体现了国家的课程意志，适性课程，体现了孩子的自由意志。而公共选修课程，则是学校提供学生的必须选择的"营养"，分知识类(课堂课)和实践类(非课堂课)两类。自主选修课程体现了学生个体偏好的"营养"。

国家课程

母语类：主要推进国家课程的校本化实施。

语文——双线主题统合、韵语识字、晨间诗文诵读、午间练字、小作家

进修学院

数学——引桥课程、节点教学、校本习题库

科学——动手实验

思品与社会——整合

英语类：主要是大时空、大密度组织教学。

外教的《明泉英语》——增强兴趣、提升听说能力

本校的《新起点英语》——加大英语课堂密度、扩充教材内容和阅读

家庭的《牛津英语》——增加家庭习得英语时空、扩充学习空间

跨文化与文化理解——英语节、圣诞节

双语类：进行探索，逐步推进。

《音乐》《美术》《体育》双语教学——扩大英语学习时空

《双语攀登教学》——借助多媒体渗透英语教学

适性课程

公共选修课程，分为两类。第一类是知识类：《健康课程（男孩课、女孩课）》《毒品预防》《安全与防空》《环境教育》《抗震减灾》《心理辅导课》《心理学》《个体差异生援助》《"校规"课程》等。第二类是实践类：《逃生演练课程》《军事训练课程》《体育节》《吉尼斯挑战赛》《趣味运动会》《爬树课》《泼水节》《电影节》《魔鬼节》《假期课程》等。

自主选修课程，主要是校级课程。文学艺术类：《小作家进修学院》《国乐团》《合唱团》《舞蹈团》《迎宾团》《快板社》《话剧团》《小小梅兰芳京剧院》《街舞》《口琴团》《行进乐团》等。体育健身类：《田径队》《篮球队》等。科技商贸类：《航模》《海模》《小机器人》《动漫》等。《常规养成教育》《中国纸艺》《校园健美操》《葫芦娃乐坊》《小星星快板社》《抽测冲刺大闯关》《京剧社》等。

3. 课程的实现路径

葛校长认为当前学校应对改革的模式，主要有三种形式：一是从课堂出发的教学模式，是对课堂技术的改造，研究如何让学生学得更好。二是从课程出发的教学模式，首先改造课程，根据课程改造课堂技术。三是传统模式，按兵不动。学校选择了第二种模式。

学校对国家课程的校本化改造。校长认为，国家《课程标准》为学校提供了一个改造课程的空间。《课程标准》仅仅提供了一个大概的目标，要真正落实和实现，需要分解和细化一个个具体的小目标。国家课程校本化改造，是一个必然选择。在这个改造的过程中，正是教师实现专业化成长的时机和舞

台，也是教师"用教材教"的锻造过程。

学校先是对语文做"加法"。让老师们都能明确学段目标和任务：1—2年级加强识字教学，一年级完成1 500字、二年级完成2 500字的识字量；3—4年级在完成识字量的基础上，加强阅读教学，加大阅读量，进行积累；5—6年级加强读写结合训练，提高表达水平，最终，形成学生丰厚的语文素养。学校开发了《趣味识字》《语文主题阅读丛书》等。3—6年级《语文》与《品德与社会》学科间进行统合。《品德与社会》中的主题与语文单元人文主题整合，不能整合的改编成实践活动课程。然后，进行"双线主题统合"教学。"双线"指人文性、工具性两条线，因为目前的教材是以人文性编排的，没有考虑到工具性的主题。学校老师还对《语文课程标准》进行分解，细化为具体的教学目标，将每个具体教学目标与教材单元进行匹配，结果是：教材不足以完成教学目标。于是，以北师大版为基础，综合人教版、苏教版等，研发了《工具性主题学习补充教材》，增加了教学篇目，形成完整的工具性教学体系。

然后是对数学做"减法"。学校在一年级开设《数学引桥课程》。降低一年级小朋友学习数学的难度，增加兴趣，养成良好的学习和思维习惯。开发了《数学识字》《数学阅读》和《数学游戏》，利用第一学期三分之二的时间学习，对整个教材顺延，到三年级与原来的教学进度齐头。然后，让教师研究数学全书与单元的"节点"（指阻碍不同认知结构的学生的学习、理解、运用难点），建立微小引桥课程，集中攻关，各个突破，让数学学习变得容易起来。针对"节点"建立校本试题库，分为A、B两层，提高针对性和实效性。选修A：全体学生必须完成的，选修B：部分学生选做的。

在学校完成对国家课程的适性改造后，学校进行了校本《适性课程》的推进。首先将《国家课程》每节课的40分钟，缩短为35分钟，高质量完成《国家课程》教学质量；将节省出的30分钟（5分钟×6节课），与下午的"管理班"的40分钟，整理成60分钟的《适性课程》，在周一、三、四、五下午两节课后开设，其中包括《公共选修课程》（周一、周五开设），《自主选修课程》（周三、周四开设）。学校实行了"双导师制"，全校管理干部和教师承担起《适性课程》的教学任务，引进了家长和社区、助学单位的师资力量，实现了"双导师制"，保证了无论人员如何变化，本门课程能够持续开设。学校已经研发出《适性课程》类的所有的《课程标准》和与之相匹配的教材36本。让孩子了解社区，才能热爱社区，进而热爱家乡，热爱自己的祖国。

在课程结构完善的同时，学校通过改变课堂结构和重塑教学流程，充分落实学生的主体地位和教师的主导作用，力求让课堂成为孩子们幸福的地方，让学生在愉悦的情感体验中完成学习任务，在有限的时间内求得最大教学效益。探索"最简单地教、最简单地学"的路径，学校确定了有效课堂的模式是"走班、走位"。

此外，学校基于"感知学习理论"，重建了"学科资源教室"。在普通教室的基础上，增加了学科的资源功能。如上《语文》时，需要全年级学生"走班"，到语文的学科资源教室去"走班上课"。学校一般的教室座次，是根据学生个子高矮、性别男女、性情动静编排的，没有考虑学习差异和情感因素。但是孩子之间是有差异的，表现在不同的学科学习上，也出现了差异性，这就需要在不同的学科中，选择不同的合作伙伴，于是出现了不同学科教学过程中的"走位"现象。"结伴学习"不仅考虑学习水平的同质和异质问题，更重要的是考虑学生的情感和社会性因素，即两个学生结伴，首先是好朋友，愿意在一起学习。"走位"，就是在语文、数学、英语不同的课堂上，孩子们根据同质或异质和情感因素进行结伴学习。因此，学校实行的是"同质"结伴，"异质"构组。学校倡导的课堂范式是：结伴学习，自主动脑，互助发展，共同成长。

4. 建立围绕课程建设的管理系统

目前，很多学校也开发了不少的课程，包括学生选择的课程，但是为什么不能取得良好的效果、甚至半途而废？关键在于没有按照课程这一核心去构建学校的组织系统和运行机制，以整合人财物的力量去保障课程的推进。清泉小学在这方面做了许多有益的尝试。

（1）学校管理体制和运行机制与课程的匹配

清泉学校的校内管理制度——实行"决策、执行、反馈"的循环模型。第一，决策系统。一般性工作由校务会议研究、决定；重要工作，校务会议通过后，提交教师决策团决定；学校重大工作，向教师代表大会汇报，提交教师代表大会通过。保证决策的科学、合理、客观、公正。第二，执行系统。改造组织架构。把原来的学校组织结构压扁，减少学校层面的管理（因为各部门往往干扰了正常的教学秩序），管理重心下移，让每一位教师成为重要的管理者。即取消原来的教研组（行政、业务、学术一体化），改为行政、业务两条并行的管理系统。按照年级实行级部制度，按照学科实行学术委员会制度。第三，反馈系统。由督导评价部统筹，通过校长顾问团、学校督学团、家长和学生问卷调查、校长小助理、每月的评价系统生成等途径，对管理、运行和教育教学进行定期测定和评价，找到问题，提供决策，调整运行方式，优化管理，提高效率。

(2)人事和工资制度与课程的匹配

实行了"双选"为核心的人事工资制度改革。第一层面：个人与学校"双选"，在五月进行。只要教师赞同《学校发展纲要》，遵守《学校制度》，同时学校认可该教师的工作和执业水平，即可签订协议，继续在本校工作。教师也可以选择离开本校。第二个层面：级部与个人的"双选"，在七月中旬进行。全体教师首先选出级部主任，级部主任再选择老师，组成级部的团队。让工资成为一个调整校园关系的"杠杆"：对绩效工资进行分配，倾向教学一线、考试学科和班主任。这个方案得到了全体教师的赞同。经过教师决策团和教师代表大会通过，对绩效工资进行了重新分配，与期末考核结果兑现。葛校长认为，不在于动了多少，而在于动了没有；不在于差距多少，而在于评价的力量；不在于管理的价值，而在于个人的理性与自觉。

(3)时间、空间和资源与课程的匹配

学校所有空间都成为教学的场所。包括校长办公室(小作家班)、餐厅(厨艺教室)、会议中心(合唱团)等，全部成为教学空间。学校根据学科特点和课时要求，学校设置了长短课、连堂课。有的30分钟，有的60分钟，有的连堂，有的间隔，铃声也是课程，进行了重新设计。学校还建立了学科资源教室建设。对普通教室进行改造，适应对课程改革的要求。学校注重经费与教育教学项目的匹配。实行财务预算制，将资金与课程项目匹配，由课程的组织者和实施者消费资金。学校注重社区与上级资源的使用。与中科院、航天部、国防大学、三军仪仗队、中央警卫局、田村街道等建立了助学关系，为学校的课程实施提供了师资和财力。

(4)家校合育与课程的匹配

学校对课程的重建和实施，需要得到家长的大力支持和配合。葛校长认为校园发生的变化，会引起家长的不同看法甚至抵触，因为家长往往用他们学生时代的经验来评估今天学校的行为，所以，学校和家庭在思想上必须保持高度一致。学校成立了住校的家长委员会，开办了"家长夜校"，组建了"家长义工团"和"家长服务社"，每学期在开学后、期中、期末举办三次大型的家校交流活动，其中开学后的第一次家校交流活动，由校长主讲，主要介绍课程改革情况，让家长了解到学校正在进行的课程改革的目的和意义，提高认识，达成共识，共同支持学生在课程中不断成长。

道理与点评：葛校长的课程思考是结构化的，他用《课程标准》进行跨学科的横向"统合"和学科内的纵向"统合"，加强了课程间的关联和序列性，为校本课程腾出了时间和空间，并将部分国家实践课程、地方课程和校本课程整合为"适应每个学生个性化发展的适性课程"。

清泉学校的"适性课程"，即校本课程开发并不是简单地增加一些课程门类，而是指课程结构的整体设计。保证课程的基础性与多样性的统一，学校"通过团队合作共同开发校本课程""开发综合性校本课程"等运作方式，开发了一大批具有综合性、主题性、探究性等特点的自主拓展型校本课程。选修课与必修课科目的模块之间有一定的逻辑关系，两类课程围绕一定主题并通过整合学生的经验及相关内容而形成整体。选修课的模块既具有相对独立性，也能与其他模块、其他科目发生多种可能的关联，可以留给学生自己去规划和选择，从而使学校课程结构呈现出动态性和多样化。

第六项历练

深入听课指导　开展教研教改

　　校长深入课堂听课，并对学校课堂教学的改进进行指导是校长专业化的重要内容。通过对教师深入课堂指导与教研活动的规范化、常规化内容的设计，三桥学校这所薄弱农村初中校在委托管理校长及其团队手中脱胎换骨；而对于永和小学来说，学校如何突破原有的行政组织限制，建立专业工作管理制度与工作流程，促进教师专业共同体的形成，则是校长及管理层带领教师深入开展教研教改的坚固基石。

案例一：促进教师教学能力提升的专业管理之道

三桥学校是一所坐落在城市远郊的九年一贯制农村学校。生源主要是本地农村人口。"一流的硬件、二流的师资、三流的管理"，这是加强初中建设工程验收时专家对学校的总体评价。2006年，学校成为委托管理学校，新校长及其管理团队通过深入听课指导，找到促进学校教师专业发展的重点，结合学校课堂改革，完成了"输血"到"造血"的蜕变，学校取得了显著变化。从一所典型的农村学校转变为一所初步具有现代学校气质的"自主自信"的新型农村学校。

1. 教师培养之道：校本研修，循序渐进

一支怎样的教师队伍决定了一所怎样的学校。农村学校教师专业发展的"土壤"相对贫瘠：因为地域的偏远，听得少，看得少，学得少；因为同伴的同质，"萝卜烧萝卜"；最重要的是校本研修的"虚空"，校本研修往往徒有形式（甚至有时形式都没有），几个人凑在一起听节课，没有课前的磨课，没有课后的评课……这就是2006年之前学校教师校本研修的现状。

真正的校本研修，应具有产生"教学生产力"的力量——教师自身产生的不断提升教育教学水平的能动力，可以帮助教师走出种种局限，走上专业发展的良性轨道。怎样才能改变"虚空"，把学校的教师带进"真正的校本研修"，让教师们感受到专业成长的"快感"呢？一口吃不成胖子，学校的校本研修经历了这样的三个阶段。

（1）做实校本研修的底部：聚焦集体备课的"质量"

学校很多学科和备课组都没有骨干教师，并且骨干教师短期内难以培养。因此，学校采用通过提高普通教师家常课的水平，进而产生骨干教师，再由骨干教师带动普通教师，并形成一种良性循环。于是，聚焦备课组的集体备课，成为立足于学校、立足于课堂，推进教师队伍整体提高的首选。

教师观念的转变是集体备课氛围形成的关键，学校通过讨论，让老师们真正体会到教学质量的关键不仅在于生源，更重要的是在于教师的教学质量。同时，制度建设的加强是集体备课活动落实的保障。在管理中，学校通过加强制度建设，确实落实备课活动。

一是集体备课"五定"：由备课组长制订好活动计划，定好时间、地点、主讲人、活动内容、形式。"五定"中最核心的是"定时间"，原来区里安排了教研活动，学校里就不再安排，现在学校制定A、B制集体备课时间，也就是说区里有活动，那就采用B时间进行，这样保证每周两课时的集体备课。

二是实施"行政备课蹲点制"，即开学初由教务处统筹安排行政班子成员和学校骨干教师参与到每个备课组的每次备课活动中，一方面保证活动的正常开展；另一方面起到一定的引领作用，另外也能及时了解教师备课中遇到的困难，发现一些成功的经验。

备课活动让信息技术当"领头羊"，学校引进了成功教育管理中心的主要学科的"教与学电子平台"。围绕电子平台研读教材，解读、修改课件，商定分层练习等，从而使学校的集体备课走向了精细化，跟上了城市教学的步伐，有效地推进了教师的专业发展。

校本研修的基部是在最平常的教学环节中，把备课做实了，就能提升底部。

（2）做大校本研修的天地：搭设专业发展的"阶梯"

由校长带领的"学科随堂听课团"校本研修，针对全部教师，重在了解学校学科教学现状，即走进学科组内每一位教师的课堂，了解每一位教师的日常教学的基本面貌，发现学科教学中存在的主要问题，然后有针对性地提出学科整改建议。

学校建立的"集体备课"改变了学校几十年来"单打独斗"的局面，让大家尝到了校本研修的甜头。在这个基础上，学校开始针对不同的教师推行分层校本研修模式。

"结对研修"制度则由骨干教师和青年教师（包括薄弱教师）一对一结对。主要的研修方式是"聚焦课堂"，通过骨干教师上示范课、青年教师上模仿课以及骨干教师跟踪听课（两次教学，试教后由骨干教师提出改进建议，青年教师在内化的基础上进行第二次教学）等方式，耳提面命、手把手地帮助学科组内的年轻教师提升教学水平。

校本研修的针对性越强，教师专业发展的阶梯越多，教师团队的教学水平才能真正整体上升。

（3）做优校本研修的内涵：体现以人为本的"精髓"

校本研修最根本的目标是成就教师。帮助教师走出"瓶颈"及倦怠，可持续成长。学校不断推陈出新，根据教育教学的需要以及教师发展的需要探索创新校本研修模式。

"学案"校本研修模式，即围绕学案的设计和使用进行的校本研修活动。转变教师的教育思想，从关注自己的"教"改为关注学生的"学"；改变教师们对电子平台课件"拿来就用"的行为，通过编制"学案"促进教师主动研究教材、研究课件、研究学生；培养学生良好的自主学习能力和学习习惯。

"攻关过关"校本研修模式，是针对教师的教和学生的学中出现的最基本的问题提出来的。在每次重要测试之后，学校会完成四级质量分析。班级、年级组质量分析的重点是找出本班级、本年级学生测试中所表现出来的"最短板"，也就是基本知识、基本能力不夯实的地方，让教师发现自己教学中的问题，通过"亡羊补牢"来进行及时补救，从而夯实学生的基础，让他们的学习结构尽可能完整，没有缺失，以利于形成良性的学习循环。

学校的教师在有点有面的校本研修模式中不断成长着，现在学校有了自己的特级教师，有了自己的学科带头人、骨干教师，学校的课堂教学不仅突破了区级及以上"零获奖"的尴尬，而且获得了全国、市教学评比一等奖的佳绩……校本研修成就了教师。

2. 教学领导之道：精细常规，推进变革

"备课、上课、作业、辅导、评价"，组成教学五环节，每个环节都很重要，因为每个环节都牵着"教学质量"这根生命线。学校校长及教务处对教学常规管理予以了十分关注，以真抓实干为原则，切实落实好每一个环节。

（1）关于备课。举措1：学校设立了五个备课室，为备课组活动提供了专门场所；备课活动有录音记录，教务处专人检查，行政人员蹲点；备课活动情况作为优秀备课组重要考核指标之一。举措2：三十岁以下青年教师不可用电子教案，要求必须手写教案，且是详案，教务处每月进行检查并及时反馈当月备课情况。旨在让青年教师不要过分依赖电子平台，重视锤炼自己自主备课的能力。对三十岁以上的教师，提出了对电子教案必须予以修改的要求。举措3：开展"先学后教、以学定教"项目的教学研究活动。在主要学科全面推进该项目的研究，组织了"学案"的专题讲座，对"什么是学案""学案编制的原则有哪些""学案和教案之间的关系""学案的基本格式"等问题进行了解读；各学科教研组、备课组紧扣项目开展备课活动和专题教学研究活动；校级层面召开项目展示及研讨活动，本学年开展了四次展示活动，分别由小学数学、小学英语、中学语文、中学英语教研组承担；各备课组完成与教材同步的学案设计，形成了一定数量的学案集。

（2）关于上课。校长大力推行"学讲想练"教学模式。要求教师读好"三本书"：《课程标准》《学科考试要求》以及教材。变"我来教"的教学思想为学生的"我来学"，变"教教材"为"教课程"，课堂教学要"学讲想练"结合。2010年，教研员对学校小学英语学科进行了课堂教学调研，情况为：优秀课占 33.3％，良好课占 55.56％，合格课为 11.1％。对学校小学语文学科进行了课堂教学调研，情况为：优秀课占 37.5％，良好课占 62.5％。2010 年，市专家也对三桥学校的课堂教学进行了调研，专家反馈：三桥学校优秀课和良好课占 75％以上，学校无不合格课。

（3）关于作业。动"真格"进行作业检查。之前作业检查基本流于形式，新一轮托管李曙煌和丁建光校长明确提出：重视常规检查，常规检查必须精细化。教务处对作业检查予以了改革：由教务处组织行政人员、骨干教师组成专门的检查小组，根据相应的要求完成定性定量检查。对作业检查中存在的问题通过个别交流、年级组调研等形式予以反馈，提出整改要求。

（4）关于辅导。要求教师牢固树立"三个相信"的理念，不抛弃不放弃每一个孩子，关注每个学生的成长，保证学校合格率的提升。首先在课堂教学中有分层教学设计，其次对基础较差、能力较弱的学生，采取作业面批方式给予帮助和指导。编制了《学习困难学生辅导手册》，建立学困生档案，注重差异，进行分类指导，并做好辅导记录。还专门请本校优秀教师沈素华老师开设讲座，给青年教师讲述她是如何辅导学生，如何有效提高教学质量的一系列有效做法。

（5）关于评价。举措 1：进一步规范质量分析，形成了"教务处、年级组、教研组"三位一体的教育教学质量监控网络。期中、期末完成四级质量分析：教师个人、备课组、教研组、教务处。期中考试、期末考试质量分析关注小题得分率，以发现和思考"教和学"中的问题为重点，然后以备课组为单位组织"攻关过关"考核。"攻关过关"强调学生基础知识和基本技能的过关。举措 2：取消了"月考"，改月考（统一命题）为"单元测试"（自主命题）。组建学校"质量监控小组"，单元测试卷由质量监控小组成员命题及把关审核，提高教师的命题能力，同时保证单元测试更符合学生的学情。

道理与点评：学校对教师课程教学工作的管理，如何从粗放低效的行政式管理，走向精致高效的专业式管理，三桥学校可以为这个问题的解决提供一个经验样本。三桥学校是农村薄弱学校的典型，对"粗放式"管理的弊端感触很多，成为托管学校后，托管校长如何深入课堂，在教师培养上，做实"底部"、做大"天地"、做优"内涵"；在教学领导上，让每个环节的常规更精细，让教师的教研管理与组织更精细，成为这所地处农村的学校改变面貌的路径。三桥学校的故事表明，勇于深入开展常规化、制度化的专业教研活动是学校提高教学水平，内涵发展的基本途径。

案例二：深入课堂，引领教师解决教学顽症

虎山小学是一所办学质量稳定，以多年教育改革著称的优质学校。在每个学期的学校工作要求（计划）中，毕校长都会对教学质量进行专门的讨论，一些新的要求也会在全校大会上对全校教师进行解释说明。如果在落实过程中遇到一些新问题、新苗头，学校就会及时地通过各种渠道让老师认识到问题所在，及时地纠正。

几年前的一次常规教学听课中，校长连续听了几节老师的常规课，发现老师在课堂教学中的表现比较一般，没有什么新意，没有什么自己的特色。如果不把这个问题拿出来讨论，引起重视，老师可能就会变得麻木，把稀松平常的课看成是理所当然的，这怎么可以？于是，校长把自己对这个问题的一些想法，用短信发给了学校里分管教学业务的中层干部和学科组长，希望大家都能思考一下学校教育教学工作，学校该如何担当自己该担当的责任，希望大家为提高学校教育教学质量共同努力。短信的内容如下：

昨晚想了很久，要提高教学质量，关键在于改变学校的教学方式，摆脱平庸甚至愚蠢。现在看来我校老师在这方面不比其他学校老师进步，学校多年的努力成效在哪？我每次听课多见平庸，少见个性与进步，少有激动，这样的听课评议活动是低水平的，这样下去虎山小学将会徒有虚名。老师靠引导，学校有责任去改变，学校应该着急，要动点脑筋有点作为，学校必须改变现状，让大家有点新意，不然我就是无能就是失职。学校都思考一下，许多事要从领导做起，从骨干做起才行，真正有责任感、有危机感才会想出方法来，你说是吗？

许多老师在回复的短信中谈了自己的想法，为了能够给全校老师带来启发，学校将部分短信交流内容汇编发到了每一位教师手上。

这是关于教学质量的"短信会议"，通过这种形式的互动交流，统一了认识。学校还把这次短信探讨教学质量的内容汇总在一起，放在校园网上，让全体教师一起学习。"短信会议"并非学校的一贯做法，但对教学质量进行适时探讨却是虎山学校一以贯之的做法。

国家课程的校本化实施最核心的是课堂教学。最近这些年来，虎山小学毕校长每学期的工作重点都集中在"提高课堂教学有效性"这一主题上。毕校

长认为，教师业务上的差距是一种客观存在，但学校不能任其存在。针对如何缩小教师业务上的差距这一问题，每所学校都有一些传统的经验做法，比如常规的教研活动、观课评课、骨干带教、师徒结对、业务检查、绩效考评等。这些做法在一定程度上促进了教师的专业发展，也在某种程度上缩小了教师之间的差异。问题在于这些传统的经验做法，要么是对孤立的一节课的研究，比如教研活动、观课评课等，要么是强调孤立个体的作用，比如骨干带教、师徒结对等，要么是对教师业务发展情况进行定性，比如业务检查、绩效考评等。总体而言，教师普遍缺乏一种专业发展的支持系统，这种支持系统应该是基于教学全过程的、基于团队发展的、基于专业素养提升的支持系统。

因此，校长在"短信会议"后，与教师们一起商量，提出了"基准"教学研究，成立了"基准"教学课题组，由中高年级教师和骨干教师领衔，学科和各年级均有骨干教师负责质量把关，教学质量上不封顶下保底，教师业务水平在骨干教师引领下得到不断进步。其主旨是复制有效教学经验，总结、提高、推广骨干教师的教学经验，让更多老师得到借鉴，解决低效高耗的教学顽症，把有效教学真正落到实处。

学校有好的合作团队，有业务好的名师、中学高级教师和许多骨干教师。毕校长希望通过基准教学的研究和实践促进教师专业水平的提高，成长起又一批骨干教师，给学校留下一批宝贵财富，这个财富不只是基准教学的备课，更是一种难得的教学研究氛围和促进教师专业发展的经验和方法。

1. 从课程标准出发，制定"学科教学要求"

新的课程理念对一线教师的课堂教学提出了很高的要求，这些理念不是放在嘴上说的，而是要通过课堂来展现的。而习惯于"教材中心"的教师，面对这些新理念总有一种不知所措的感觉：究竟如何在课堂教学中落实这些新理念呢？从感知到理解，再到运用，这中间的跨度是巨大的。如何解决这个问题，不仅仅是有效教学的问题，也关系到课程改革能否实现预期目标的问题。

课程标准是课程编写的标准，也是课堂教学的标准。孤立的个体教师难以有时间仔细研究课程标准，即使有时间，有时也因为个体的原因难以真正理解与细化。为此，学校组织各个学科的骨干教师与教学经验丰富的教师，一起研读各自学科的课程标准，将集体的智慧凝聚在一起，根据学校对教学质量的一贯要求，形成各个学科的"教学要求"。

2. 全员参与，骨干把关的"基准"教案

学科教学要求虽然是集体智慧的结晶，但本身不具有可操作性。如何从学科教学要求出发进行备课，形成"基准"教案，是接下来的重点研究工作。

首先，根据"基准"课题组的要求成立"基准备课组"，其运作模式是：每个"基准"备课组由一位骨干教师领衔，备课组的教师分头备课，然后骨干教师根据自己的教学经验与方法，依据"课程标准"和"学科教学要求"对各自分头备课形成的教案进行修改，负责教案质量把关，再经过备课组集体研讨，最终确定教案。

在研讨过程中，首先由负责备课的教师说明备课思路，再由骨干教师说明其修改意见，以实现共同提高。备课组教师按照教案设计开展课堂教学，下一次备课组研讨活动时，将在教学过程中出现的问题以及备课组教师对教案的使用体会进行交流反馈，根据教学实践进一步完善教案。主要意图是：变个体为团队，变单干为合作，变个人智慧为集体智慧。

有一次，一位负责教案质量把关的骨干教师直接来到校长室，说能否由自己独立进行备课，自己对教案质量承担责任。原因何在呢？她说，负责具体备课的老师太"笨"，交上来的教案质量很糟糕，虽然当面和负责备课的老师交流了修改意见，但那位老师根本就理解不了。修改后的教案虽然质量有所提高，但还是存在很多问题，然后再和她交流修改意见，她再去修改，还是有问题。这么辛苦地一遍又一遍和她交流，太浪费时间，还不如自己亲自操刀备课算了，自己来备课倒也花不了这么多的时间与精力。

毕校长十分耐心地与她交流，认同她所讲的作为骨干教师，她凭着自己多年的教学经验来备课，的确用不了多少时间，就可以把一份质量上乘的教案拿出来。毕校长也向她说明了学校的初衷不仅仅是整理一套质量上乘的教案，而是要通过这样的过程来提高教师的备课能力，就是让骨干教师手把手地教。经过一番交流，这位骨干教师还是接受了学校的建议，回去继续帮助那位老师提高备课的水平与质量。

（3）"基准"教案的"适调"与配套练习设计

经过一个学年的研究所形成的教案，是骨干教师认可的教案，也是被教师接受的教案。接下来，学校同样通过教师分工合作、骨干教师把关的方式进一步完善这些教案。

第二轮"基准"教案的基本要求是一个关键词——"适调"。"基准"教案是一个不断完善的过程，大家都知道作为"事先"的教学设计，总归需要通过课

堂教学的历练来加以完善。有的问题在事先是难以预设的，只有进入课堂以后，通过学生的反应才能判断应该如何提问才能更有效地激发学生的思考，如何引导才能更有利于学生对问题的理解。学校的老师在进行"基准"教学研究过程中就非常注意这一点。为了更有效地减轻学生负担，学校要求在进行第二轮"基准"教案的研究过程中，要设计配套练习。

"基准"教案是教师开展有效教学的抓手，课堂教学效率提升了，学生的学习效果就有了基本保障。为了避免教师在课后进行不必要的知识训练，学校要求在第二轮教案后面设计配套练习，严格控制学生的作业量，练习的目的在于巩固，而不是操练，这样减负增效才能落到实处。

3. 建立教学基准支持系统

毕校长在反复课堂听课与参与学校教研活动时发现，最有可能促成教师改变、发展的专业基地应该是备课组。因为，这是教师最直接参与的基层教研组织和教师最易实现的集体活动平台，备课组团队有可能最大限度激发教师研究学生、研究教学，提高教师个体自我更新的主动性、积极性、创造性。

经过深入讨论和反复论证，学校将备课组共同发展愿景纳入《学校形象设计书》，但在起始阶段，学校也深刻认识到，共同愿景的形成和实现需要给予一定的时间和空间，这仍然需要通过外部规范来引导教师形成团队发展意识，促进专业发展自觉。于是，学校对管理制度、日常教育教学研究制度、学习制度、评价制度等进行了一系列改革重建。具体如下。

（1）组织管理制度：为进一步明确学校组织网络图中备课组与教研组、年级组等中间组织的关系，学校重新修订了《教研组管理与建设制度》，强化教研组作为教研共同体的新身份对备课组建设的引领指导作用；重新修订《年级管理委员会管理与建设制度》，加强年级内不同学科备课组之间的交流与合作。学校在年级管理委员会管理上赋予其更多的权利，如自主开展教研活动的权利等；赋予年级管理委员会主任对备课组长的考核权，以明确备课组长的职责与义务，提升其组织管理能力。

（2）日常教育教学研究制度：为提高备课组教学研究的主动参与意识和反思重建能力，重新修订《备课制度》《日常教学制度》《日常教研听评课制度》。如学校开发的备课组评课"1211"准则，即本着对事不对人的原则，评课教师针对教学，每人讲一个优点，谈两个不足，提一个重建建议，写一篇书面评课博客，有效促进了教师评课质量的提高，在一定程度上达成了相互学习促进的目标。

(3)学习制度：备课组整体自主能力的提升离不开教师学习能力的提高，为此，学校修订《备课组学习制度》，努力将教师的自主学习落到实处，并能通过学习提升教育教学研究能力。如每学期初，学校根据备课组所确定的书单资料，把"微型图书馆"建在年级，建到各备课组，供其学习交流；学校在备课组活动中开发了"每日阅读一刻"时间，组室成员轮流查找学习资料，教师之间就资料进行学习、"深度汇谈"和交流看法。

(4)评价制度：为促进备课组整体发展，学校依照教师对备课组建设的贡献重新修订了《教师梯队发展激励与促进制度》，新建《自育型备课组评选表彰制度》《骨干教师评价制度》等。如学校将教师个人发展与备课组整体建设目标的达成度挂钩；骨干教师的评价与其对备课组建设中的贡献率关联；备课组评选做到期末考核与平时考查相结合，重发展性评价。

在制度建立的同时，学校对组织变革也做了探索，学校组织结构已初步形成扁平化和各组织间关系网络式的新组织结构形态。在网络式组织结构中，原先科层组织的宝塔式、垂直化关系被打破，"责任人—合作者"新型管理团队逐步形成，每一个组织的负责人作为该部门、该领域、该组室的第一责任人承担起领导工作策划、分工落实、实施和反馈的全过程责任，教研组、年级组、备课组及教师个人之间联系紧密，发展相关，形成一个有机的整体，大大缩短了信息传递和分享时间，有利于促进组织学习、团队合作、主动发展。这样的组织架构使备课组成了网络中具有活力的"重要节点"，为突破原本"命令与服从""指令与执行"的关系，激发教师追求专业发展的内在需要和动机，激发主动性、创造性、创造组织新形象，焕发组织新活力提供了可能。

道理与点评：作为一所名声在外的优质学校，随着社会与家长、社区对公共教育服务的要求不断提高，学校也同样会面临课程与教学的挑战以及教师专业能力的停滞不前。校长在深入课堂听课中，能及时发现问题，并通过校内组织管理与专业发展措施的改革去解决问题，是虎山小学为我们提供的实践样本。一所真正的优质学校，是在不断地提升课程与教学质量，使之适应每一位学生健康快乐成长的过程，这种努力是一个永无止境的过程。因此，一位真正的专业校长是不断在课程教学中发现问题，并组织与引领教师团队解决问题的专家。

知识与理解

　　课程教学是学校教育的基本组织形式，在学校教育中具有基础性的地位。"对于学生而言，课程教学是其学校生活的最基本的构成，它的质量直接影响学生当下及以后的多方面发展和成长；对于教师而言，课程教学是其职业生活最基本的构成，它的质量直接影响教师对职业的感受和态度、专业水平的发展和生命价值的体现。"①为了实现对课程教学的领导，校长不仅要掌握领导课程教学的专业知识与方法，而且要在专业理念和认识上对领导课程教学有一个充分的理解和认知。

（一）知识与方法

　　校长提高课程教学领导力，需要掌握与领导课程教学相关的专业知识与方法。校长要掌握学生不同发展阶段的培养目标和课程标准；了解课程编制、课程开发与实施、课程评价的相关知识和教材、教辅使用的政策以及国内外课程教学改革的经验；掌握课堂教学以及教育信息技术应用的一般原理与方法。具体专业知识与方法论述如下。

1. 掌握学生的培养目标和课程标准，促进学生发展

　　培养目标是学校开展教育教学活动的主要依据，是对培养什么样的人以及如何培养人的规定。学校要实现促进学生全面发展的目标，则需要根据学生不同发展阶段身体和生理的发展特征，制定适合学生发展的培养目标。

　　（1）关于培养目标

　　教育部《国家中长期教育改革和发展规划纲要（2010—2020 年）》（以下简称《规划纲要》）中明确强调"坚持以人为本、全面实施素质教育是教育改革发展的战略主题，是贯彻党的教育方针的时代要求，其核心是解决好培养什么人、怎样培养人的重大问题，重点是面向全体学生、促进学生全面发展，着力提高学生服务国家人民的社会责任感、勇于探索的创新精神和善于解决问题的实践能力。"②为此，校长在学校培养目标的制定中需要注意：

---

　　① 叶澜."新基础教育"论：关于当代中国学校变革的探究与认识［M］.北京：教育科学出版社，2006：248，246.

　　② 中华人民共和国教育部网站．http：//www.moe.gov.cn/publicfiles/business/htmlfiles/moe/s4668/201008/93785.html

第一，必须坚持德育为先与立德树人，把社会主义核心价值体系融入国民教育全过程，把德育渗透于教育教学的各个环节，贯穿于学校教育、家庭教育和社会教育的各个方面。

第二，坚持能力为重与优化知识结构，着力提高学生的学习能力、实践能力、创新能力，教育学生学会知识技能，学会动手动脑，学会生存生活，学会做人做事，促进学生主动适应社会，开创美好未来。

第三，坚持全面发展与提高综合素质，加强体育，牢固树立健康第一的思想，切实保证体育课和体育锻炼时间；加强心理健康教育，促进学生身心健康、体魄强健、意志坚强；加强美育，培养学生良好的审美情趣和人文素养。促进德育、智育、体育、美育有机融合，提高学生综合素质，使学生成为德、智、体、美全面发展的社会主义建设者和接班人。

（2）掌握课程标准

为贯彻落实《规划纲要》，适应新时期全面实施素质教育的要求，深化基础教育课程改革，提高教育质量，教育部对义务教育各学科课程标准进行了修订完善①，并印发义务教育阶段语文、英语、日语、俄语、品德与生活、品德与社会、思想品德、数学、物理、化学、生物、初中科学、历史、地理、历史与社会、艺术、美术、体育与健康课程标准(2011版)。

在这次修订中，明确强调了在人才培养中要以课程标准为依据确定科学的评价标准，尤其要重视基础知识与基本技能、过程与方法、情感态度和价值观等课程目标的全面落实。改进评价方式和方法，注重过程性评价。严格按照课程标准命题，加强试题与社会实际和学生经验的有机联系，在注重对基础知识和基本技能考查的同时，特别重视对具体情境中综合运用知识分析和解决问题能力以及实践能力的考查。

2. 掌握课程理论，了解国内外课改趋势

课程理论对课程开发、实施与评价具有指导作用，当今国内外课程改革的趋势、进展对学校的课程改革也有很强的借鉴意义。因此，校长作为学校课程教学的领导者，要实现学校课程教学的改革与创新，一方面需要掌握相关的课程理论知识，了解国家对教辅、教材的相关使用政策规定；另一方面要了解国内外课程改革的趋势，吸收和借鉴其中的先进经验，推动学校课程

---

① 中华人民共和国教育部网站．http：//www. moe. gov. cn/publicfiles/business/htmlfiles/moe/s6489/201201/129268. html

改革和教学发展。

（1）了解教材、教辅使用的政策

关于教材的使用政策，主要体现在 2001 年《基础教育改革纲要（试行）》中对教材的使用所做的规定：实行国家基本要求指导下的教材多样化政策，鼓励有关机构、出版部门等依据国家课程标准组织编写中小学教材。建立教材编写的核准制度，教材编写者应根据教育部《关于中小学教材编写审定管理暂行办法》，向教育部申报，经资格核准通过后，方可编写。完善教材审查制度，除经教育部授权省级教材审查委员会外，按照国家课程标准编写的教材及跨省使用的地方课程的教材须经全国中小学教材审查委员会审查；地方教材须经省级教材审查委员会审查。教材审查实行编审分离。①

关于教辅材料的使用政策，校长需要了解 2012 年教育部、新闻出版总署、国家发展改革委以及国务院纠风办对中小学教辅材料的使用所做的相关规定。② 具体内容包括：建立健全教辅材料评议推荐办法；合理确定评议推荐的教辅材料范围；认真做好教辅材料自愿购买和无偿代购服务；严格规范教辅材料编写行为；大力加强教辅材料使用监督。

（2）了解国内外课程教学改革的趋势

当前国内外课程教学改革呈现出共同的趋势，体现在以下几点。③

第一，追求民主的课程政策观。课程权利的分配和再分配是课程政策的核心问题。课程民主包括两方面的含义，一方面强调过程的机会平等，即给所有阶层的每一个人以平等地学习同样课程的机会；另一方面重视权力的下放，即在课程管理上给地方和学校更多开发、设计和实施课程的权力，是各国课程政策制定中的共同追求。如美国课程改革倡导"不让一个孩子落后"的理念，关注学生作为"人"的价值，重视每个学生特定的权利，认可学生的思想感情和需要。澳大利亚基础教育课程改革政策也更加重视个性特点的高质量民主，突破了传统意义上追求平等主义的民主。在课程设置的方法上，强调根据学生不同发展阶段的培养目标的要求，设置中小学课程的框架。要求

---

① 中华人民共和国教育部网站．http：//www. moe. gov. cn/publicfiles/business/htmlfiles/moe/s8001/201404/xxgk_167343. html

② 中华人民共和国教育部网站．http：//www. moe. gov. cn/publicfiles/business/htmlfiles/moe/s6579/201202/130874. html

③ 汪霞，吕林海．新世纪发达国家基础教育课程改革的背景、理念及启示[J]．外国中小学教育，2009(8)：1-6.

关注每一个学生的个性、激发其潜能以获得最大限度的发展。我国民主化的课程政策观主要体现在现阶段实行国家、地方、学校三级管理的课程体系，以适应不同地方、学校及学生发展的需要。

第二，追求学生全人发展和终身学习的课程价值观。课程价值观决定着课程发展的走向，课程设置的建立以及课程实践的开展。当今，各国课程改革的一个显著特点就是以学生为本，促进学生的全人发展和终身学习。如英国从 2000 年开始的新一轮基础教育课程，将课程目标定为"国家要求每一个进入义务教育阶段的学生，能够掌握基本技能，包括读写、计算、信息技术等，这是未来公民全面发展的基础"。① 芬兰的课程改革，则将"让所有学生能够平等地接受教育，从知识、技能以及价值观等方面培养学生，为提高终身学习能力、应对现代社会和未来发展的挑战奠定基础"②作为课程改革的重要目标。我国在素质教育和新课改的推行过程中都强调课程和教学改革以学生为本，着眼于实现学生的全面发展。

第三，在课程设计上注重基础性、选择性和综合性。全人发展理念的一个特点就是重视基础知识的掌握，因此，世界各国都越来越重视基础性课程的建设，普遍在基础教育阶段加强对学生基础读写能力和数理能力的培养。例如，美国在《数学课程标准 2000》中就明确指出："新的数学课程的重要目标是培养学生基本的数学素养和数学能力。"③在重视基础性的同时，各主要发达国家在课程设计上也注重增加课程的选择性。一方面表现为他们都鼓励并提倡各州、各地区、各学校根据自己的特色在国家课程大框架的基础上，灵活地、变通地制订课程计划，开发适应学校特色、学生需求的校本课程；另一个方面是注重课程内容与实际生活的联系，学以致用，为学生日后的学习和生活做准备。为了培养学生扎实的基础知识，各国都普遍强调编制基础性的教学内容，并设置丰富的弹性课程和多样化的科目供学生自行选修。2007 年，英国发布的《2020 愿景：2020 年教与学评议组的报告》，进一步强调课程需适应每个学生的需要，尊重学生的差异，采用多样化的教学方式，课堂教学以

① UK Government，UK Curriculum Development，2008，http：//www. ngfl. gov. uk

② Ministry of Education. Education and research 2003-2008. Publications of the Ministry of Education，Finland，2004.

③ NCTM，Principles and Standards for School Mathematics，2008，http：//edinformatics. com/curriculum/curriculum. html

学习者为中心，尊重学生的个性化学习。① 课程设计观的另一个重大变化是综合化，综合化即注重课程之间的整合。英国一直坚持综合性课程教育观，并以立法的形式确立了"科学"和"技术"两大核心综合课程的地位。同时也将综合化的理念也贯穿于其他学科的课程标准中。在新课改的不断推进过程中，我国的基础教育在强调抓基础知识的同时，注重对学生基本能力和态度的培养，同时注重回归生活的课堂，课堂教学注重与学生的经验相联系，此外提出改变课程结构过于强调学科本位、科目过多和缺乏整合的现状，整体设置九年一贯的课程门类和课时比例，并设置综合课程，以适应不同地区和学生发展的需求，体现课程结构的均衡性、综合性和选择性。②

第四，课程实施坚持相互适应与创生取向。课程实施是将新的课程计划付诸教育教学实践的过程。从近几年课程改革的实践看，各国在课程实施上注重弹性、多样性和创新性，倡导地方和学校在课程实施的过程中坚持动态的观点，因地制宜地对课程计划进行调整、变化、补充和创新。如美国、澳大利亚、英国在推动课程实施方面都非常强调对教学的方法、手段、策略的改革与创新，普遍采用基于问题的、项目的、合作的、探究式的学习等新的教学方式，一些基于建构主义思想的全新的教学模式，如支架式教学、问题导引式教学等，也被加以研究与使用。我国在课程实施方面也提出了相关的要求：改变课程实施过于强调接受学习、死记硬背、机械训练的现状，倡导学生主动参与、乐于探究、勤于动手，培养学生搜集和处理信息的能力、获取新知识的能力、分析和解决问题的能力以及交流与合作的能力。③

3. 掌握课堂教学一般原理与方法

教学是教师引起、维持或促进学生学习的所有行为。课堂教学是学校最重要的教学组织活动，课堂教学质量的高低，会直接影响课堂教学目标以及学生培养目标的实现。为了实现高质量的课堂教学效果，校长需要掌握课堂教学的一般原理和方法，并以此引领和指导教师开展高效的课堂教学活动。

第一，发展性教学原理。现代教学最基本的价值追求是通过教育教学活

---

① 2020 Vision：Report of the Teaching and Learning in 2020 Review Group，http：//www. teachernet. gov. uk/education overview/briefing/strategy archive/whitepaper2005/

② http：//www. moe. gov. cn/publicfiles/business/htmlfiles/moe/moe _ 309/200412/4672. html

③ http：//www. moe. gov. cn/publicfiles/business/htmlfiles/moe/moe _ 309/200412/4672. html

动促进学生的发展。教育教学活动对人的发展具有主导作用，而教育教学活动对学生的发展所起作用的大小，取决于教学在人的发展方面的特殊考虑和安排。① 苏联心理学家维果茨基认为儿童的心理发展存在最近发展区，教学活动能够创造决定儿童智力发展的最近发展区。只有教学走在发展的前面，才能够发挥其最大作用。② 发展性教学一方面强调教学对学生发展的主导作用；另一方面强调教学促进发展的条件性。

依据发展性教学原理，校长在领导教学工作的过程中，要引导教师积极创造条件开展发展性教学。具体方法策略包括：主体参与的教学策略，即在课堂教学的过程中充分调动学生学习的积极性，鼓励学生充分发挥主动性，积极主动的参与到教育教学活动中去。合作学习的教学策略，即在课堂教学的过程中，通过开展师生之间、生生之间的交往活动，如集体教学、小组合作学习以及个别辅导，实现课堂教学的效果。差异发展的教学策略，即关注学生个体发展的差异性，让学生自主选择学习内容、自己制订学习计划及进度，自己进行自我评价，让每一个学生都得到充分的发展。③

第二，教育性教学原理。赫尔巴特最早提出了教育性教学的概念，他认为德行要通过教学来进行教育。但是并非一切教学都是有教育性的。教育性教学是指德行为最终培养目标，并对德行形成能产生有效促进作用的教学，主张通过关注学生的经验及兴趣、组织促进学生智力发展的多样活动来开拓学生的思维，最终实现德行发展。④ 教学与德行发展的关系问题是教育性教学所反映的本质问题。品德的发展包括知、情、意、行四个方面的综合发展，教学对提高学生发现问题和解决问题的能力的作用是十分确定的，但是对于学生道德品质、道德行为的培养，教学往往不具有决定性作用。

依据教育性教学原理，校长在教学促进学生品德发展的问题上，既要看到品德对学生发展的作用，引领教师在教学的过程中向学生传授正确的价值观，同时也要看到这种作用的条件性和局限性，研究教学促进德行发展的机制，给学生道德品质和道德行为的发展创造机会。⑤ 教学促进德行发展的机制

---

① 裴娣娜.现代教学论基础[M].北京：人民教育出版社，2012：177.

② 朱智贤，林崇德.儿童心理学史[M].北京：北京师范大学出版社，1988：422-423.

③ 裴娣娜.现代教学论基础[M].北京：人民教育出版社，2012：280-292.

④ 裴娣娜.现代教学论基础[M].北京：人民教育出版社，2012：181.

⑤ 裴娣娜.现代教学论基础[M].北京：人民教育出版社，2012：182-184.

主要是在课堂教学的过程中注重创设情境，开展情境教学，注重情境的道德价值的体现，陶冶学生的情操，促进学生品德的发展。

第三，建构性教学原理。建构性教学原理认为心理发展是通过活动建构心理结构的过程。皮亚杰指出，人的心理发展是人的心理结构不断建构的过程，是主客体不断相互作用的结果，是主体活动的产物。①

依据建构性教学原理，校长要引领教师在教学上深入研究教学活动促进学生心理结构建构的问题，实行建构性教学。具体方法包括：首先，要认识学生的主体结构，努力发展学生的主体结构；其次，把握和设计好教学内容的基本结构，促进内容结构与心理结构之间形成有效的张力；最后，把握好学生的主体活动，通过优化学生的主体活动来促进学生心理结构的建构。② 在课堂教学过程中，开展探究式教学、启发式教学、自主学习等，注重学生自己对知识的理解与认知，积极主动地进行知识的自我建构。

第四，社会性教学原理。社会性教学作为现代教学的重要原理，主要表现为两个方面：一是，教学是随着社会历史的发展而形成、演化和进步的，是社会有机体的一部分，与社会各因素之间存在着复杂的关联性；二是，教学中存在着多种多样的人际互动和社会关系，教学活动作为一个特殊的社会过程，对学生的身心发展具有潜移默化的作用。

依据社会性教学原理，校长在领导课程教学的过程中要遵循社会性教学原理，在研究教学问题时，要联系特定的社会历史条件，具体问题具体分析，在推进教学改革时，用具体的社会历史眼光分析教学现象，顺应改革的潮流；学校和班级是特殊的社会组织，校长要注重学校制度、学校氛围、班级文化和班级氛围的建设，充分发挥学校价值观和校园文化对学生发展的作用。③ 此外，课堂教学的过程中要注重理论与实践相结合，开展实践教学，让课堂回归生活，与学生的生活经验相联系。

此外，信息技术的快速发展在一定程度上也改变着教与学的关系。在教的方面，多媒体教学、计算机教学、远程教学以及虚拟学校等迅速发展，学习者则也充分享受信息技术所带来的资源共享，可以自主选择学习内容，学习的方式、空间等也发生了很大的变化。教学理论所关注的主要内容是通过对教学过程基本性质、规律以及人类学习活动的内在规律的探究与认知，来

---

① 裴娣娜.现代教学论基础[M].北京：人民教育出版社，2012：184.
② 裴娣娜.现代教学论基础[M].北京：人民教育出版社，2012：184-187.
③ 裴娣娜.现代教学论基础[M].北京：人民教育出版社，2012：188-190.

优化教学过程和环境，促进课程改革与创新，从而提高学生的学习质量。

基于教学理论的关注点以及信息技术对教与学所带来的变化，校长要引领教师加大对教学及学习过程本身的研究，探究教学及学生学习的规律；充分认识信息技术应用所带来的教学活动的时间和空间的变化以及信息技术对教学内容的影响，充分利用信息技术所创造的虚拟时空的教学环境，积极开发远程学习路径，积极发挥信息技术对教育资源的整合作用，以便于获取最前沿的教育信息。

(二)理解与认识

教学是学校最重要的活动，校长充分发挥其对学校课程教学的领导作用，需要解决观念认识问题，强化对领导课程教学的理解与认识。

1. 既面向全体学生又因材施教，全面提高教育教学质量

全面提高教育教学质量是国家发展教育事业的奋斗目标。2010 年教育部颁布的《关于贯彻落实科学发展观，进一步推进义务教育均衡发展的意见》指出："我国义务教育已经全面普及，进入了巩固普及成果、着力提高质量、促进内涵发展的新阶段。"[①]同年，国务院印发的《国家中长期教育改革和发展规划纲要(2010—2020 年)》中明确指出要把提高质量作为国家基本教育政策，树立科学的质量观，把促进人的全面发展、适应社会需要作为衡量教育质量的根本标准。判断一个学校的教育质量，关键是看这个学校的教育质量是否达到了国家教育质量标准。[②] 国家质量标准即素质教育的质量观，不仅要求面向全体学生，促进学生的全面发展，而且关注个体，实现个体的潜能发挥。

（1）面向全体学生

面向全体学生体现了教育公平的理念，而公平性原则是教育质量国家标准确定的一个依据，即学校课程科目要适用于所有的学生，不管他们的性别、民族、种族、语言和文化背景等，让所有的学生享有相等的使用教育教学资源的机会；教育教学过程要面向全体学生，向全体学生提供优质均衡的教育。[③]

---

① http://www.gov.cn/gongbao/content/2010/content_1653849.htm

② 冯建军. 义务教育质量均衡内涵、特征及指标体系的建构[J]. 教育发展研究，2011(18)：12.

③ 中国教科院教育质量标准研究课题组. 教育质量国家标准及其指定[J]. 教育研究，2013(6)：4-16.

（2）因材施教

教育教学质量的全面提高，不仅取决于学生的全面发展，而且也取决于学生个体是否实现了个性化发展。从人的发展的角度讲，人的身心发展由于人的发展的主客观条件不一致，在身心发展上存在着个别差异。因此，要实现全面提高教育教学质量的发展目标，需要关注学生个体，为学生个体提供适切的教育，尊重学生的个性化学习。

当前学校教育的现状却不容乐观。受应试教育的影响，升学率成为学校教育教学质量的重要评价指标，致使学校教育片面追求升学率。分数则成为考核教师和评价学生的主要指标，致使教师在课堂教学的过程中以知识的灌输为主，忽视学生的主动探究，阻碍了学生创新精神的培养，关注学生知识的掌握程度，忽视对学生在过程与方法、情感态度与价值观方面的培养，抑制了学生学科知识素养及实践能力的培养，学生成为知识的被动接受者，阻碍了学生的全面发展。这严重违背了马克思主义关于人的全面发展的理论，也违背了素质教育及新课改中关于人才培养目标的规定。

（3）注重对学生素质能力的培养

国家从政策的角度规定了学校教育对学生素质能力培养的要求，强调了身心统一发展、德与才并重、知识与能力协调发展，要注重学生责任意识、创新精神和实践能力的培养，实现人的全面发展。1995年通过的《中华人民共和国教育法》第五条中规定："教育必须为社会主义现代化建设服务，必须与生产劳动相结合，培养德、智、体等方面全面发展的社会主义事业的建设者和接班人。"[1]1999年中共中央国务院颁发的《中共中央国务院关于深化教育改革全面推行素质教育的决定》中指出："实施素质教育就是全面贯彻党的教育方针，以提高国民素质为根本宗旨，以培养学生的创新精神和实践能力为重点，造就有理想、有纪律、有文化的德、智、体、美等全面发展的社会主义事业建设者和接班人。"[2]2006年修订的《中华人民共和国义务教育法》第三条规定："义务教育必须贯彻国家的教育方针，实施素质教育，提高教育质量，使适龄儿童、少年在品德、智力、体质等方面全面发展，为培养有理想、有

---

① http：//www. moe. gov. cn/publicfiles/business/htmlfiles/moe/moe _ 619/200407/1316. html

② http：//www. jyb. cn/info/jyzck/200602/t20060219 _ 10716. html

道德、有文化、有纪律的社会主义建设者和接班人奠定基础。"①2010 年的《规划纲要》中确立的战略主题是"面向全体学生、促进学生全面发展，着力提高学生服务国家人民的社会责任感、勇于探索的创新精神和善于解决问题的实践能力。"②

3. 尊重教师实践智慧，积极推进教学改革与创新

教师的实践智慧是推动教学改革与创新的元发点，对学校的发展具有重要的意义。校长充分认识教师实践智慧的重要价值，积极发挥教师实践智慧对学校的发展的重要作用，将使学校获得长远发展。

(1)学校教学的改革与创新来源于教师的实践智慧

教师的实践智慧是教师在长期的教育教学实践中积累和创造的结果，通常表现为教师在教育教学过程中对教育规律的理解与追求，对教育情境的直觉与洞察以及对教学方式的思考与顿悟。教师实践智慧不断积累的过程，也是教师教学主张不断形成的过程，促使教师不断完善自己的教学风格，打破传统课堂教学的模式，积极创设教育教学情境，使教师在教学过程中将焦点由知识传递转为潜能开发、智慧启迪，打破传统教育只注重知识传授的局限，在教育教学的过程中更加注重方法的讲授，关注学生知、情、意、行的发展，充分挖掘学生的潜能，并促进学生创造性的培养。教师这种基于实践对学校教学的认识和经验的积累，为学校教学改革与创新提供了新的视角，是学校教学改革与创新的原发点，推动学校积极进行教学改革和创新，从而促进学校教育教学质量的提高。

(2)教师实践智慧的积累是学校长远发展的不竭动力

教师是学校发展的主要推动者，教师的实践智慧不仅存在于个体之间，也存在于学校组织内部，个体通过与学校内部成员的交流共享实现学校组织层面实践智慧的积累，并进一步将共享的实践智慧内化为自身知识的一部分，从而获得进一步教育教学创新的知识基础。学校作为一个学习型组织、知识型组织，整个学校层面知识的积累、更新，得益于教师知识的积累和更新。教师知识的积累不仅仅包括显性知识的积累，还包括教师基于实践积累的实

---

① http：//www.moe.gov.cn/publicfiles/business/htmlfiles/moe/moe _ 619/200606/15687.html

② http：//www.moe.gov.cn/publicfiles/business/htmlfiles/moe/s4668/201008/93785.html

践智慧。教师的实践智慧，是教师专业发展的重要途径，立足于个体的经验，是一种"碎片"的知识，学校管理者要创造一种平等、互动和对话的场所，尊重教师的个体经验，积极促进教师实践智慧的发展，从而实现学校层面知识的积累、更新和提升。

 ## 拓展阅读

1. 钟启泉主编. 世界课程改革趋势研究[M]. 北京：北京师范大学出版社，2007.

2. 钟启泉，汪霞，王文静. 课程与教学论[M]. 上海：华东师范大学出版社，2008.

3. [美]Jerome S. Bruner. 教学论[M]. 姚梅林，郭安，译. 北京：中国轻工业出版社，2008.

4. 施良方，崔允漷. 教学理论：课堂教学的原理、策略与研究[M]. 上海：华东师范大学出版社，1997.

5. 李振村. 为什么是抚松——中国乡村教育再造[M]. 上海：华东师范大学出版社，2010.

6. 徐晓东. 信息技术教育的理论与方法[M]. 北京：高等教育出版社，2004.

7. 崔允漷主编. 有效教学[M]. 上海：华东师范大学出版社，2011.

8. [日]佐藤学. 静悄悄的革命[M]. 吉林：长春出版社，2004.

10. 陈向明. 搭建实践与理论之桥——教师实践性知识研究[M]. 北京：教育科学出版社，2011.

 ## 思考题

1. 在实施中学校课程教学如何既面向全体又关注个体？

2. 学校如何将学校课程、地方课程、国家课程结构化，并与学校的育人目标相对应？

3. 校长为什么要深入课堂听课、评课？

4. 学校如何将教研活动与学校课程教学改革联系起来？

四、引领教师成长

校长作为教师专业发展的第一责任人，不仅要尊重、信任、团结和赏识每一位教师，而且要尊重教师专业发展的规律，激发教师发展的内在动力，引领教师成长，最终让学校不仅成为学生成长的地方，而且成为教师成长和发展的地方。作为教师成长的引领者，校长要拥有关于教师成长的专业理解和认识，掌握引领教师发展的知识与方法，而且还要不断发展和提升引领教师成长的专业能力与行为。《义务教育学校校长专业标准》对"引领教师成长"的 10 项要求如下。

专业职责		专业要求
四 引领教师成长	专业理解与认识	31. 教师是学校改革发展最宝贵的人力资源，尊重、信任、团结和赏识每一位教师。 32. 校长是教师专业发展的第一责任人，将学校作为教师实现专业发展的主阵地。 33. 尊重教师专业发展的规律，激发教师发展的内在动力。
	专业知识与方法	34. 把握教师职业素养要求，明确教师的权利与义务。 35. 掌握教师专业发展的理论以及指导教师开展教育教学实践与研究的方法。 36. 掌握学习型组织建设的方法以及激励教师主动发展的策略。
	专业能力与行为	37. 建立健全教师专业发展的制度，推行校本教研，完善教研训一体的机制，落实每位教师五年一周期不少于 360 学时的培训要求。 38. 关注每一位教师的发展，指导教师根据自身发展特点制订专业发展计划，加强青年教师培养，支持教师轮岗交流，推进信息技术在教师专业发展中的应用。 39. 扎实开展师德师风教育，落实教师职业道德规范要求，严禁教师体罚或变相体罚学生，严禁教师从事有偿补课。 40. 维护和保障教师合法权益和待遇，关爱教师身心健康，建立优教优酬的激励制度。

专题导入

　　教师的成长和发展是不会自动实现的。的确存在一部分很自觉的教师，他们会自己确立目标，自觉规划职业生涯，但是不可否认的是，相当多的教师是缺乏这种自觉发展的动力和能力的。

　　一直以来，我们国家义务教育阶段，教师专业内部的变动机会少，岗位的流动性不大，而且随着教师入职门槛的提高，教师职业地位和待遇的提升，使得轻易退职和重新加入教师队伍的情况明显减少。根据中国教育统计年鉴相关数据推算，义务教育阶段 25 岁及以下专任教师比例，2001 年为 19.9%，然而到了 2011 年这个年龄组的教师人数仅占教师队伍的 6.6%。教师队伍的稳定，使得拥有丰富教学经验的教师增多，是一种积极的现象，因为学校和学生需要对工作有充分了解的有经验教师。然而，事实也告诉我们，许多教师进入了高原期，他们被困住了，他们驻足不前，他们找不到进一步成长和发展的机会。相信下面所描述的一所学校中的教师专业发展活动场景是大家不陌生的。

　　学校邀请了一所大学的知名教授为全体教师做一场关于"导学案"的报告会。报告会为时 90 分钟，会议预定在学生放学后的 10 分钟进行。然而，对一些没有准时来接学生的家长，教师必须电话提醒；一些学生作业上的问题，教师不得不课后辅导。同时，有一辆校车迟到了……这样有一部分老师在报告会之前，根本没有时间休息。

　　教授从很远的地方赶到了，在校长的引导下，进入了会场。老师们也陆陆续续地进入了会场，结果报告会比预定的时间晚了 10 分钟才开始。

　　一些教师对这个主题感兴趣，一些老师正在罗列回家前必须要做的事情，一些教师正在批改作业，有些正在看报，其余少数人只是坐在那里。

　　按照校长事先的安排，留出 15 分钟的时间用于提问和回答。没有老师发问，校长只得点名请了几位老师发表观点。90 分钟很快结束了。教授表示，如果教师有问题，他愿意留下来和教师讨论。有三四位教师留下了，其余的迅速离开了……

　　透过这一场景，我们想到的是什么？为什么精心安排的活动，效果却不如预设？为什么有那么多的教师不被吸引？背后的原因是什么呢？面对这样的教师，校长要成为教师发展的引领者，应该怎么办？

　　在中华人民共和国教育部颁布的《义务教育学校校长专业标准》六项专业职责中，引领教师成长是其中的一项，体现着校长的教学领导。换言之，校长要做教师发展的引领人，要达到这一专业职责的要求，需要校长的专业理解与认识、专业知识与方法，还有校长的专业能力与行为。其中第37条"建立健全教师专业发展的制度，推行校本教研，完善教研训一体的机制，落实每位教师五年一周期不少于360学时的培训要求"，第38条"关注每一位教师的发展，指导教师根据自身发展特点制订专业发展计划，加强青年教师培养，支持教师轮岗交流，推进信息技术在教师专业发展中的应用"，构成校长的第七项历练。第39条"扎实开展师德师风教育，落实教师职业道德规范要求，严禁教师体罚或变相体罚学生，严禁教师从事有偿补课"和第40条"维护和保障教师合法权益和待遇，关爱教师身心健康，建立优教优酬的激励制度"，构成校长的第八项历练。

第七项历练

建立研训制度　关注教师发展

　　学校是教师成长的最重要场所，以学校为本位的教师培训是教师专业发展的重要方式，是教师群体共同为解决教学实际问题，利用集体智慧跨越个体障碍的一种合作成长的有效途径。据不完全统计，我们国家已经有一些地区的教师需要通过校本培训获得的学时已经占了全员培训总学时的50％。如何让校本研训真正有效，真正对教师的成长有作用，需要校长制定制度，有意识地对学校的校本研训课程、研训方式、监督评价等方面进行研究、规划和设计。

　　本项专业历练包括六所案例学校，它们在开展校本研训、建立制度、促进不同教师成长方面积累了成功的经验，也有一些值得商榷的地方，期待能够给校长带来思考。

案例一："磨炼"理念引领下的师资队伍建设

以制度创新推进"磨炼"理念引领下的师资队伍建设，其依据是青江中学"磨炼出素质，磨炼助成长，磨炼促发展"的核心办学理念。设立以教师专业发展阶段目标为重心的校本研训制度，使教师成长成为一种专业生活方式，是学校对教师专业发展的导向和期望。

学校本位研训制度的主要思路有三条：①紧紧抓住责任、爱心，设计并完善"师德研修评价制度"，促进教师的师德水准提高。②创设"教师专业发展制度"，促进教师在课堂教学实践中提升专业水准，缩短职初教师、经验教师、骨干教师的成长周期，让更多的教师尽快成长为研究型教师乃至区级名优教师。③完善教师"磨炼—发展"能级目标评比制度。

1. 师德研训评价制度

以责任和爱心为重点，研究建立便于操作的师德研训机制，探索师德评价方式，并逐渐形成制度。

（1）日常师德考评制度：从日常教育教学工作中抽取、筛选能够衡量师德水准的若干重要因子，制定日常师德水平测评标准，并实施常规考评。

（2）应时性师德专修制度：从一年中梳理出有利于师德研训的重要时机，比如教师节、五四青年节、学校教学节、艺术节等，确立相应师德研修主题，开展师德研修活动。结合有关法令法规的颁布实施以及国际、国内的重大事件，开展专项研修，提高师德水平。

（3）年度师德研训制度：按照上级部门关于师德建设的常规要求，结合本校教师队伍的实际情况，每学年初拟订相关计划，年底进行必要考评。除坚持并创设教师职业道德专项培训、"磨炼—成长"教育论坛、班主任工作经验交流活动、青年教师班主任工作带教等研修品种。还要因地制宜，立足实际，选准主题，开发有特色的项目。

2. 教师专业发展制度

（1）教师发展连环制度：对职初教师的适应性发展，主要通过"师傅带教的新手成长制"，以师徒结对的传统方式，让新手的教学知识有效转化为教学能力，促进经验的快速形成；经验教师的专业发展通过"专家介入的教育视导制"，由校内本学科资深教师组团进入课堂视察、引导，贴近观察并严加剖析，不断提炼经验，促使较快成长为学科骨干教师；骨干教师的专业发展则通过"名师引领的合作伙伴制"，由校内外知名教师跨学科组团实施合作互动，平等切磋，对课例进行细致而深入的探究，强调反思的作用，促成教育科研能力的提高，成长为研究型教师；研究型教师的专业发展主要通过"自主完善的项目研修制"，学校引导他们积极申报各级各类课题，系统研究教育教学问题，自行物色专业理论导师，实行自主研修、自主完善，要求出经验、出理论、出思想，并积极争取成为区级名优教师。

（2）教师交流考察制度：学校倡导走出去、请进来的校本研修方式，为教师教育科研创设良好的交流平台。建立教师交流考察制度，有计划地安排相关教师外出学习、考察、交流，同时邀请一些国家和地区的教育教学专家来我校讲学。继续完善对外教学开放日制度，邀请区内外同行、专家来校参加专题研讨活动，畅通交流渠道。适当安排教师储备，安排专项资金，保障教师学术交流的正常进行。

（3）教师专业扶持制度：对区级层面和校级层面的项目工作室进行指导与管理，及时总结项目研究成果，对一些有价值的思想、经验、方法进行必要论证，成果一经鉴定通过，应逐步予以推广。鼓励项目工作室之间的交叉渗透，拓宽研究领域。可适当聘请校外专家指导工作室开展工作，争取早出成果。

（4）教师课堂磨炼制度：以专业引领与行为跟进为关键的"行动教育"模式为教师课堂磨炼的主要方法，并形成制度。

（5）教师"对话"研修制度：让教师学会与文本对话——研究教材及各类教学资源，善于汲取，敢于质疑；与他人对话——审视并探寻可资借鉴的经验，学会欣赏普通人的成果；与专家对话——将自己的教学实践及体会与专家的理论做对接辨析，寻求理念的支撑与引领，获得专业认知的提升；与自己对话——通过专业日记记录教学体验，常反思，促提高，在不断否定自我中完善自我。

3. 名优教师评比制度

教师是教育改革、教育发展和教育教学实践的主体和关键，只有教师获得了较大发展，学生才能有相应发展。学校应全力支持并保障教师的可持续发展，并以教师的有效发展促进学生的不断发展，最终达成学生发展的最大化。

教师的发展应该是在内在需求驱动和外部机制创设的双重合力下不断磨炼完善的过程。为缩短职初教师、经验教师、骨干教师的成长周期，让更多的教师尽快成长为研究型教师乃至区级名优教师，学校拟订了适合教师专业发展的操作性较强的评比制度。

能级层面	第一层面	第二层面	第三层面	第四层面	第五层面
专业群体	职初教师	经验教师	骨干教师	研究型教师	区级名优教师
教龄设定	0—1 年	2—5 年	6—9 年	10 年及以上	10 年及以上
专业发展保障制度	师傅带教的新手成长制	专家介入的教育视导制	名师引领的合作伙伴制	自主完善的项目研修制	区级以上项目(课题)研究
专业发展鉴定方式	学校认定	由校"萌芽杯"教坛新秀磨炼评比产生	由校"成长杯"教学能手磨炼评比产生	由校"发展杯"学科示范教师磨炼评比产生	区级评比,学校认定
组织实施	教导处、教研组、备课组	教导处、教研组	教导处	校长室	区教育局
认定时限	一年一次	二年一次	二年一次	三年一次	三年一次
认定教龄	1 年	2 年及以上	6 年及以上	10 年以上	10 年以上
人数比例	全部	部分	部分	部分	部分
相应荣誉	认定后部分教师报区教育局提前转正	优胜者获校教坛新秀称号	优胜者获校教学能手称号	优胜者获校学科示范教师称号	优胜者获区各类名优教师称号及校首席教师称号

道理与点评:校本研训制度以规范性的文件形式,系统地总结和固化了人们长期以来在学校本位的研训活动和相关方面所积累的行之有效的方法,也在一定程度上反映了不同地区、不同学校在教师培训中的先进经验。这些规范性文件所建制的监督制度,对于保障研修活动的有效展开,防范、抑制乃至杜绝研修中的消极因素,当会生发有效且久远的功用。

校本研训制度是对实践中研修活动经验的提炼、升华,有"概要"与"信息浓缩"的特征,以简略形式传递着相关信息。从经验到制度文本的形成过程,是一个从感性认识提高到理性认识的过程,要体现一定的客观规律,需要有正确的理论指导,有科学价值,要克服随意性。在实践中,我们要切忌"抓入篮子即是菜",将所有的经验都变为文本化的制度。

校本研训活动有效展开的制度是多样的,富有活力的制度安排也应该是整体的、统筹安排的,各种制度之间相互关联、相互支持。这意味着"只有相互一致和相互支持的制度才是富有生命力和可维系的，否则，精心设计的制度很可能是高度不稳定的"。实践中，我们要谨防"勤于出台各种制度，而疏于考量制度的有机整合与统筹"。

当我们要求老师履行某些义务时，应先赋予他们相应的权力。很难想象，教师的各项权益都没有得到保障，会自动积极地履行义务或承担责任。校本研训制度的制定要充分从教师的需要出发，唯有如此，才能焕发起教师参与研训、主动发展的热情。研训制度不能只是向教师提要求，而是更多地考虑如何让教师在行使权力时，自觉地履行义务和承担责任，因为这是提升制度执行力的要素之一。

案例二：让教师打开教室的大门

青溪中学的王校长用了整整五年的时间让教师打开课堂：每天每节课每位教师可以不打招呼地走进任何一个教室相互听课。通过"看别人的课堂，说别人的课堂；看别人的课堂，说自己的课堂；看自己的课堂，说自己的课堂"，教师的心态开放了，教研氛围浓厚了，课堂效率有了显著的提高。

1. 看别人的课堂，说别人的课堂

为了开阔教师的视野，学校不惜人力、财力，创设一切条件让老师们外出听课学习。尤其花大力气组织全体教师赴华东师范大学进行了为期三天的先进教学理论学习和全国、市级优秀展示课的观摩。外出前，学校以学科组为单位分别召开务虚准备会，向老师明确既看别人的课堂如何开展，又要思考别人课堂中的亮点。学习回来后，每位教师写成书面体会，在学科组内对所观摩的课进行评价交流，并邀请教研员参与研讨，在校内积极营造向他人课堂学习的氛围。

2. 看别人的课堂，想自己的课堂

在外出取经、交流、实践的基础上，后一学期，学校再次组织全校教师赴华东师范大学进行为期三天的学习、观摩。出发前，明确要带着实践中的困惑、问题去听。回来后，先把学到的东西用于自己的教学中，实践两周后，结合学习和实践，每人写成书面体会，先在学科组内交流，然后扩大到跨学科组交流，最后每组推选出代表在全校交流，并邀请教研员参加，结合我校的课堂现状，提出建设性意见。

3. 走进别人的课堂，改进自己的课堂

经过一系列的学习，审视自己的课堂，老师们的教学视野开阔了，心态逐渐开放了，对课堂开放这一形式不再排斥。

在此基础上，学校把面广、量大、时时发生在师生身上的常态课作为改善教学的活教材，利用本校教师资源的差异性、丰富性特点，推出了全方位开放课堂的举措，让每位教师在广泛的听课、被听的过程中，主动地发现存在于自己教学中的问题，主动地反思自己的教学行为，主动地更新自己的教学观念。学校还在听课的数量、范围方面做了一定的规定，设计了听课反馈表，联系自己的教学，对所听的课指出优点、缺点，并提出建议，以此来促进听与被听双方教学的改进。教导处每周收齐听课反馈表，将听课情况做一反馈公布。

课堂打开了，怎样进一步确保开放的质量和效果？学校接下来的工作是：以听课质量为抓手，让课堂开放从活动化走向制度化，从形式走向内涵。

4. 建立听课制度，优化课堂开放过程

听课制度建设是课堂开放这一校本教研形式有效开展、持续发展的保障。在听课数量、学科范围方面，我们的思考是：不同教龄的教师，专业发展的需求侧重点也应是不同的。

教龄	0—3 年	4—6 年	7 年及以上
所听学科	本学科为主	本学科、跨年段为主	本学科、跨学科、跨年段
初高中互相听课	不少于总听课数的 3/10	不少于总听课数的 2/5	不少于总听课数的一半
任教学科	语、数、英、理、化、体	每周不少于 2 节	
	其他	每周不少于 3 节	
任教毕业班考试学科		每周不少于 1 节	
音体美学科	音或美	每学期不少于 1 节	
	体育	每学期不少于 1 节	

5. 通过学习寻找解决途径

听完课后，要求听与被听双方进行交流，以实现互动双赢。考虑到在常态课的听课前后，教师间往往缺少共同坐下来交流反思的大块时间，因此，除在听课前后以口头形式简短交流外，学校又设计了听课交流表，围绕着听课主题，听课教师将自己的听课收获和建议，以书面形式反馈给被听教师。这样做的用意，一是迫使教师学理论，二是促使了教师间的相互学习。

道理与点评：一线教师由于长期埋头于以重复为特征的日常教育生活，往往安于现状，对时时发生在自己身上、周围的教育教学问题习以为常。俗话说：当局者迷，旁观者清。教师间相互听课、相互评论是一种好办法。但无论是让别人走进自己的常态课堂，还是自己走进别人的常态课堂都是需要勇气的。为了让教师以积极的心态打开课堂，我们做了一定的先期准备和部署。

从上面的实例中，我们看到课堂开放的过程，是充分利用学校教师间的差异，把个体差异当作可利用、可生成的资源，优势互补的过程，教师与教师、个人与群体间不断地进行着探索性的实践，并在过程中发现问题，互学互进、合作创新，营造激励教师内在需求的工作环境，唤醒教师潜在的研究意识，让每位教师置身于充满专业自觉的氛围中，勇于欣赏、乐于欣赏、学会欣赏，进步和发展得更快。当然，是否用课堂开放的方式并不重要，只要激发教师职业发展的内驱，支持他们找到并发现自身差距，什么方法都行。于是从这点出发，以怎样的方式支持和保障教师寻找差距，在找寻到差距以后怎么支持教师有目的地学习、进修就显得格外重要了。

案例三：学校知识主管——校本研训的中介

2005年下半学期，安高路小学引进了一位特级教师。这位老师有着近二十年的教龄，小学语文学科出身，由于平时涉猎的领域广泛，所以眼界开阔，知识渊博，而且该老师对于教学有着相当深入的研究，为人也相当的热情、谦和。校长任命她为学校知识主管。

1. 洞察教师的知识缺失，组织学校各级各类教育教学共享活动

由于教师的很多教育观念是隐性的，因此，如果教师缺乏自我觉察的敏感性，一般情况下就难以觉察到。经验告诉我们，教师的一些隐性的信念和价值观往往会通过其情绪状态反映出来。比如，我们发现部分教师缺乏正确的教育认识，认为教师对孩子不凶不行，不然没法控制学生，因此课堂上常会出现师生不和谐的一幕，事实上这折射出部分教师内隐的权威主义的师生关系观。学校知识主管在做了充分调研的基础上，设计了一次全校性的"理性表达喜怒哀乐，构筑和谐师生关系"的知识分享活动。

活动主题：理性表达喜怒哀乐，构筑和谐师生关系			
活动目的	1. 通过知识分享，总结经验，提升教职员解决棘手问题时的实际操作能力。 2. 通过专题的知识分享活动，提高师生缔造和谐的师生关系的能力，打造安高路小学"和谐"品牌。		
活动形式	分组座谈、专题沙龙、案例分析、网上交流		
实施步骤		**时 间**	**备 注**
组织教职工座谈：回忆自己的经历，挖掘成功的经验，倾诉存在的烦恼。		4月8日	梳理成功经验，提出"理性发怒"的学生教育。
讲座：教师如何赢得学生(朱老师)		4月15日	专家报告引领
讲座：表扬和惩戒(教科院：吴老师)		4月29日	专家报告引领
以年级组为单位、跨学科对"理性发怒"做初步的探讨		5月13日	知识的交流与分享
教师们上网交流，学校对各种做法进行梳理，形成《教师教育工作条例》		5月20日	知识的整理与创新，形成更高层次的知识成果

之后，学校要求教师在交流后认真整理交流资料和个人体会，因为这是把隐性知识转化成显性知识的过程，这个转化过程是学校特色知识的形成过程，也是知识创新过程的关键，而学校知识主管则在其中起专业支持的作用。

在这里，首先，学校知识主管想方设法为老师们提供交流的"场"，促使老师们自主发现自己已有的、但并未意识到的隐性知识，并使这种发现逐步由无意识转为有意识。其次，学校知识主管通过深入一些知识共享活动，如教研组长培训会议、教育教学主题沙龙活动等，把发现的零散知识上升为学校系统知识。最后，学校知识主管借助学校网络平台，不断将所挖掘提升的知识上传知识库，充实完善学校知识库，把相应教师需求的知识通过网络传递给相关教师，校园里充满了寻找知识、挖掘知识、交流知识的学习氛围。

2. 通过校长与知识主管的每周例会，不断为学校管理提出决策建议

学校知识主管以其特有的视角不断发现教师中的典型事例，并为校长提供决策支持。比如说，在学校五十年校庆之后，学校知识主管发现有位教师为自己缺少教学成果感到发愁，而在这次校庆活动中她为班级里联系了七辆车，不仅解决了本班的学生接送问题，也为其他班级解决了难题。于是学校知识主管把这一典型事例以及搜集到的类似典型事例向学校领导汇报，建议学校决定在校庆结束后开了一次校庆活动回顾会，将校庆活动中好的经验加以宣传、总结，而这位教师也以《由七辆车看和谐家校关系的建立》做了典型发言，后来经过整理，此文发表在《徐汇教育》上。

道理与点评：知识主管这一概念是从企业引进来的，学校知识主管与企业知识主管不同，学校知识主管是在学校知识管理中开展挖掘知识、归纳知识和提升知识的共享活动，使学校教师在这一过程中最大限度地实现专业发展。对于学校来说，教学知识管理有一个很重要的职责，就是和老师一起找到他们的知识缺失和差距，制定学习日程，实现发展。当然，不同的学校可以有不同的途径，"借一双慧眼，找一个外援"大概是个不错的办法，但这是需要研训制度予以提供和完善的。

这个案例给我们的启发是：学校在制定研训制度时，必须关注"从教师的需求出发"。近年来，校本研训受重视的程度越来越高，但似乎很多效果并不尽如人意。原因就在于没有按照教师的需要，来选择研修的内容。如何根据教师的需要，来安排研训的主题，选择研训的内容，一个很重要的关键要素是识别教师知识中的差距，即发现教师的知识、能力与需要完成的任务之间的差距，辨清这些差距的方向，厘定合适的学习规划。于是，如何发现教师知识的差距，寻找弥合差距的"材料"（知识、能力、经验等），并据此而形成相应的学习规划，成了校本研训制度需要支持和提供的另一个基本关注。从教师的需要出发涉及两方面的内容：一是如何帮助、支持教师识别知识的差距；二是如何制定适合教师需要的研修规划，形成学习日程。这两者都为研训活动的有效展开提供了保障，属于校本研训关联性制度的范畴。

案例四：让教师心里的想法流动起来

盘结路小学校长，在学校的一次"关于现代教学技术实务系列"的培训活动中了解到：学校教师掌握现代教学技术的水平参差不齐，用同一的内容安排统一的培训，不仅作用不大，而且容易造成教师的反感。校长巧妙地运用"信息卡"解决了这个问题。

第一步，发布信息。校长请老师根据自己掌握多媒体、运用软件的情况，先填写一张"会"的信息卡，发布到"艺友信息栏"上（黑板、墙面等一切可以利用的平面，都被用来充当"艺友信息栏"）。

第二步，找老师，招伙伴。校长请全体老师浏览信息卡上的内容，选择自己需要的学习信息项目，在"艺友信息栏"旁签上自己的名字。此举的目的是让"不会"的老师们找到了自己满意的培训老师，"会"的老师找到了自己的共同的学习伙伴。

接下来，校长将从信息栏上招募到的"艺友"老师组织起来，就本次培训的教学目标的设计、教学进度的安排、学习效果的评价等细节问题做了详细的安排，然后组织具体的研修活动。

每次研修之后，学校就会组织教育信息超市活动，鼓励老师们用信息卡发布自身的困惑、经验，能或不能的做法，于是每张信息卡总会链上一串信息。

这一期培训活动，老师们在"找"和"招"的信息流动中，每个人吸收现代信息技术、输出现代信息技术的能力都得到了提升。"信息卡"帮助校长找到了有针对性地开展校本研修的途径，让教师的需求、研修目标有了外显的载体。

道理与点评：盘结路小学的信息卡以其小巧、便利、实惠等特色，很快地被老师所接受，"信息卡制度"也成为学校校本研修制度的特色。信息卡使教师在个人独立研修中生成的想法（信息）在群体共同研修的活动中流动起来。当信息卡介入到研修过程之后，校长和老师之间、老师和老师之间关于研修什么、怎样研修、和谁研修、研修的怎样等问题和信息，都明晰起来，一张又一张的信息卡中记录了教师们各自独特的想法、经验，也链上了其他教师的共鸣和建议。

事实上，"让教师心里的想法流动出来"是发现值得分享的想法、见解和实践的第一步，除了信息卡之外，还可以通过指定专门小组开发技术程序和标准、论坛等其他方法来实现，其关键是在坦率和相互帮助中，让教师个人的知识流淌出来，解决每个人面对的真正问题，进而教师和教师之间建立起信任和互惠关系。

由于校本研训是教师群体共同为解决教学实际问题，利用集体智慧跨越个体障碍的一种合作成长的有效途径，因此，发现值得分享的想法、见解和经验，以原有的基础为起点是校本研训制度建设的一个重要方面。如果我们仔细分析的话，不难发现这些都是直接关乎校本研训有效展开本身的，是属于校本研训本体性制度范畴的。原有基础为起点意味着两方面的内容：一是充分发掘已经存在的、有价值的经验和想法；二是对教师原有的经验和知识基础有一个"盘点"。

案例五：教学观摩——学校骨干教师历练之平台

东方学校创建于 1994 年，近年来，学校的师资队伍结构状况发生了变化：部分优秀教师退休或调离学校，新教师逐步充实到学校的各个学科教学岗位上。学校、教师的发展出现了高原期，尤其是那些教学上相对成熟的经验教师。对他们而言，已有的教育教学经验使他们能得心应手地驾驭课堂，而课堂上的"惯性"操作使他们中的相当一部分发展意识淡漠、发展动力缺失、专业成长疲劳、专业提升受阻。这些教师在教育教学方面尚未形成自己较为明显的特色和风格，在专业领域中的影响力还不够，尤其是对外的影响力不够大。学校的发展、课程改革的新形势在为教师提供机遇的同时，也对教师提出了更大的挑战。如何激发教师的专业发展动机，让专业发展成为教师的自觉行为？如何为教师的专业成长创设条件、搭建舞台？学校必须做出回应。

根据既往经验，学校确定了"骨干先行，带动全体，提升研修品质，促进专业发展"的工作思路，开展骨干教师校内开放课堂的实践与探索。

当时学校的思考有两点：第一，通过开放课堂，激发骨干教师自主发展意识，让他们在实践中真正感悟新课程理念，提升实践智慧；另一方面也为其他教师(尤其是新手教师)搭建学习、观摩、研讨的平台，形成全校性、开放式的研修氛围。

第二，注重课堂磨炼，实现从理念到行为的转移，事实上学校很多老师对新课程理念的接受只是一种认同，还没有真正成为教师的一种行为，理念与行为之间存在着较大的落差，如何使理念切实转变成教师的课堂实践，引导教师研究课堂、研究教与学大概是一个不错的方法，而课堂开放则成为一个具体的可操作的策略。

"如果一件事真的对老师有帮助，老师是愿意投入的，愿意做的。校本培训要为老师创设一个安全的、信任的、允许犯错，更有利于发展的氛围"。

道理与点评：校本研训是教师群体共同进行的解决问题的活动，需要重视群体智慧，但也需要教师个体的个性发挥，没有个性，就意味着没有创造。没有创造的群体只有简单的复制功能，而不具备持续创新能力。一个群体、一个团队，不仅仅是人的集合，更是能量的结合，它的精神实质是要充分利用和发挥团队所有成员的个体优势去做好工作。一个群体的综合竞争力来自群体成员专长的合理配置，只有营造一种适宜的氛围，不断鼓励和刺激群体成员充分展示自我，最大限度地发挥个体潜能，团队、群体才会迸发出巨大的能量。如何在校本研训活动展开的过程中，发展适合教师个人特长的多样化途径，绝对是研训制度需要关注的要点之一。

案例六：捕捉教师实践智慧的网络平台

近日，高逸路小学开发了"高逸路小学知识管理系统"软件，网络知识库为知识的积累和共享开辟了新的途径。

1. 建立学校网络知识库

在教师个人知识积累中，该软件设立了"教师专业发展手册"，在这个栏目中，有"我的课堂教学教案、我的教育工作案例、我的论文随笔、我的专业培训资料"等，旨在引导教师及时收集、整理、保存个人教育教学资料，留下自己专业发展的足迹。学校教师点击不同的栏目就可以分享其中的内容：你可以查找历年来的优秀教案，查找需要的教育教学课件，查找学校教师的经验总结加以学习、运用，实现了个体知识积累后的群体共享等。

2. 设计方便和激励教师使用的网络使用技术

为了便于教师使用，在系统中，教师只要根据各个输入提示进行输入，相应的内容就会自动生成，同时该系统为教师提供了查看、修改、运用功能。如点击"详细"可以看到具体的内容，点击"编辑"可以对内容进行修改，点击"删除"可以删除这项内容。如需要分享，教师可以把有价值的内容复制下来。每个栏目都有这样的功能，方便教师自己的上传、查阅和修改。

教师每提供或点击一份有价值的共享材料，软件都会给予一定的星星奖励，人气指数的反应以及自动生成"××专家"的称号予以激励促进。同时也便于校长室的管理。

3. 设计以共享知识为目标的网络寻呼系统

如果说"教师专业发展知识手册""学校专业知识库"是预设的、静态的知识积累与共享的平台，那么"知识地图"则是生成的、动态的知识积累与共享的平台。

工作中，教师如果碰到问题，求助身边的人也不能及时解决时，就可以把求助的对象范围扩大，除了电话联系，更快捷的途径是进入"知识援助"平台向同伴求助，因为这里面储存着同伴相关方面的经验和方法。老师进入"知识援助"平台，逐次点击"选择问题—点击添加—回答问题—进行提交"。马上不同背景的教师针对同一个呼救内容回应出各不相同的回答。事后，提问教师可以把同伴的回答进行梳理，选择最佳答案，在实践中进行应用。所有的提问和回答在学校的"知识门户"都可以反映。

道理与点评：当我们仔细揣摩高逸路小学的"知识管理信息系统"时，发现它本质上是对学校教师知识进行"盘点"的一种手段，是形成学校教师的"知识地图"的过程。这种操作简便的知识共享系统，使教师个人的经验转化为学校的显性知识，学校内部的知识资源得到充分的利用和共享。

"知识盘点"是指针对教师发展和教学实践的需要，通过有计划的知识梳理和流程设计，对教师的知识进行盘点。这种盘点是对教师教学中关键知识资源与核心优势的调查，既能为有意识地挖掘学校内的人力资源优势提供引导和方向，又能为达成校本研修的预期目标，提供可资利用的经验与做法。

具体来说，在研训活动中，当教师们把自己认为值得分享的想法、见解和经验都"一股脑地贡献出来"时，我们通常会发现有许多重复与紊乱。"把房子整理得井井有条"，重新组织所有的资料，是件重要而又有诱惑力的工作。但一般情况下，这项工作不能给研训活动带来活力。因为，注重当前的问题可以激发很高的热情，从而把教师的激情焕发出来，而整理繁重的文件的责任很容易扼杀热情，它会成为教师的一项负担，成为要完成的另一个任务或者说杂务琐事。但事实上，在校本研训中，将教师已经有的经验和想法整理成系统的文件是重要的，是研训制度必须要关注的。如何保障这项重要工作得以进行，绝对是需要制度规约的。

第八项历练

落实师德规范　维护合法权益

　　对义务教育阶段的中小学校长而言，第八项历练主要体现为"落实师德规范，维护合法权益"两方面的要求，每个要求之后又各有若干具体的做法。

　　本项历练共有三个案例。案例一呈现的是校长如何以案例分析和讨论为师德培训的方式；案例二呈现的是校长如何让学校教师在工作中有归属感和幸福感的行动；案例三呈现的是学校如何基于项目运作的绩效管理机制促进教师专业自觉养成的实践。

　　案例呈现了不同的校长在"落实师德规范，维护合法权益"方面的行动。这些行动有其不同的背景，过程中也带着自身的鲜明特色，期待他们的经验能给大家带来一点启示。

案例一："教师就是要保护好学生"

东方学校在学校的一次师德培训中，将本地区一所高中贾老师的事迹作为学习内容。学校在校园网上公布了贾老师的基本情况，以及东方学校的姜校长与贾老师所在学校的吴校长的一段对话。

吴校长：贾老师，有着二十一年教龄的经验老师，认识她的老师，都会讲出很多她的感人事迹，在本区颇有"明星范"，2012年她被评为市园丁奖获得者。翻开对贾老师的介绍，是这样一段文字："三年一个轮回，无论付出多少的时间与精力，我所求的仅仅是六月的如释重负。所谓'如释重负'，就是让更多的孩子带着健康的心态走向他们向往的新起点。"带着这份寻求"解负"的心，她在每一个三年中负重而行。2009年6月，98％的一本率将那个"如释重负"演绎得近乎完美，而当又一个三年不期而至的时候，她知道一切又该重新归零。面对崭新的班级，面对50张意气风发的笑脸，她感觉压力越发沉重。她从拿到那个档案袋的一天起，就开始规划新的三年。2012年她又一次交了出色的答卷。

姜校长：是不是因为贾老师的升学率高，才评为园丁奖啊？

吴校长：学校在对贾老师曾经帮助过的学生进行采访时，收集了很多感人的故事，写成了文字稿。但是贾老师看后，坚决不同意发表。于是，抽去许多感人的细节，结果就剩下了98％一本率的如释重负。

姜校长：为什么不同意发表？有细节的报道不是更有说服力吗？

吴校长：贾老师说，老师不能为了表现自己的崇高或先进，而不顾及学生的隐私或者贬低孩子在成长中的过失。老师就是要保护好学生。

东方学校在学习贾老师事迹的过程中，抛出了两个问题：①你觉得贾老师为什么能够获得市级"园丁奖"？②你认为教师的师德是什么？要求以年级组为单位，引发全体教师参与讨论。同时在内网上，附上了四份资料：《中华人民共和国教师法》；《教师资格条例》；《中学教师专业标准》；希波克拉底誓言①。安

———————

① "希波克拉底誓言"是二千四百年以前诞生的古希腊医学职业道德圣典，这一誓言很可能在希波克拉底之前已经以口头的形式存在，在医生中代代相传。希波克拉底也许是第一个把这一誓言用文字形式记录下来的人。几千年来，这个誓言早已跨越希腊的国界为全世界所广泛接受。几乎所有医学生，入学的第一课就学习"希波克拉底誓言"，而且要求正式宣誓。

排学校中层领导对其中的相关内容进行了解读。在一次固定时间的教工学习中，姜校长还特意请来一名教授做了师德规范的讲座。

活动持续了将近两个星期，老师们讨论得很热烈，他们在讨论贾老师的同时，又提出了很多教育教学上的细节，比如说课堂上老师不经意的一句话，就可能伤害了学生……最后，学校教师们基本达成一个共识：师德不是空洞的"高大上"，而是实实在在的，体现在教师最细微的行动之中。

道理与点评：当前，许多学校都感到师德教育容易走入"假大空"的误区，苦于如何在师德教育中提高教师参与的积极性，如何去提升师德教育的实际效果。东方学校的师德教育不局限在对师德典型的空泛的学习上，也不仅仅是报告和材料的学习，而是通过从师德典型中挖掘出深层的普遍的教育问题，引导教师将自己与这些问题之间建立关联，即"典型案例引导——有目的的学习——结合自身的反思"途径，引导老师更深层次地思考教师职业理想和职业道德问题。

从实质上说，师德提升，重在自觉。只有教师用心体会了教师职业道德的要求，才能将这些要求内化为自己的思想和言行。东方学校通过问题导向的方式，引发集体讨论，较好地实现了教师反思和师德自觉。

案例二:"让我们的老师走向丰盈和幸福"

2012年3月,在古美学校的一次教育研讨活动上,第一次来参与指导的华师大专家团队对师生们所呈现的状态欣喜不已。"来到古美,从师生们的眼睛里,我们感受到了一种独特的气息,让人激动、感动。""你们的老师精神状态真好!那么主动、好学,浑身洋溢着一种教育的激情。"

2012年10月,资深的督导室督学来学校,由衷地说:"古美变了,不仅是学校外观的变,更可喜的是人的状态的变,这种变化,带来了古美办学品质的不断提升。"

学校发展的关键是教师,教师发展了,学生和学校才能发展。这是古美学校这些年来,一直在积极思考和试图回答的一个命题。刘校长很坦然地说:"我希望古美教师能安安心心,最好能开开心心地工作、学习和生活。"为了这份安心和开心,校长和她的班子成员用心地想了很多办法,进行了多方面的尝试和探索。

行动一:培养生活情趣,唤起教师的生命激情

第一,解决老师们的心态问题。学校开设"教师心灵成长工作坊",几年来,分别面向班主任、青年教师、党员教师、全体教师各层面进行了团体心理培训。教师们在游戏体验、讲座中,在与同伴的分享交流中,积聚、滋生幸福的正能量,提升自身对幸福的感受力。学校还鼓励老师们参加心理咨询师的培训,培养本土专家。欣喜的是,现在学校已有5位国家二级心理咨询师,以他们为核心,学校成立了阳光心理社,并与街道的心灵坊结对,定期、不定期为我们的老师、学生、家长服务,开讲座、个别咨询、网上答疑等,特别受欢迎。

第二,培养教师健康多彩的生活习惯。一线老师工作量大,"忙"是共同的感慨。一到学校,老师们似乎就像个陀螺,转了就停不下来,而且一有空闲就喜欢抓学生,搞得大家筋疲力尽。如何帮助教师建立健康的工作和生活方式?学校以支部组织的"党员示范岗创建"活动为契机,采用党员自我申报的方式,确立了三个项目:五行操俱乐部(早上)、太极乐园(中午)、羽毛球队(四点后)。这三项活动由三位党员领衔,支部倡导人人参与,每天可任意选择一项运动。由于是倡导,一开始门庭冷落,响应者寥寥,学校要求党员先培植核心队员,形成骨干力量,然后主动邀请老师们来体验。慢慢地,队伍越来越壮大。由于采用的是滚雪球的方式(自愿卷入),而且是抱团式的运

作(如果哪天不来,成员们会主动询问),所以老师们不仅锻炼了身体,而且在别样的组织形态中有一种归属感、温暖感,所以特别受大家的欢迎。现在,三支队伍是校园三道亮丽的风景线,在不同的时间段老师们享受着运动的快乐。受此启发,学校继而成立手工制作组、茶艺社、读书会、旗袍社、二胡组等。课间午后,不同社团的活动,不仅发展了教师个体的兴趣爱好,让教师带着愉快的情绪、积极的状态,投入到工作中,而且丰富了教师的生活,又在有别于教研组、年级组等工作性质的集体组织中感受着群体交往的快乐。

第三,引导教师提升建构生活情趣的能力。学校以年级组为单位,在统一配置办公桌椅后,要求办公室的"软装"由教师自己筹划,要求凸显"净化、绿化、美化、文化"。结果,九年级主题是茶文化,办公室一角放着老师们置办的茶具,一有空闲时间,几位善于茶道的老师泡好工夫茶,在QQ上发布邀请,其他组室教师就会欣然前往;八年级主题是香道,走进他们的办公室,一股幽幽的香气扑鼻而来,沁人心脾。四年级的办公室空间较大,几位教师动脑筋辟出一个角落,在办公间隙可以健康运动做瑜伽,不仅努力工作,更加健康身心。老师们由衷地说:"办公室比家还要舒服,每天工作在这样优雅的环境中,能不愉悦吗?"教师节,学校还举办了"快乐大家庭、情趣满校园"的教师厨房才艺大分享活动。每位教师准备一个拿手菜,好多老师现学现卖,气氛之热烈、情绪之高昂,让大家欲罢不能。老师们还饶有兴趣地建议:要评出古美十大点心、十大素菜、十大荤菜,以后专家领导来,我们来招待,呈现我们古美老师别样的风采。

行动二:引领教师学会琢磨,形成研究共生体

教师是专业性很强的职业,要让教师获得真正的开心,必须要让教师享受到研究与创造的快乐。学校在尊重每一个教师专业成长需求的前提下,建立价值引领培养机制,对教师"激一把""推一把""托一把""拉一把",为他们搭建了一系列有效的专业发展平台。让教师体验这份职业的幸福,让他们在教育实践中,获得发展,获得成功,真正体会到教师职业的尊严和快乐。

第一,搭建引领性平台,"借脑"引进专家资源,提升教师的眼界。几年来,我们借用了很多专家的"脑子"和资源来开拓老师的视野,提升教师的信心,教科院、华师大、上师大等专家的团队都先后在古美扎根,让我们的老师学会"聚力",给了大家信心。教科院专家团队帮助学校重点打造了两个校本培训项目——课例研究、学科领导工作坊,促进中层团队的学科领导力和执行力,教师的专业化水平得到提升。上师大王教授的语文学科专题研究,

推动了学校语文教研组和语文教师的快速发展。华师大的"新基础教育"更是给学校研究带来了"质"的变化和提升，以一套成型的教育理念和实践做法帮助学校实现全面转型，学校教师获得了更多资源和发展的机会。

第二，创造研修性平台，让老师练习"运力"。如果说引领性平台是围着专家"公转"的聚力过程，那么研修性平台则是注重"自转"的运力过程。

一是建立日常化研究机制，实施"养鱼"计划，有目的地培养一批学校的"鲶鱼"（即骨干教师）。基于薄弱学校引进鲶鱼的可能性几乎为零的现实，刘校长和她的领导团队在自身范围内找苗子，把一些有想法、有行动、有效果的教师作为重点对象，通过给路子、磨方子、找对子、搭台子等方式，帮助他们成为"鲶鱼型人才"。因自产自销，教师的认同度特别高，现在学校已经培养了一批苗子。

二是创新常规工作的策略。举一个例子，就拿最常见的政治学习来说，每周一次的学习是雷打不动的，那么怎么怎么学？学校经历了一个过程：从基本上是校长、书记的二人转，以布置工作、提要求为主；到挤出点时间设立"美之声"论坛，让部分教师说；到现在的中小学两个教研组、年级组、支部、工会、青工委、非行政性组织等学校各类组织自我申报的方式，用各种形式呈现老师们在学习、研究、生活等方面的进展与状态。这种形式转变的背后是理念的转型，重心下移，把学校有限的时空还给老师，让他们真正做研究的主人。效果特别好。

第三，提供展示性平台，让教师有机会"发力"。为了扩大教师在校内外的辐射力，学校开展"小荷杯"青年教师教学评比，为优秀骨干教师成立工作室，举行每月一次的"古美之莲"评比，举行"有效教师发布会"、开展师德标兵评比，为教师创造展示风采的机会，将他们往更高的层次托一托。利用新基础教育生态区课堂研讨的机会，每学期学校都主动申请一次大的生态区内开放性活动，通过节点性展示，把更多教师推到前台，让他们在区域内更大的平台上展示，每次的展示过程都是培养一个骨干教师的过程。

因为教师的发展，学校这几年办学取得了一些成效：教师的生命状态和学生的学业成绩与过去相比有了质的飞跃，师生的生命状态日益勃发。学生在各类市区竞赛中获得佳绩；原本在区域基本垫底的学生学业成绩在逐年提升，五年级毕业抽测和九年级中考整体实力跨入区域中三分之一学校行列以上。现任中学部主任王老师说："以前就求'过得去'，反正是薄弱学校，我们老师也没啥发展的想法和行动。现在不同了，大家都憋足了劲想把学校办好。人家行我们为啥不行？"

　　道理与点评：教师是最需要激情的，如何让教师充满正能量？以往我们更多会关心每天工作得怎么样，但很少关注作为完整个体的教师的另一面，即他们的生活怎么样。古美学校对教师发展的思考，不仅仅只有教师专业发展的思考，在关注教师心灵、培养健康生活方式、提升生活情趣方面下了功夫，让老师们心态平、兴趣多、情趣浓。试想，当一个人生活在一种充满关心、彼此信任的关系中时，我们已经没有必要阐明什么宏大的道理，但是，彼此之间就有责任促进各自的发展，进而达成共同的发展，任何棘手问题都可以在此迎刃而解。

　　教师是专业性很强的职业，要让教师获得真正的幸福，必须要让教师享受到研究与创造的快乐。美国心理学家弗雷德里克·赫兹伯格（Frederick Hertzberg）在 1959 年出版的《工作的激励》一书中，提出"保健因素——激励因素理论"。他从"工作条件"和"工作自身"两方面研究影响员工对工作积极性的因素，并将这些影响因素分为两类，即"激励因素"和"保健因素"。他认为"保健因素"与工作环境和条件因素有关，是指与职工不满意情绪有关的因素，如公司政策、行政管理和监督方式、工作条件、人际关系、地位、安全、薪水和个人生活等。激励因素是指与职工满意情绪有关的因素，主要与工作本身的特点和工作内容有关，如工作富有成就感，工作成绩能够获得社会的认可以及职业上能够得到发展等。

　　若管理者试图消除工作本身所带来的不满意因素，一个组织内部可能拥有短暂的好的效果。如公司的制度和政策、人际关系和物质条件等因素，得到充分改善时，人们没有了不满意感，但是它们不能起到激励员工的作用。但如果注重成就、认可、工作本身、责任和晋升等激励因素时，员工的工作满意感会大大增加。

　　事实上，在一所学校中也是如此。改善教师的工作环境和条件，能消除教师的不满意因素，但真正能激励教师的是"工作自身"给教师带来的成就感。换言之，校长不仅要关注教师的工作环境，更要引领教师的发展，让教师在工作中感受到自信、成就、幸福。古美学校如此做了，短短的几年，古美在变，这变化的背后关键是教师的发展和变化。教师的幸福有作为完整生命个体的幸福，也有作为教师这一特定身份的职业幸福。

案例三：基于项目运作的绩效管理机制

作为一所不断进步的学校，林宝路第三小学探索了一种利用项目运作成果进行绩效管理的机制，以此促进教师的成长。

1. 机制一：变条线管理为项目管理

（1）变条线纵向式管理为扁平化分级管理

传统的条线纵向式管理是一种单一的纵向管理，它的基本管理路线是层层分割：校长室——分管行政——具体部门——部门分管领导——具体教师，路线长，层级多，是一种线性的状态。基于项目运作的绩效管理改变金字塔式的垂直管理，体现扁平化分级管理，节点落在各个部门；强调部门系统，缩短指挥链，将传统的垂直管理改为依托项目的扁平化分级管理。管理路线如图 4-1 所示。

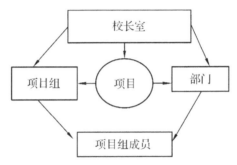

图 4-1　扁平化分级管理路线

绩效管理的管理部门主要是项目组和分管部门，依托项目对项目组成员进行管理，从校长室——项目组/分管部门——项目组成员，减少了管理环节，有利于提高管理效率。项目组/分管部门的职责是督促派出的成员完成其分担的子项目，他们两者对项目的管理权是同等的，也可以起到互相补充和支持的作用。

（2）变条线分割为年级组自治

传统的条线分割式管理是以学科为单位，自然形成教研组，由教导处学科分管领导，进行教育教学活动。其长处是汇集同学科的教师进行教研活动，能产生教学共鸣，解决一系列课堂实际教学问题；其短处为忽视儿童年龄心理特征，对某些因年级差异而产生的问题无法给出解决途径，在教学问题的处理上还不是太明显，在教育问题上尤其显得突出。

基于项目运作的绩效管理变条线分割为年级组自治，年级组不仅是学校规章制度的具体实施者，还是学校年级横向管理的重要决策者、管理者，具有一定的自主权和自治权。年级组自治是在学校宏观管理下，相对独立地决策管理本年级的班级、教师、学生，管理本年级的班主任工作、教师教学工作、学生学习、纪律、生活、卫生、思想品德等。

2. 机制二：岗位设置动态生成

(1)行政职能分工的动态调整

调整中层行政部门分管结构，教育、教学相互渗透；岗位兼容，团队合作，实现学校行政岗位不断层的可持续发展，进行管理人才的培养。比如说，学校的教导轮岗，就是绩效管理改革中的一次尝试，它除了培养和锻炼干部队伍外，还有对绩效管理的思考，轮岗让学校看到每位教师发展的潜力和绩效。

(2)组长负责制的动态变化

一直以来，学校里有年级组长、教研组长、工会组长，现在课题研究又有了项目组长，这些组长岗位设置是否太过烦琐？组长们如何适应各种角色？又如何协调关系？怎样的工作机制才更有效？学校根据绩效管理体制的特征和项目运作的特点，将年级组长和工会组长合二为一，实行年级组自治，教研组长、年级组长一学期一聘任，项目组首席根据项目竞聘。

出于工作量分配和绩效考核的分配考虑，这三类组长中，教研组长、年级组长原则上不重复担任，但可以出任项目组首席。

3. 机制三：将岗位津贴改为项目津贴

(1)删减不必要的岗位设置和经费支出

学校通过听取群众意见、行政会讨论、提交教代会通过，对一些常规工作进行改革，删减不必要的岗位设置和经费支出，精减人力、物力，将原有的经费用到需要的地方，提高工作效率和工作热情，按劳分配、优质优酬。

(2)每月津贴变成数值可变的、人员可变的津贴

鉴于学校规模不大，每个年级仅四个班级，所以教研组长除语文按学科、按年级段来设置，即一、二、三年级和四、五年级各设一个组长外，其他学科只设学科大组长，强调了学科组长对小学阶段本学科教学的全面理解和掌握；强调了教研组长站在学科本位的高度，对教材有系统性的梳理和指导性的引领。除此以外，将工会组长和年级组长合二为一，强调了年级组长的功能提升。将每月不变的200元津贴变成浮动的、数值可变的、人员可变的津贴。

4. 机制四：将日常工作布置变为项目生成

(1)工作任务项目化

将工作任务变成项目，但不是随便哪件工作都能成为项目，至少要符合三点：有方案、有过程、有考核；可视化、可预估；着重于"效果"与"效率"。满足这三点才能成为项目。

从没有正式开始和结束的"工作"变成有头有尾、有方案、有过程、有考核的具体"项目"，让日常工作具体化、可视化、能随机调整，并通过项目首席负责计划、执行、控制、考核，落实学校绩效管理，特别讲究"效果"与"效率"，受到管理者和所有老师的推崇和欢迎。

(2)将对工作的督促变为项目推进

当日常工作转化为项目后，从三个维度加以推进项目时间维度的指引，按项目各阶段的时间节点(月、周、日)，明确各个时间节点所要完成的工作内容；项目阶段维度的指引，按项目各阶段的工作内容(前期阶段、落实阶段、小结评估阶段)，明确各阶段所要做的事情。厘清工作流程，明确各阶段之间的逻辑关系。明确各阶段工作内容、如何开展以及应注意的问题；项目绩效维度的指引，项目各阶段的绩效预设(项目计划书，过程例会，成果展示互评，感悟自评，绩效奖励)。通过计划管理、过程监理，以期收获有质量的项目，使项目达到或超过预期水平。

5. 机制五：学校管理文化的引领

(1)健全学校文化制度

学校发动全校老师、学生以及家长为学校文化建设出点子、想办法，鼓励老师及学生在文化方面创新，并据此形成文化管理制度。根据制度，学校制定了特色班级风采展、校园广播角、教师教学大比武等活动制度，加大了教研文化、班级文化在创新程度上的考核量化分值，这种用文化制度来引领学校管理的方向，可以说是学校管理工作的大胆创新和突破。

(2)读书启迪师生心智

学校出资购买教学理论书籍、及时掌握教育前沿最新动态，鼓励教师们读好书、做笔记、写心得；举办一系列与读书相关的项目活动，如教师读书论坛、师生经典阅读交流等，不仅给师生搭建起了提升自我、升华境界的平台，为管理者和教师全体搭建起沟通心灵、交流思想的桥梁，也为项目活动丰富了内容，更为学校的持续稳定发展储备了源头活水。

（3）研修文化催助成长

构建绩效管理机制下的校本研修文化，促进教师专业成长，让研修文化成为学校管理文化中至关重要的一部分。

道理与点评：全国义务教育阶段普遍实行绩效工资制度，其中70%是绩效工资，30%是绩效奖励。绩效工资的指导思想和原则是：推进建立科学长效的分配激励机制，吸引和鼓励各类优秀人才长期从教、终身从教，促进义务教育事业持续健康发展。学校绩效工资坚持"按劳分配、优绩优酬，公开、公平、公正、科学合理"的原则，按劳分配看绩效、看贡献。但是在学校绩效管理实践中，这些美好的愿望在现行制度中较难实现。现实中，学校大多重视绩效评价指标的建立和对校长、教师等人员的绩效考核，忽视绩效管理中的目标设定、沟通、反馈等其他重要环节，导致管理人员与教师、考核人员与被考核人员之间的对立、矛盾、冲突，花费也大，使人力、物力、财力的绩效考核常常流于形式。要让绩效工资真正发挥作用，需要一个可以操作的平台，更需要一个有力的机制保障，来确保绩效管理在学校的顺利运行。

林宝路三小的项目是指在一定的约束条件下（主要是限定时间、限定资源），具有明确目标的一次性任务，是在一定的时间和一定的预算内所要达到的预期目的；是组织机构通过扁平化的管理，采用团队的方式来完成的任务。学校基于项目运作的绩效管理机制，通过过程化的管理，落实项目的平衡、调控和评价，建立立项、审批、实施、评估、推进的模式，从其产生、操作流程、过程监理到评价考核，都有完善的机制流程，分工明确、完成度高、绩效明显。具体而言有以下三个特点。

1. 从目标到责任人

基于项目的绩效管理评价与学校发展战略都具有相关联系，学校发展目标通过组织结构体系分解到各个部门单元，与对应的责任人挂钩。所以，不仅学校各部门、各管理者要落实对学校发展的责任，项目首席和他的团队也在尽心尽职地为学校的发展做贡献，他们对项目目标的践行，正是学校发展不可或缺的。

2. 从出发点到终点

学校发展以规划为起始点，每学期工作为落实规划而预设完成时间。因此，学校对项目也有从任务出发点到终点的要求，一方面，明确部门间的协作，并对协作部门相互间的配合提出具体要求；另一方面，按照时间节点，推进项目本身和绩效管理的实现。

3. 对目标责任的一致认可

因为所有项目的立项和运作，都是基于学校的办学理念，所以基于项目运作的绩效评估方案一定是有助于学校发展的。因此，无论是学校的工作目标，还是项目的工作目标，也一定是一致的、承上启下的。

知识与理解

引领教师成长，体现着校长的教学领导。校长作为学校的管理核心，在理念、品行、知识、能力与行为等方面担负着引领、支持、服务教师成长的责任。为此，校长要成为教师发展的促进者，作为教师专业发展第一责任人，主动研究教师专业成长规律，指导教师设计个人专业发展规划，建立促进教师专业发展的管理机制，打造教师专业发展的各种平台，构建教师学习共同体，最终实现教师个体和群体层面的专业提升和发展。

(一)知识与方法

校长需要掌握的有关引领教师成长的专业知识与方法包括：把握教师职业素养要求，明确教师的权利与义务；掌握教师专业发展的理论以及指导教师开展教育教学实践与研究的方法；掌握学习型组织建设的方法以及激励教师主动发展的策略。

1. 把握教师专业素质要求，明确教师法定权利和义务

教师专业素质指的是对以从事教育教学工作为专门职业的教师的整体要求，它是教师从事教育教学必须具备的基本条件，是教师在教育教学活动中表现出来的、对其教育教学效果有决定作用、并对学生身心发展有直接影响的素质的总和。[①]国家相关法律文件对教师的权利和义务做出了明文规定，明确教师的权利与义务也是校长进行教师管理的重要工作。只有了解教师的权利才能有效地保护教师的权利；只有明确教师的义务，才能对教师提出合理的管理要求。

(1)教师专业素质的内容

根据国家颁布的《小学教师专业标准(试行)》《中学教师专业标准(试行)》，一名合格的现代中小学教师应具备三方面的素质，即专业理念与师德、专业知识和专业能力。校长是教师实现自身素养提升的引领者和支持者，必须对这三方面内容加以熟悉和掌握。

教师的"专业理念"指教师在理解教育工作本质基础上形成的关于教育教学的观念和信念；"师德"是指教师和一切教育工作者在从事教育活动中必须

---

① 林崇德，申继亮，辛涛．教师素质的构成及其培养途径[J]．中小学教师培训，1998(C1).

遵守的道德规范、行为准则和情操品质①。国家颁布的两个标准(即《小学教师专业标准(试行)》与《中学教师专业标准(试行)》)均从职业理解与认识、对学生的态度与行为、教育教学的态度与行为、个人修养与行为四个领域，对教师提出了明确的专业要求。校长在进行教师管理过程中，必须根据国家所指定的教师专业标准要求，对全校教师进行专业理念与师德方面的培养与考核，确保学校全体教师都能具备良好的职业道德和专业精神。

教师专业知识是教师专业发展的重要组成部分，是支撑教师教育教学的基础。教育的最终目的是为了促进学生的发展。教师的专业知识水平不仅影响着教育教学工作的开展，而且影响着学生的学习。随着我国基础教育新课改的深入实施，对广大教师专业知识水平提出了更高的要求和挑战。具体而言，现代教师需要具备教育知识、学科知识、学科教学知识以及通识性知识。

教师专业能力是教师专业发展的重要内容，是教师顺利开展教育教学、促进自我发展的根本保证。根据国家颁布的教师专业标准要求②，现代教师应该具备教学设计能力、教学实施能力、班级管理与教育活动能力、教育教学评价能力、沟通与合作能力以及反思与发展能力。

(2)教师的权利与义务

权利是个人拥有的法定自主性和应得的利益，义务则是公民在政治、经济、法律以及道义上应尽的责任。《中华人民共和国义务教育法》以及《中华人民共和国教师法》对教师的权利与义务进行了明确的界定。

《中华人民共和国义务教育法》对教师权利与义务的界定表现在以下几条。

第二十八条　教师享有法律规定的权利，履行法律规定的义务，应当为人师表，忠诚于人民的教育事业。全社会应当尊重教师。

第二十九条　教师在教育教学中应当平等对待学生，关注学生的个体差异，因材施教，促进学生的充分发展。

教师应当尊重学生的人格，不得歧视学生，不得对学生实施体罚、变相体罚或者其他侮辱人格尊严的行为，不得侵犯学生合法权益。

第三十条　教师应当取得国家规定的教师资格。

国家建立统一的义务教育教师职务制度。教师职务分为初级职务、中级职务和高级职务。

---

① 教育部教师工作司．中学教师专业标准(试行)解读[M]．北京：北京师范大学出版社，2013：53．

② 即《小学教师专业标准(试行)》和《中学教师专业标准(试行)》。

第三十一条　各级人民政府保障教师工资福利和社会保险待遇,改善教师工作和生活条件;完善农村教师工资经费保障机制。

教师的平均工资水平应当不低于当地公务员的平均工资水平。

特殊教育教师享有特殊岗位补助津贴。在民族地区和边远贫困地区工作的教师享有艰苦贫困地区补助津贴。

第三十二条　县级以上人民政府应当加强教师培养工作,采取措施发展教师教育。

县级人民政府教育行政部门应当均衡配置本行政区域内学校师资力量,组织校长、教师的培训和流动,加强对薄弱学校的建设。

第三十三条　国务院和地方各级人民政府鼓励和支持城市学校教师和高等学校毕业生到农村地区、民族地区从事义务教育工作。

国家鼓励高等学校毕业生以志愿者的方式到农村地区、民族地区缺乏教师的学校任教。县级人民政府教育行政部门依法认定其教师资格,其任教时间计入工龄。

《中华人民共和国教师法》对教师权利与义务的界定表现在以下几条。

第七条　教师享有下列权利:

①进行教育教学活动,开展教育教学改革和实验;

②从事科学研究、学术交流,参加专业的学术团体,在学术活动中充分发表意见;

③指导学生的学习和发展,评定学生的品行和学业成绩;

④按时获取工资报酬,享受国家规定的福利待遇以及寒暑假期的带薪休假;

⑤对学校教育教学、管理工作和教育行政部门的工作提出意见和建议,通过教职工代表大会或者其他形式,参与学校的民主管理;

⑥参加进修或者其他方式的培训。

第八条　教师应当履行下列义务:

①遵守宪法、法律和职业道德,为人师表;

②贯彻国家的教育方针,遵守规章制度,执行学校的教学计划,履行教师聘约,完成教育教学工作任务;

③对学生进行宪法所确定的基本原则的教育和爱国主义、民族团结的教育,法制教育以及思想品德、文化、科学技术教育,组织、带领学生开展有益的社会活动;

④关心、爱护全体学生,尊重学生人格,促进学生在品德、智力、体质等方面全面发展;

⑤制止有害于学生的行为或者其他侵犯学生合法权益的行为，批评和抵制有害于学生健康成长的现象；

⑥不断提高思想政治觉悟和教育教学业务水平。

2. 掌握教师专业发展理论与知识，指导教师开展教育教学实践与研究

校长必须了解教师专业发展的相关理论和知识，并将其与学校实际相结合，避免凭经验办事，使教师专业发展的管理工作建立在相关的理论基础上。

（1）教师专业发展的理论与知识

教师专业发展的相关理论与知识主要包括教师专业发展的内涵、内容以及教师专业发展的阶段理论。

教师专业发展的内涵，指所有旨在形成教师所需的专业知识、技能及其他教师专业品质的活动过程。具体来说，教师专业发展包含下列要义①：①教师是专业发展的主体，教师专业发展要突出教师的主体自主性，没有教师的主动参与和自主发展，就没有教师专业发展。②教师专业发展是一个多向度的发展过程，应该包括教学信息、教学活动的改变。③教师专业发展要经历不同的发展阶段，具有阶段性特征，每个阶段都有不同的专业发展特点和需求。④教师专业发展过程，是一个连续的、需要通过不断学习与探究而逐渐成为成熟专业人员的过程，这个过程要贯穿于教师的整个职业生涯。

教师专业发展的内容包括彼此联系、相互作用的三个子系统，即教育专业知识、教育专业能力和教育专业精神②。教师专业知识是指教师在教育教学过程中，进行有效教学必须具备的知识、技能等的总称。主要包括"教什么"的知识和"如何教"的知识。教师的专业能力即教师必须具备的从事教育教学的基本能力，是指教师必须达到教学目标、取得教学成效所具有的潜在的可能性，它由许多具体的因素组成，反映出教师个体顺利完成教学任务的直接有效的心理特征，这些能力通过教育教学活动来体现并保证教育教学活动的有效进行。教师专业精神是指教师对教育工作产生认同和承诺之后，在工作

---

① 王卫东. 教师专业发展新探——若干理论的阐释与辨析[M]. 广州：暨南大学出版社，2007：21-23；赵明仁. 论教师专业发展的再概念化[J]. 教师教育研究，2007(4)：1-5. 宋广文，魏淑华. 论教师专业发展[J]. 教育研究，2005(7)：71-74. 王鉴，徐立波. 教师专业发展的内涵与途径——以实践性知识为核心[J]. 华中师范大学学报（人文社会科学版），2008(3)：125-129. Linda Evans. What is Teacher Development? *. Oxford Review of Education*，vol. 28，No：1，2002. pp. 123-137. 等等.

② 任学印，高玉峰. 校长与教师专业发展[M]. 保定：河北大学出版社，2012：10-17.

中表现出认真敬业、主动负责、热诚服务、精进研究的精神。广义上的理解，还应该包括教师的道德情操和品格情操。① 概括而言，教育专业精神应该包括：教育理念、专业态度、师德、自我发展意识。

教师专业发展具有阶段性特点，在不同的发展阶段表现出不同的特征。在教师专业发展阶段理论中，比较典型的是美国亚利桑那州大学的伯林纳（Berliner）教授提出的教师成长五阶段发展理论。

①新手阶段：这一阶段是新手教师获取教学所需知识和技能的阶段。新手的教学行为是比较刻板的、不灵活的，往往遵从课本上的规律或专家教师传授的经验。在这一阶段，现实的、亲身的体验比口头获得的信息更重要。

②进步的新手阶段：这一阶段教师的教学经验在增加，并且能够将自己的经验与所学的知识逐步联系起来，但仍不懂得哪些教学环节是重要的。

③胜任阶段：能按个人的想法自由地处理事件，依据计划对所选择的信息做出反应。但教学行为不能达到迅速、流畅和灵活。

④能手阶段：这一阶段教师已积累了大量丰富的经验，具有较强的直觉判断能力，教学技能方面接近了认知自动化的水平。但决策时，仍带有分析性和随意性。

⑤专家阶段：专家型教师处理问题是基于对教学情境的观察与直觉性的判断，不需要进行仔细的分析和思考，凭借他们的经验便能准确地发现问题，并采取适当的解决方法。他们对教学情境中的问题的解决不仅达到了快捷性、流畅性和灵活性的程度，而且已经达到了完全自动化的水平，在没有意外发生的情况下，不需要有意识的努力就可以处理遇到的各种教学问题。

除了柏林纳的教师专业发展五阶段理论外，还有其他数种较具代表性的划分模式②。

---

① 饶见维. 教师专业发展：理论与实务[M]. 台北：五南图书出版公司. 1996：204-206.

② Ivor F. Goodson and Andy Hargreaves, *Teachers' Professional Lives*[M], Falmer Press, 1996; Stephen J. Ball and Ivor F. Goodson, *Teachers' Lives and Careers*[M], The Falmer Press, 1985; Thomas R. Guskey and Michael Huberman, *Professional Development in Education*[M], Teachers College, Columbia University, 1995; 饶见维. 教师专业发展——理论与实务[M]. 台北：五南图书出版公司，1996; 陈美玉. 教师专业学习与发展[M]. 台北：师大书苑有限公司，1999; 教育部师范教育司. 教师专业化的理论与实践[M]. 北京：人民教育出版社，2003; 叶澜，等. 教师角色与教师发展新探[M]. 北京：教育科学出版社，2001. 等等.

例如：西克斯(Sikes①)的五阶段理论、卡茨(Katz②)的教师发展时期理论、休伯曼(Huberman M. ③)的教师职业周期主题模式、富勒(Fuller④)的关注(concern)阶段理论。

在国内，对教师发展理论提出了基于"自我更新"取向的教师专业发展理论，将教师生涯发展分为"非关注"阶段、"虚拟关注"阶段、"生存关注"阶段、"任务关注"阶段、"自我更新关注"阶段。

(2)指导教师开展教育教学实践与研究的路径与方法

校长促进教师进行教育教学实践与研究的路径主要有校本培训和培养反思型教师，方法主要有行动研究、课堂观察。

校本培训。校本培训是指导教师开展教育教学实践与研究的有效路径。校长可以发挥自身的知识与能力，给全体教师进行关于教育教学实践与研究方面的培训，也可以聘请校外专家或优秀教育工作者到学校里给教师指导和帮助。校本培训为全体教师提供了一个研讨和交流的平台，在这个平台上，校长是主要负责人，担负着引领、组织、指导和支持的义务。通过带领教师们开展专题研讨会、开发校本课程和教材、开设专业成长研讨班和特别研究小组等方式，促进教师在教育教学实践与研究方面的意识增强和能力提升。

培养反思型教师。以"反思"促进教师专业发展是当前教师专业发展较为前沿的一种取向。反思型教师应该是具备高水平的教育教学实践能力并掌握开展教育教学研究技能与方法的新型教师，校长通过反思型教师相关知识与培养方法的掌握，能够使其更好地实现引领教师成长的目标。培养反思型教师，校长需要从如下的几个方面入手：首先，校长要激发和提高教师的反思动力，培养教师的反思行为习惯，营造鼓励和支持反思的群体氛围；其次，校长要确定反思型教师培养的内容，探讨反思型教师培养的基本方式；再次，

---

① 西克斯根据年龄将教师的职业生涯分为五个时期：第一时期为21～28岁，第二时期为28～33岁，第三时期为33～40岁，第四时期为40～50/55岁、第五时期为50～55岁以后。

② 卡茨依据教学年资(即教龄)界定教师生涯周期，把教师的发展分为四个阶段：求生存期、巩固期、更新期、成熟期。

③ 休伯曼把教师的职业生涯分为五个时期，即入职期、稳定期、实验和重估期、平静和保守期、退休期。

④ 富勒主要依据关注的重点来划分教师生涯阶段，将其分为四个阶段，即教学前关注阶段、早期生存关注阶段、教学情境关注阶段、关注学生关注阶段。

校长要建立反思型教师培养的评价体系，建立完善的反思型教师培养制度保障体系；最后，校长要关注教师个体，创设合作学习的氛围，推动教师积极参与，共享教育资源①。

行动研究法(action research)。行动研究法是一种适合于广大教育实际工作者的研究方法。它既是一种方法技术，也是一种新的科研理念、研究类型。行动研究是从教育实际工作需要中寻找课题在实际工作过程中进行研究，由实际工作者与研究者共同参与，使研究成果为实际工作者理解、掌握和应用，从而达到解决教育实际问题，改变教师和学生行为的目的。

课堂观察。课堂观察包含听课和评课两部分，即校长定期进入课堂听课，对教师的教育教学行为进行观察和记录，并对授课教师给予反馈和建议。只有在课堂上，教师的教育教学素养和能力方有真实的体现。校长应该成为课堂的"常客"，同时建立和完善合理的反馈机制。只有通过听课、评课，校长才能真正了解学校教师在课堂教学中的真实表现，从中发现其存在的问题，并针对这些问题与相关的授课教师展开及时的讨论，从而提出解决方案，以有效提高教师教育教学实践的能力，最终提高学校的教育质量。

3. 学习型组织建设的方法，教师主动发展的策略

学习型组织的理念与实践已获得越来越多的关注和发展。学校作为学习知识的殿堂，在扮演知识提供者的角色的同时，更应该成为知识和学习的实践者与促进者。校长在引领教师成长的过程中，通过创建学习型组织，为教师提供合作学习、资源共享、交流研讨的环境与平台，并采取有效的激励策略，促进教师的专业成长。

(1)建设学习型组织的方法

"学习型组织"是这样一种状态，组织中的所有成员为实现组织共同的目标而一起学习与创新，从而使组织取得发展和进步②。在学习型组织中，个体通过真正的学习而得以体现生命的价值、重新创造自我、重新认识世界、提升自己创造未来的能力。除了强调组织中个体通过不断努力学习而取得进步以外，学习型组织还强调通过形成一个学习共同体，促进组织共同的目标和成功的实现。

---

① 鱼霞. 反思型教师的成长机制探新[M]. 北京：教育科学出版社，2007：221-248.
② 陈永明主编，朱益明著. 学校高绩效领导与管理. 校本教师发展[M]. 北京：新华出版社，2005.

　　学校中的学习型组织应有这样一些特点：第一，学习渗透到教师的每一件事情中，它是教师日常工作的常规组成部分；第二，学习是一个持续不断的过程；第三，合作是所有关系的基础；第四，每个教师个体是成长的、进步的，在此过程中影响着组织的进步；第五，校长和全体教师共同创造了这个组织；第六，组织向其自身学习，教师自己教会自己提升学习效率和质量。很显然，在学习型组织里，动机被看成是与生俱来的，学习是自愿和主动的事情，个体及其团队会自发确定自己的学习计划和进度①。在一所学校当中，高水平的学习型组织应该是一个全体教师树立共同学习意识、遵守共同成长制度、分享共同学校愿景、确立合作共赢目标的学习共同体。组织成员即教师之间相互帮助、相互促进，通过不断的主动学习、交流、分享经验和研讨，实现教师个体进步和集体进步，最终达成学校发展目标的实现。

　　校长应该努力将学校创建成为一所具有良好氛围的"学习共同体"，实现教师队伍素质和能力的整体提升，推动学校全面发展。为此，校长应从以下几个方面入手。

　　第一，校长必须明确自身角色定位。与传统的学校控制者和监督者的角色不同，学校学习型组织的校长应该是学习型组织的设计者、协调者、指导者和服务者。作为学校学习型组织的设计者，校长应对学校具体的发展现状进行系统分析，在广泛吸纳组织成员广泛参与的基础上，设计出学校学习型组织的机构框架和合理的建设制度。作为协调者，校长应将学校外部环境变化对学校管理变革的影响、学校发展目标以及教师成长的需求等因素进行充分的考虑，使它们实现有机结合、协调发展。作为指导者，校长应为学习型组织成员在实现共同愿景、改善心智模式、开展合作学习、实现专业化发展等过程中遇到的问题或困惑提供指导。作为服务者，校长应树立服务意识，为学校学习型组织的建设不断提供各种有效的支持与帮助②。

　　第二，校长应该培养组织对学习的良好态度和习惯。校长必须做"学习型校长"，将学习渗透到学校管理工作的每一件事情中，使学习与工作有机融合，做到"工作学习化"和"学习工作化"。"工作学习化"即把每项工作都视为一个学习的机会，从工作中学习新知识、新技能、新方法，并促进知识水平

---

① 孟繁华．构建现代学校的学习型组织[M]．比较教育研究，2002(01)：53-56.
② 程振响．学校学习型组织建设与校长专业化发展[J]．河北师范大学学报(教育科学版)，2004,6(5)：22-28.

的提高；"学习工作化"则指将学习视为一项必要的工作，通过不断地学习，使学习贯穿于工作的全过程①。具体来说，校长需要"营造一种支持学习者的氛围；确定能够利用的学习工具；懂得成年人的学习方式，用知识推进学习；使用多种方法评价教师的学习进展情况；清楚什么样的学习方式最适合自身的情况；鼓励每位教师成为终身学习者；鼓励教师要虚心学习；了解那些抑制学习的因素；知道如何激励教师学习"②。

第三，校长应该建立合理的奖励机制，以推动学习型组织的成长。校长在构建学习型组织时可采用如下奖励方式——"向参加学习的人颁发证书；在内部简报上发表有关学习体会的文章；对通过学习获得技能的人进行物质和精神奖励；在大会上给予表扬肯定；在学习时给予口头肯定；对团队取得的学习成绩予以奖励；对个人取得的学习成绩予以奖励；在管理层和团队召开的会议上安排时间汇报学习经验；工作绩效鉴定包括学习"③。

（2）激励教师主动发展的策略

学校学习型组织中的学习是教师主动追求的学习，教师的专业发展应该是教师主动追求的发展。因此，校长在学校管理过程中应从以下几个方面入手。④

校长从教师主体观入手，通过帮助他们形成正确的教育主体观，使他们在教育教学实践当中充分认识到自己的主观能动性、自觉性和创造性，从而自觉、积极主动地投入到自身专业发展的现实任务中。

校长从制度保障入手，赋予教师专业发展的自主权，让教师参与学校教育教学目标设定、政策的决策以及学校的课程、设备、教学等相关事物的专业判断，提升教师的教学自主。

校长从营造外部环境入手，为教师创设自由、民主的外部环境，通过组织教师开展专题研讨活动；课例的专业引领，行为跟进的全过程反思；打造学校与专家实践共同体，组建专家教师团队；将教师的教育教学实践与研究及其进修整合起来，以促进教师的自主专业发展。

---

① 魏磊，陈大超．论校长的学习领导者角色[J]．牡丹江师范学院学报（哲学社会科学版），2006(1)：80-83.

②③ 孟繁华．构建现代学校的学习型组织．比较教育研究，2002(01)：53-56.

④ 姜勇，洪秀敏，庞丽娟．教师自主发展及其内在机制[M]．北京：北京师范大学出版社，2009：242-246.

校长从指导教师入手，提高其实践反思和问题生成的能力。一方面，校长要形成提升教师的实践反思能力，促进教师自主发展的新路径——"教师自我发展的生涯设计→自我现状分析→理出阻碍自我发展的问题→教师自主学习→自主实践、自我体验→自我发现、修正、发展→同伴交流→专家引领→教师专业的自主发展"。另一方面，校长通过提高教师问题生成的能力，指导教师学会观察和反思以发现自身面临的问题，生成对自身有意义的实践性知识，逐渐形成先进的教育信念，完善自身的知识结构，形成反思能力。

校长从搭建交流平台入手，形成教师之间的信息交换、经验共享、深度交流和研讨自由、开放的对话和交流平台，发挥同行群体的自我培养功能，促进教师实现自主发展。

(二)理解与认识

校长应该树立正确的教师观，坚持以教师为本的理念，积极主动地采取各种措施和策略，营造一种融洽、信任和支持的环境，以学校为主阵地，为教师的专业成长提供坚实的平台和发展空间，并创设更多的机会、提供丰富的资源与充分的支持，激发教师成长的内在动力，引领教师实现自主发展。因而，校长应从如下方面进行努力。

1. 确立教师核心地位，秉承教师为本理念

教师是教育之本，是整个教育事业发展的基础。教育要实现发展，必须不断适应时代需求而进行改革；教育改革方案的实施和教育改革目标的实现，离不开强大的教师队伍力量的支撑。教师资源的有效配置和合理利用是实现义务教育均衡发展的关键，而教师队伍力量的壮大和质量的提升以及教师专业发展水平的提高，是保证基础教育任务高质量完成的根本所在。只有以教师为核心力量，推动教育事业向前发展，才能最终实现教育强国、人才强国的战略目标。从学校层面看，教师作为学校改革发展最为宝贵的人力资源，其队伍力量的强弱在很大程度上决定了一所学校的教育质量之优劣。校长要将教师视为学校发展的核心力量，坚持教师为本的理念，给予每一位教师以尊重、信任和赏识，并能团结每一位教师的力量，以共同努力实现学校发展。为此校长应该有这样的认识：

(1)教师是学生发展的直接影响者

在学校中，教师工作在教育教学的第一线，担负着向学生传递人类科学文化知识和技能，发展学生的身体素质和心理素质，对学生进行思想道德教育，用爱心和耐心把学生培养成社会需要的人才的重要责任。学生的发展高度依赖于教师的专业发展水平。只有教师拥有渊博的知识，掌握先进的教育理念和方法，才能"授之以渔"，使学生成为学会学习并乐于学习的人。

（2）教师是学校改革发展的最大动力

学校的改革发展离不开教师队伍的力量。教师是学校各方面发展的直接感受者，他们对于学校所存在的问题有着切身的体会，对学校进一步发展和完善的愿望有着强烈的需求。调动广大教师的积极性、主动性和创造性，重视教师资源的投入、开发和有效利用，将会对学校的改革发展带来强大的动力和助力。坚持"人才强校"的理念，把教师放在学校管理的核心地位，为教师的成长提供足够的空间和各方面资源的支持，激发广大教师的能动性，提高广大教师的参与度，是学校实现可持续发展的必要途径。

（3）校长须尊重、信任、团结和赏识每一位教师

校长必须始终坚持教师核心和教师为本的理念，以尊重、信任、团结和赏识的观念与态度来对待教师。

校长要尊重每一位教师。任何人都有被尊重的需要，教师也不例外。"尊师重教"是中华民族的优良传统，作为学校发展最重要的资源和核心力量，教师应该获得校长的尊重。校长要从理念、认识和情感上理解教师、体贴教师，尊重每一位教师的人格和心理需求，并尊重他们的劳动成果。

校长要信任每一位教师。"信任是开启心扉的钥匙"，信任影响着信息传递的有效性，当信息接受者信任传递者时，接受信息的可能性会更大（Adler & Rodman①）。相反地，人际间的不信任将会成为阻碍团队协作和组织向心力的绊脚石。因此，校长应该给每一位教师以信任，营造一种信任的校园文化和人际关系氛围。校长要掌握良好的沟通和人际交往技能，建立信息沟通的网络，增进彼此间的信任，有效地激励教师，促使教师尽职尽责地为实现学生的健康成长和学校的共同愿景而努力。

校长要团结每一位教师。学校的发展目标不是校长一个人的力量所能够实现的，也不是单个或少数教师的努力能够达成的。"团结力量大"是至理名言，校长需要团结每一位教师，推动教师全员参与，激励教师充分发挥自身的特长和优势，贡献自己的智慧和力量。将全体教师拧成一股绳，建立一支相互促进、协同一致、团结合作的、具有超强凝聚力的教师队伍，是实现人

---

① Adler, R. B. and G. Rodman. *Understanding human Communication*. Fort Worth, TX: Holt, Rinehart, and Winstons. 1991.

才强校的根本基础。

校长要赏识每一位教师。人类本质中最殷切的要求之一，便是渴望被肯定。获得赏识、赞扬和鼓励对于教师来说也非常重要，正如一位优秀教师说的："得到赏识的教师笑是甜的，不被理睬的教师笑是淡的，受指责和打击的教师笑是苦的。"① 校长应该赏识每一位教师，及时、恰当地对教师的工作努力和成果给予肯定和表彰。

2. 引领教师专业发展，创设校本发展平台

校长在教师专业发展过程中扮演着引领者的角色，对教师专业发展的实现负有第一责任。学校是教师开展专业活动的主要场所，是教师实现专业发展所依赖的主要环境，校长在引领教师专业发展过程中，要将学校作为教师实现专业发展的主阵地。为此，校长要遵循教师专业发展的校本原则，为教师提供学校的各类资源，促进教师专业发展的实现。

（1）坚持校本原则

校本原则指的是教师专业发展要立足本校实际情况，密切配合学校的发展需求，将学校作为教师专业发展的主要活动场所。引领教师专业发展，必须坚持校本原则，理由有如下三点。第一，各个学校有其自身独有的特征，并且所处的发展阶段不同，因此，教师专业发展的方向和紧迫性也有所不同。校长在指导教师专业发展时，要结合本校各方面的实际情况和教师的发展需求，设计适应本校校情的教师专业发展方案。第二，教师专业发展是学校发展的组成部分，其目标的设定必须适应学校的发展需要，使教师发展与学校发展需求相结合。第三，中小学的教学实践情境是教师最佳的专业发展活动场所，只有将学校作为教师专业发展的主阵地，才能最有利于教师实现快速、健康地成长。将教师专业发展活动安排在学校进行，能够使教师发展与学校的实际教学情境相结合，并根据学校的教学实践来进行主动探究。

（2）提供资源支持

教师专业发展需要一定的资源，校长必须充分挖掘学校的资源，在物质、信息和时间等方面为教师提供支持。①为教师开展教育教学和专业发展活动需要提供基本的物质条件。校长应重视对教师专业发展的投入，在分配使用学校的物质资源时，应树立教师发展优先的意识，尽可能满足教师专业发展的各种物质需求。②教师的专业发展在很大程度上依赖于有益而充足的信息。

---

① 吴新能. 让每一位教师都得到赏识[J]. 教书育人，2001(23)：46.

从一定意义上讲，教师专业发展的过程就是教师对专业信息的吸收、加工和利用的过程。因此，信息是教师专业发展所需的一种重要资源，校长应该通过多种途径和策略为教师提供信息资源支持。③时间资源是教师专业发展所需资源的重要组成部分。在支持教师专业发展活动上，校长除了要为教师提供正式的、有组织的、需要较长时间的培训机会，还需要在日常工作中合理运用课堂外的时间和机会开展教师专业发展活动。校长应该学会时间管理的策略，在学校内为教师专业发展提供必要的时间资源①。

3. 遵循专业发展规律，推动教师自主发展

教师专业发展的实质是自主发展取向的，其基础在于内在动力的激发。因此，在促进学校教师专业发展方面，校长在积极创设外部激励环境的同时，更需要关注教师内部动机的激励，通过促进教师的自主发展，解决当前部分教师缺乏自主发展意识、动机和能力的问题，从而最大程度地发掘教师的内在潜力。要实现教师的自主成长和发展，校长要关注反思型教师的培养和教师教学自主的推动。

（1）基于反思型教师培养的教师专业自主发展

教师的发展除了需要具备教与学所必需的知识与技能外，还必须具备对教育相关问题进行探究和处理的能力，具备能够提出问题、评价自身教育教学行为和效果，并做出决策的能力。说到底，就是教师必须具备反思的能力，努力成长为具有自主发展意识、能够承担起自主发展责任和义务的反思型教师。② 教师只有在不断反思的过程中，才能不断获得自身反思能力的提高，从而加快实现自身的自主发展和专业成长。

反思型教师指的是"在学习教育理论、借鉴他人和拥有自己的教育教学经验的基础上，教师为了保证教育教学的成功、达到预期的教育教学目标，而能够以自身的观念与教育教学实践活动中出现的疑惑和困境为意识对象进行理性的审视、分析、判断和选择，积极、主动地计划、检查、评价、反馈、控制和调节教育教学的全过程，积极改进自己的教育教学行为，主动承担起

---

① ［美］Marilyn Tallerico. 校长引领教师专业发展［M］. 卢立涛，等译．北京：中国轻工业出版社，2008：108-113. Phyllis H. Lindstrom，Marsha Speck. *The Principle as Professional Development Leader*［M］. Corwin Press，2004：81-87.

② 鱼霞．反思型教师的成长机制探新［M］. 北京：教育科学出版社，2007：13-14.

专业化发展的责任和义务，进而促进自我自主发展的教师。"①

反思型教师的成长能使学校获得一种长期发展的优势，校长应该增强培养反思型教师的观念和意识，以反思型教师的培养推动教师的自主发展。而反思型教师的自主发展不仅需要其成长过程中的主观条件，还依赖于外在的发展环境、机会及支持。为此，校长应该教会教师进行反思、改进教师培训模式、营造教师在反思中自主发展的学校管理氛围。③

（2）基于教学自主的教师专业自主发展。

教学自主是教师专业发展的重要制约因素，当前许多教师由于缺乏教学自主而表现出消极被动、被规定的职业特征。教学自主具有两方面的含义，一方面是教学自主性，即教师作为主体对自身的指导和支配，它是教师专业发展的内在动力；另一方面是教学自主权，即学校管理赋予教师的教学权利，它是教师专业发展的外在动力。校长要充分发挥内外动力的作用，因为这是实现教师专业发展的依据。而最重要的是要激发教师的教学自主性，它有助于使教师由"要我发展"转变为"我要发展""我能发展"的状态，从而主动地提升自身专业素养，实现自主发展。

教学自主性指的是"教师在一定社会规范和教育目的指导下，受内在动力的推动，积极调节和控制自己的教学活动的个性特征。"④ 它体现于教学全过程之中，在教学活动之前，积极确定教学目标、制订教学计划、设计教学方法，做好教学准备工作；在教学活动之中，对教学方法与过程积极地做出判断和调控，认真解决课堂中的各种问题；在教学活动之后，对教学结果进行自我评价和反思，对存在的不足进行自我补救。

校长提升教师的教学自主性，能够为教师教育开辟新思路，并有助于教师适应教育改革，最终实现学校的改革发展和教育质量的提高。提升教师的教学自主是对教师的教学价值、尊严和内在潜能的充分重视，是校长"以人为本"管理理念的体现。为此，校长应充分重视教师教学自主尤其是教学自主性的作用，以提升教师教学自主性为着手点，促进教师实现自主的专业成长和发展。

---

①③ 鱼霞．反思型教师的成长机制探新[M]．北京：教育科学出版社，2007：123-124，221-248．

④ 姚计海．教学自主：教师专业发展的动力[J]．中国教育学刊，2009(06)．

拓展阅读

1. 教育部师范教育司. 教师专业化的理论与实践[M]. 北京：人民教育出版社，2003.

2. 姜勇，洪秀敏，庞丽娟. 教师自主发展及其内在机制[M]. 北京：北京师范大学出版社，2009.

3. 卢正芝主编. 校长视域下的教师专业发展[M]. 杭州：浙江大学出版社，2010.7.

4. 任学印，高玉峰. 校长与教师专业发展[M]. 保定：河北大学出版社，2012.

5. 鱼霞. 反思型教师的成长机制探新[M]. 北京：教育科学出版社，2007.

6. [美] Marilyn Tallerico. 校长引领教师专业发展[M]. 卢立涛，等译. 北京：中国轻工业出版社，2008.

7. 王洁，顾泠沅. 行动教育：教师在职学习范式革新[M]. 上海：华东师范大学出版社，2007.4.

 思考题

1. 对于教师的专业发展，校长有哪些责任和义务？

2. 促进教师专业发展，应该从哪些方面着手？

3. 如何理解教师权利与义务的关系？

4. 如何激励教师主动发展？

五、优化内部管理

进入新的历史时期，诸多优秀校长在管理实践中表现的专业能力与行为说明，优化学校内部管理，不是按照校长个人的主观意志、价值取向和情感色彩来进行，而是强调坚持依法治校，自觉接受师生员工和社会的监督，倡导民主管理和科学管理。《义务教育学校校长专业标准》对校长"优化内部管理"的专业职责和专业要求如下。

专业职责		专业要求
五、优化内部管理	专业理解与认识	41. 坚持依法治校，自觉接受师生员工和社会的监督。 42. 崇尚以德立校，处事公正、严格律己、廉洁奉献。 43. 倡导民主管理和科学管理，坚持教书育人、管理育人、服务育人。
	专业知识与方法	44. 把握国家相关政策对校长的职责定位和工作要求。 45. 掌握学校管理的基本理论与方法，了解国内外学校管理的变化趋势。 46. 熟悉学校人事财务、资产后勤、校园网络、安全保卫与卫生健康等管理实务。
	专业能力与行为	47. 形成学校领导班子的凝聚力，认真听取党组织对学校重大决策的意见，充分发挥党组织的政治核心作用。 48. 尊重和支持教职工代表大会参与学校管理的民主权利，定期向教职工代表大会报告工作，实行校务会议等管理制度。 49. 建立健全学校人事、财务、资产管理等规章制度，提高学校管理规范化水平，不得违反国家规定收取费用，不得以向学生推销或者变相推销商品、服务等方式谋取利益。 50. 努力打造平安校园，建立和完善学校各种应急管理机制，定期实施安全演练，正确应对和妥善处置学校突发事件。

 **专题导入**

　　作为现代教育机构领导者与管理者的中小学校长，为了肩负起对学校进行有效的组织和管理的专业职责，在实行校长负责制的现行学校领导体制下，必须充分发挥党组织的政治核心作用以及教职工代表大会民主管理学校的职能，建立与实施学校各项规章制度，合理配置学校的各种资源，落实教职工的岗位职责，评估教职工的工作业绩，激励教职工的进取精神与行为，不断提升组织效能，达到优化学校内部管理的目的。

　　这就意味着校长在办学治校的总体格局上，必须依照国家的法律法规、党和政府的方针政策以及上级教育行政部门的规定与要求，充分发挥党组织和教职工代表大会在学校管理过程中的地位与作用，把握优化学校组织结构的原则、策略与基本方法，形成合理的权力分配与制衡关系。在学校常规管理方面，需要不断加强制度建设，充分发挥各项管理规章制度应具有的功能，采取正面激励的方式来提高学生的学习积极性与自主性、教师工作的自觉性与主动性。在学校成员的权益维护与纪律管束上，需要制定并实施保障教职工和学生权益的相关制度，掌握并运用学校教职工聘用、辞退与绩效考核的制度与程序，以避免教职工同学校之间利益矛盾的产生发展乃至激化；应清晰地理解与把握校务公开和信息公开的意义与程序，让学校的每一个成员充分了解其所在组织的目标和为实现目标的资源配置方式，尽量减少因信息不对称和信息失真而导致的组织涣散与低效率。在具体管理事务方面，随着中小学投入的日趋加大以及教育教学设施设备配置完善与技术含量不断提高，校长还需要了解学校财务预算管理与资产管理、设施设备安全与使用的制度与程序，监控、检查与评估学校各种事务及预算使用的实践效果；校长还应当了解校园危机处置的法律、专业常识与程序，承担起检查与改进学校安全规章制度的职责。

　　为此，校长作为学校领导班子的"班长"，首先，要处理好与同为学校主要领导者的党组织负责人的关系，认真听取党组织对学校重大决策的意见，充分发挥党组织的政治核心作用，进而形成学校领导班子的合力。其次，要充分发挥教代会在学校中的地位与作用，积极稳妥地推进教职工的民主管理和民主监督，并使之健康有效地进行；同时建立高效、务实的校务会议制度，使之成为实现学校科学管理与民主管理的决策机构，如制定学校重大问题的议事规则和程序，明确规范校务会议讨论重大问题决策的主要程序，以及重大问题决定后的明确分工与组织实施等。再次，建立起有效的组织控制系统，规范师生员工的学习与工作行为，合理配置人力、物力、财力等资源，并在学校管理过程中，建立健全学校人事、财务、资产管理等具体规章制度，并得到有效的施行。作为学校组织的行政负责人，校长对保护师生员工的生命安全和学校财产安全，责无旁贷，要在学校管理过程中将可能产生影响人员生命与财产安全的各种事故隐患消灭在萌芽状态。

由此，我们可以将对校长"优化内部管理"的专业职责要求，归结为第九项历练"凝聚班子合力，推进民主决策"和第十项历练"健全组织管理，打造平安校园"。

第九项历练

凝聚班子合力　推进民主决策

　　本专题提供的案例，反映了在新的历史条件下，一些优秀校长在优化学校内部管理方面所做的努力和探索。在严格遵循国家的法律法规、党和政府的方针政策以及上级教育行政部门规定与要求的基础上，通过构建公正、进取、合作、开放的学校组织文化，优化管理干部队伍，形成科学合理的权力分配与制衡关系，将学校内部管理权力的行使等级化、程序化、制度化；制定与实施合理的各项具体规章制度，对学校内部各部门与个人的学习与工作的规则、程序与方法，做出明确细致的规定，以领导和管理师生的学习与工作任务，测量与评价学生的学业成就，评估教师的工作绩效，决定教职工报酬的分配以及奖惩的采用等，从而使校长对教育教学及其他行政工作的全面负责落到实处。

案例一：完善干部队伍，优化决策机制

对于一所学校来说，学校领导者是学校组织变革和发展的引领者、组织者和推动者，以校长为核心的学校领导班子成员的思想素质、专业能力、团队精神的高低直接决定着学校管理的水平、教学质量的高低和内涵发展的程度。因此，在我国现行的中小学领导体制——校长负责制的背景下，校长如何进行领导班子建设、采用何种领导制度和决策方式，形成班子领导合力，直接关涉学校领导者能量的释放和学校组织发展的前景，也是衡量一所学校整体凝聚力和竞争力的关键所在。育新中学是 1997 年创办的一所公办现代化初级中学。2008 年 7 月，根据区域教育资源整合的战略布局，以育新中学为主体合并了邻近的其他两所中学，组成新的育新中学。在三校合并的背景下，面对原有三校的三套领导班子，如何进行优化重组，是摆在新任校长面前的首要任务。

1. 人力资源重组，优化干部队伍

育新中学校长与班子其他成员经讨论确立了学校干部公平、竞聘上岗思路，并制定学校干部竞聘的路线图，即"部门对接、过渡→干部素养讨论→制定竞聘方案→干部竞聘"。具体来说，第一步，就是合并后的新育新中学各职能部门保持原有的分工，以原育新中学的职能部门为框架归口对接，各司其职。以相互熟悉、增进了解为基调开展工作，让干群之间、干部之间有一个互动平台。一年过渡期后实施竞聘上岗。第二步，全校教职工对各个部门干部应有的岗位素养与职责要求进行大讨论。第三步，教职工代表大会审议通过《育新中学中层干部的基本素质和中层职位的岗位素养》《育新中学组织机构设置方案》《育新中学中层干部竞聘上岗方案》《育新中学中层以上干部考核任免办法》和《校长助理及校长副职竞聘上岗办法》等文件，将干部公开竞聘制纳入学校的管理常规，成为常态进行的干部选拔和管理制度。第四步，按照《育新中学中层干部竞聘上岗方案》，从方案公示、公开报名、资格审查、演讲答辩及民主测评、组织考核、校长任命等环节开展工作。

2008 年 8 月，育新中学在北区二楼会议中心进行三校合并后的第一次中层干部竞聘，最终新聘中层干部 11 人(含团队干部和人事干部)，干部队伍的人数大为精减；2008 年 10 月，学校在 5 名竞聘者中间公开选拔了 2 名中层副职，在 3 名竞聘者中公开选拔了 2 名校长助理；2008 年 11 月，学校在 10 名竞聘者中间公开选拔了 2 名中层干部，并通过轮岗的方式调整了干部队伍；

2009 年 12 月公开选拔了 2 名校长副职，并报上级教育行政部门批准；2010 年 1 月又在 4 名竞聘者中公开选拔了 1 名校长助理。每逢中层及以上岗位有空缺，必通过竞聘方式选拔已成学校选人用人的机制和惯例。

经过上述五次公开竞聘，组建和优化了一个由 14 人组成的育新中学的学校班子成员，其中高级教师 9 名，区学科带头人 3 名，区骨干教师 7 名，党员比例占 60%，其中教育硕士生就有 5 人，已初步形成了一支具有管理型、学术型特征的管理干部队伍，同时也为教师专业化发展起到了示范作用。

学校领导班子的组建和优化是学校领导体制建立的基础，而领导班子如何运作、采取何种领导体制和工作机制，是发挥领导班子团队力量的关键问题。是采用民主集中制，还是校长一人集权制，决定着学校的管理风格与效能。育新中学坚持学校领导班子的民主集中制，强化学校行政与党组织的协调与配合，提高班子运作质量、形成合力。在学校领导班子运作上，育新校长主要做到以下几个原则：第一，重视和发挥学校党支部的保证和支持作用，在学校重要问题决策时，主动征求党支部全体成员的意见，做到民主协商、集体决策。第二，尊重和听取教职工的意见和建议，实行校务公开，保障教职工民主管理、民主监督的权利。第三，重视发挥教学、德育副校长以及中层干部的领导力和执行力，扩大集体决策范围、提升决策的民主程度、凝聚更广泛的群体合力。

2. 加强党支部建设，发挥政治核心、支持和监督作用

在学校领导班子中，除了校长外，还有以党支部书记为核心的党组织，其肩负着学校工作的政治核心和保证监督作用。这一作用发挥程度如何，直接影响学校教学、行政工作的成效。

育新中学党支部内设 5 个党小组及其小组长，由以党支部书记兼任统战委员在内的 5 名党支部委员，领导全校 60 名党员，着力在深化学校的教育教学改革和学校的中心工作中起到很好的政治核心作用。第一，引导师德建设。育新中学重点抓好中心组学习，把中心组学习作为干部队伍提高政策水平和理论素养的主阵地。并强调师德师风教育，把推进师德创优活动作为学校文明建设的主旋律。第二，创建学习型党组织。育新中学党支部以"构筑多元平台"为主要切入点，梳理已有的学习方式、学习行为，有机整合校内、校外的各种资源，搭建多元化的、开放式的"学习通道"，如"干部中心组学习""党员学习日""专家讲座制""自主选学制""主题教育活动""党支部教育论坛、教师论坛""校本培训""年级组教研组专题研讨"和"教师博客圈"等。不断丰富新时期党组织建设的内涵，使学习成为全体教师工作、学习、生活有机的组成部分。第三，着力抓后备干部的培养。从 2008 年 6 月起，在上级领导的支持下，在育新中学党支部的领导下，先后开展了工会主席直选、党支部副书记增选、行政班子竞聘上岗以及学校管理学习会、后备干部到岗培训等工作。

凸显党支部在学校领导班子建设上的支持作用。育新中学党支部在重视自身思想、理论和组织建设的同时，力求做到以下几点：第一，把握办学方向，有效参与学校重要问题的决策，增强决策的预见性和全局性。决策前，党支部要提前调研，形成调查研究方案。对确定的议题进行调查研究，广泛征求党内外意见；校长与党组织负责人对议题充分酝酿，达成共识和主导性意见。存在严重分歧的，暂不提交会议讨论。决策中，重视决策的民主性，注意疏通党内外群众参与决策的渠道；在由校长主持的校务会议决策方面，设定的决策主要程序为：① 确定议题，列入议程。需要列入校务会议讨论的重大问题，由校长听取各方意见后提出，与党组织负责人共同商议确定。② 会议讨论，形成决议。学校重大问题在校务会上充分讨论，形成决议。如意见不能达成基本一致或有严重分歧，则暂缓决策。决策形成后，要发挥党支部的政治优势，为决策实施提供支持与保证，凡经校务会讨论决定的重大问题，由校长明确分工，负责实施。党组织保证监督实施。第二，支持和监督校长依法行使职权，协调学校领导班子成员、组织机构的关系，调动全体教职工的积极性、主动性和协同性。第三，坚持党管干部原则，党支部有计划地抓好中青年后备干部的培养和选拔，依据干部管理权限，按照民主推荐、组织考察、集体讨论，择优录用的程序选拔任用干部，支持和保证校长正确行使用人权，同时要积极探索公开竞聘等用人途径，逐步建立起管理有方、激励有力、约束有效的选人和用人机制。

综上可知，育新中学党支部始终以"适实际、讲实在、求实效"为工作主旨，牢固树立终身学习、团队学习、创新学习、学习工作一体化等理念，采取"思想引领、组织保障、机制激励、示范引领、活动创新"等做法，保证了学校正确的办学方向，努力形成"有德、有序、有效"的学校党建工作特色，让党旗在校园里高高飘扬。

3. 发挥教代会审议功能，完善学校民主、科学决策

教职工代表大会，是教职工群众行使民主权利，参与学校民主管理和民主监督的基本制度和基本形式，是有效实施校长负责制的极为重要的一环，也是实现学校民主、科学管理的关键。因此，对于校长来说，如何按照教育

法、教师法以及《教职工代表大会工作意见》等法律法规与方针政策的要求，正确理解校级教职工代表大会在学校的角色、功能，积极促进学校的民主管理、科学决策，成为学校领导效能发挥的又一关键问题。育新中学充分认识和积极发挥教代会在参与学校决策、保障教职工权益等方面的民主监督作用。把教代会作为校务公开的基本载体，凡是学校重大规章制度的制定都经过教代会的审议，听取全体教师的意见和建议，这既能够进一步增强制度制定的科学性和民主性，也可以使制度的施行得到广泛的认同。

首先，育新中学在办学治校的过程中，高度重视和充分发挥教代会的作用，规定每年举行 2 次教代会，尤其在三校合并过程中的第二届教代会先后召开了 10 次全体会议，涉及学校发展、教师发展的诸多政策、计划和方案等，集民智、议方略、立制度，很好地统一了思想、凝聚了人心、保障了发展。学校出台的各种干部聘任方案，通过教代会审议的有《育新中学组织机构设置方案》《育新中学中层干部、校长助理及校长副职竞聘上岗方案》《育新中学北校中层及以上干部考核任免实施办法》《育新中学北校后备干部培养考核方案》等人事选聘制度，以确保中层及以上干部竞聘上岗和教育培养任务的双落实。

其次，以教代会决议的形式固化学校相关的工作要求，使之上升为具有校本意义上的政策与制度，推进依法办学、依法治教工作。育新中学先后在教职工代表大会上通过上述人事选聘的文件，将干部公开竞聘制纳入学校的管理常规，成为常态化进行的干部选拔和管理制度。除此之外，学校的教职工聘用聘任方案、奖惩办法、重要规章制度、校内收入分配原则和办法以及其他与教职工切身利益有关的重大事项等，均交由教代会审议通过后，由校长颁布施行。

道理与点评：加强学校领导班子建设，凝聚班子合力，既是实现学校领导力量整合与优化的重要内容，又是优化学校内部管理的主要着力点。育新中学在理解和领会校长负责制内涵的基础上，以学校改革和发展为中心任务，正确处理校长、党支部、教代会之间的关系，以及制定民主集中制的学校领导制度，发挥学校领导集体的团结合作能力和精神。在加强党支部建设，发挥政治核心、支持和监督作用，发挥教代会审议功能，完善学校民主、科学决策等方面是值得肯定和借鉴的。

第一，确定共同奋斗目标。这是进行领导班子建设的前提。因为共同的奋斗目标，能够对人的行为起着导向和激励作用，可以凝聚和谐的团队，激发教职工的工作积极性、主动性和创造性。目标的设置要从实际出发并能深入人心，成为学校领导乃至全校教职员工的共同价值取向。

第二，分工明确、各司其职。这是学校整体有序运行的基础。校长在安排工作时一定要层层落实，责任到人。该谁分管的工作就由谁解决，以增强责任感和主人翁意识。同时，要有"学校工作一盘棋"意识，学校领导顾全大局，乐做"分外事"，不能因分工而"各人自扫门前雪"，要致力于集体的沟通与协作，做到"分工而不分家"。

第三，提升团队执行力。这是理念转化为成果的关键。没有执行力，就没有竞争力。校长要十分重视干部执行的提高，制订严格的监督措施和奖惩制度，促使每一位学校领导干部做到"有法可依"，从而引导每一位教职员工从内心深处改变自己的行为，最终使学校形成一种目标明确、简捷高效、监督有力、奖惩规范、制度严明的执行力文化。

案例二：推行制度创新　健全决策监督

管理的本质在于调动人的积极性。对一所学校来说，如何进行学校干部队伍建设，发挥全体成员的领导力和执行力，是优化学校内部管理的主要着力点。而学校领导干部作用的发挥与能量的释放，不仅需要有与之能力相匹配的工作岗位，还需要有科学、民主的学校决策环境。因此，对于一个追求学校特色、创新乃至卓越发展的学校来说，构建一个领导与岗位相匹配的学校组织机构，并制定相应的领导、管理制度，实行科学、民主管理，让每一个有才能的领导者充分发挥自己的知识和能力，是优化学校内部管理的重要内容。

1. 改革组织结构，发挥学校领导者的群体合力

当前，我国中小学组织机构主要由以校长为核心的行政管理机构和书记为首的党支部。为实现按需设岗、按岗设人、人尽其才的理想状态，达到优化学校内部管理的目的，这两个系列岗位的合理设置、人员的公平聘任以及二者的有效匹配，是发挥学校领导干部才能、形成群体合力的关键。

（1）分工协作、提高行政机构运行效率

育英小学根据自己学校的实际情况及其工作需要，把学校组织机构设置为校长室（书记室）、德育处、教学和工会四个组织部门。德育下设德育领导小组、少先队大队部——年级组；教学设置教导处、科研室——教研组；工会下设文明班组。与此相对应，校级领导班子的组建为学校校长兼任党支部书记，同时，设置两名副校长分别主管德育、教学以及一名工会主席。在中层干部配置方面，分别在德育领导小组、少先队大队部、教导处、科研室、文明班组设置正、副负责人各一名。同时，在德育、教学系统下设置各年级的年级组长和不同学科的教研组长。（见图5-1）

如图5-1所示，德育是育英小学的两大核心任务之一。如何进行独具特色、卓有成效的学校德育工作，提高德育工作的实效性，是育英小学思考和探索的重要问题。为此，育英小学校长及其领导班子从德育队伍建设和德育制度及实践两个方面着手进行。

第一，加强德育工作队伍的建设，完善德育管理的网络。育英小学秉持全体教职工都是德育工作者的思想，实行全员德育，进行德育组织和队伍建设。学校建立校长全面负责德育，分管校长主管，各部门共同合作的德育领导小组，该小组由校长任组长、德育副校长任副组长，直接领导各个年级组

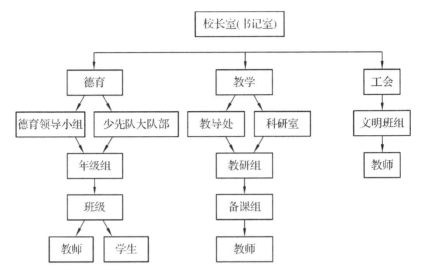

图 5-1　育英小学组织机构

长，形成德育的三级管理网络：学校德育领导小组——各年级组长——各班正副班主任及任课教师。具体任务为：认真贯彻党的教育方针，及时传达贯彻上级部门下发的德育文件，定期开展学习研究工作，分析德育工作新情况和新问题，制定相应的措施与策略；加强德育领导小组成员和德育骨干队伍的建设，通过外出培训、理论引领和课题研究等途径，切实提高开展德育工作的针对性和有效性；定期组织班主任培训，把握德育工作发展趋势，提高德育工作效果。

　　第二，制定和完善学校德育工作制度和规划，增强德育活动的效果。首先，育英小学坚持以中央《关于进一步加强和改进学校德育工作的若干意见》和《关于加强社会主义精神文明建设的若干重要问题的决议》为指导，以《小学德育纲要》等党和政府关于加强中小学德育工作的文件为依据，按照学校的办学理念和育人目标，制定《育英小学德育工作发展规划》。其次，根据市、区教育行政部门的德育工作意见和学校德育工作发展规划，每学期制订好学校德育工作计划，各班级（中队）制订与之配套的班级工作计划。再次，学校德育领导小组每月研究德育工作一次，每学期的期中、期末，领导小组成员汇报各自负责的工作，做好过程管理。同时，制定校会、班会（队会）工作制度。每学期校会不少于 6 次，用于学习教育和总结表彰，也可进行时政性教育，促进德育工作全面开展。班主任根据不同年级的特点、班级的具体情况开展好班会(队会)教育活动，一学期的主题中队会不少于2次。主题中队会要根据少先队大队部的工作安排，结合班级情况，有针对性地开展活动，提高教育效果。每学期召开主题大队会1～2次。另外，制定家校沟通管理制度。开设家长学校，实施家长会制度(每学期召开不同专题的家长会2～3次)，重点在于起始年级，听取家长意见，为调整德育内容和方法做调研。

第三，积极开辟社会德育工作基地，利用好社区内相关资源，成立家长委员会，努力构建学校、家庭、社区共同合作的教育格局。

(2)发挥党支部支持和保障作用

育英小学党支部以课堂教学为中心，以提高教学质量为目的，努力"建设一所师生共同喜爱，生动发展的学校"，进一步发挥党组织的领导力和凝聚力，为构建和谐校园提供坚强的组织保障。其主要工作内容如下：一是加强中心组学习，打造学习型干部队伍。具体来说，学校坚持每两周开展一次中心组学习，深入学习党的十八大精神。要求班子成员多看、多听、多思，挖掘工作的新亮点，思考工作的新方法，发现"瓶颈"难点问题，重点突破，锤炼一支党性强、作风扎实、群众信得过的干部队伍。二是过好组织生活，丰富活动内容，创新活动形式，提升团队凝聚力。三是开设微型党课，发挥典型辐射作用。坚持开展"微型党课"品牌活动，挖掘"我们身边的优秀教师"的先进事迹，通过"微型党课"进一步弘扬先进教师的优秀品质，加强青年教师的师德建设和业务能力的培养，增强党组织教育的时代性、针对性、实效性，增强党组织对青年教师的吸引力和影响力。四是构建和谐校园，加强精神文明建设。党支部为学校的和谐发展保驾护航，在学校各项工作中发挥纽带和桥梁作用，营造积极向上的学校文化，推进和谐校园的构建。

2. 完善学校管理机制，提升决策的科学性和民主性

学校组织各项工作的有序开展和有机协作，制度扮演着极为重要的角色，发挥着重要的作用。因此，学校内部管理的优化，需要进行完善的制度设计，实行民主化、科学化的决策形式，以保证学校管理决策的高质量、合理性和可操作性。

第一，发挥校务会议(行政会议)制度的作用，提高决策的科学性和民主性。首先，建立校务会议(行政会议)制度。育英小学的办学目标、事业改革和发展规划、年度工作计划、重要规章制度、教职工聘任、人员流动、内部机构调整、招生工作、教职工奖惩、职称评聘、学校内部分配方案、年度经费预算决算、重大经费开支、大宗物品采购、重大基建项目、重要会议和重大活动等都必须经校务会议（行政会议）集体讨论后做出决定，并按上级有关文件规定程序进行操作。其次，提高校务会议质量。育英小学把校务会议作为决策学校重要问题的形式，并进一步完善了校务会议的决策制度，形成了以下决策程序：党政主要负责人个别酝酿、提出初步设想→调查研究、听取群众意见→党政负责人进行研究、达成共识与形成主导意见、提交校务会议→校长主持校务会议讨论决策（如意见分歧严重，一般暂缓决策，会后进一步沟通、磋商，再次召开校务会议讨论决策。如仍不能形成决议，校长和党组织有责任向上一级部门领导汇报）→形成决策后，校长负责实施，党组织保证监督。

此外，育英小学还建立校级领导事前沟通制度。在事关学校改革发展重大政策方案及涉及人、财、物等重大事项提交校务会议（行政会议）讨论前，校级领导应预先进行沟通，对未达成一致意见的事项应暂缓提交讨论，待达成一致意见后再提交校务会议（行政会议）讨论。学校校级领导团结协作，紧密配合，党组织积极支持行政工作，同时也要充分发挥监督保证作用，党组织有权对违反原则、违背政策的事项提出否决意见。

第二，完善和执行教职工代表大会制度，提高决策的民主性和科学性。教职工代表大会制度的制定，目的在于推进学校民主建设，保障教职工参与学校民主管理和民主监督的权利，健全和完善中小学校长负责制。育英小学依据《中小学教职工代表大会工作意见》，以教代会中心议题为内容，行使教职工代表大会制度所规定的各项权利。并对教代会代表的意见、批评、建议做出如下处理：①教代会闭会期间，代表可填写"育英小学教代会代表提案、意见和建议表"，对学校的各项工作提出意见和建议。②教代会秘书处对意见、建议负责分类整理并转至有关部门领导办理和答复，办理结果及时反馈给代表，签署意见并归档。③每学期对代表提案、意见和建议进行评选，颁发优秀提案奖或建言献策奖。

因此，育英小学全面落实教代会的审议建议权、审议通过权、审议决定权、民主评议权。要求每学期至少召开一次教职工代表座谈会，认真听取教职工提出的意见和建议，提出与完善相应的整改意见，落实教代会代表提交的各种提案，加强学校领导与教职工的沟通。

道理与点评：人心齐、泰山移。只有学校领导班子成员共享学校发展目标，在学校组织结构中团结合作，才能使决策科学化、工作效率化、力量协同化。为了实现这一目标，就必须使领导者与学校组织结构的优化配置，做到人尽其才、才尽其能、形成合力。上述育英小学在学校组织结构运行上，就鲜明地体现出这一点。不过进行学校组织变革，提高学校领导者的效能，还需要做好以下三项工作。

一是以校长负责制为基础，正确处理好党、政、工（团）的关系，调动学校组织各部门的积极性、主动性和能动性。校长在理解和坚持校长负责制的基础上，保证党组织、教代会职权的发挥，修订学校《教职工代表大会工作条例》、明确制定了校级领导的职责，规范了学校党、政、工、团的职责权限，调动各方面的积极性，形成了合力。

二是进行制度创新，激励学校领导者团结与协作。不仅要完善和优化领导干部竞聘制度和发展制度，还要创新领导干部激励考核机制，形成充满公平、民主、团结、奋进的学校领导团队。

三是自觉接受监督，不仅要善于使用校长负责制所赋予的重大问题的决策权、行政工作的指挥权、中层干部的任免权、学校经费的支配权。还要懂得正确运用权力，自觉接受党支部的政治监督、组织监督和教职工的民主监督、工作监督。

案例三：优化组织文化 提高管理品质

在教育变革转型时期，作为学校领导者的校长，其核心的作用与价值发挥如何，直接决定着学校领导班子建设的思路、模式与方法，进而影响学校的内涵建设与特色发展，教学改革与管理创新等。一方面，学校需要加强领导班子建设，要求领导班子的核心——校长，善于运用校长负责制所赋予的权力，结合学校具体情况，完善和优化领导班子队伍，培育领导团队精神，形成领导合力。另一方面，在学校领导决策和管理制度上，实行科学、民主的领导决策模式、发挥教代会民主管理学校的作用，并以完善的制度体系激励与提升学校领导成员和教师的工作效率，从而达到优化学校内部管理，提升教育整体质量的效果。

1. 融合不同文化，健全干部队伍

作为学校组织整体运作的中枢机构，学校领导班子成员的个人能力、互补程度、团队精神，是学校发展不可忽视的重要因素，直接决定着领导班子的凝聚力和创造力。尤其是对于一所刚刚合并的新学校来说，作为"空降兵"的校长的办学思想、个人素养和组织协调能力在学校班子重组和优化过程中，表现得尤为明显。育华学校是因区域教育资源整合的需要，由两所老学校和一所新学校合并而成立的一所新学校，新校长也是从外区"空降"上任的。合并的三校，每所学校都有自己的发展历程与传统习惯、师资结构和生源情况。摆在新校长面前的是三个管理团队、三种制度文化、三类教师文化。学校干部的管理理念与方式的不同、教师的教育观念和教育手段的差异、不同校区的设施设备条件悬殊，这一切都给人以老虎咬刺猬——无从下口的感觉。校长该怎么办？

如果说三校合并的主要矛盾在师资，那么整合三校人力资源的焦点和难点却是在领导班子。原先三所学校的三套领导班子，合在一起管理一所学校，在多元价值观并存时期，在不同学校的管理文化背景下，往往是一个学校的干部意味着一种工作思路和一组人脉，凝聚力的正能量与离心力的负能量并存。因此，干部班子队伍建设的成败得失，将直接影响到学校整体的发展。由此，在认真听取党组织对学校的发展意见，广泛收集教职工对学校发展的建议后，校长形成了一条基本发展思路：以构建精简高效的干部队伍为切入口，营造起良好的工作氛围，来引领教师的专业发展，让师资与班子建设相得益彰，走上兴校、强校之路。

在构建精简高效的学校干部队伍时，遵循的规则是"敢破善立"：破除原来三校领导组织之间的壁垒，破除组织建设的陈规，确立新的精简高效的干部队伍，构建新的组织文化。合并的三所学校，每所学校都有自己的特色和优良的工作传统，必须处理好继承与发展、改革与稳定的关系。依据《干部任用条例》的有关精神和上级党委的相关意见，学校依托全体教师，将干部队伍建设纳入教育系统人事改革的整体框架来思考，推进学校内部人事管理制度的改革，通过教代会的形式加以确认。以公开选拔、竞聘上岗为抓手，能者上，庸者下，积极探索干部能上能下机制和轮岗机制，逐步建立起符合学校自身发展规律的充满生机与活力的干部管理体制和运行机制，为学校的内涵发展、特色发展、和谐发展、科学发展和可持续发展提供组织保证和机制保证。学校的领导岗位任用制度为每一位有志者提供展示才华的舞台，也为学校的可持续发展注入了不竭的动力源泉。在经历了几年的磨合期后，形成了精简、高效、执行力强、凝聚力高的干部队伍，为学校的发展与改革奠定了坚实的基础。

2. 优化组织文化，加强制度建设

在一所新组建的学校，一位外来"空降"的校长，面对由三校合并组建的学校，各种历史与现实的矛盾交织，怎样化解？工作的千头万绪，如何突破？育华学校的答案是：在校长的带领下，营造出学校文化的"魂"。

作为一名"空降兵"，育华校长意识到首要任务是自身的完善。校长从自身做起，运用人格来引领领导班子的全体成员：始终把教师利益放在第一位，"要师生做到的自己首先做到"，"要师生不做的自己绝对不做"；始终践行"依法治校"下的有限"校长负责制"和"以德治校"下的有效"校长负责制"，提倡"形象是自己树立的、评价是人家评的"。在这样的"正能量"带动下，学校开始了学校文化"魂"的建设。

育华学校认为营造学校文化的"魂"，即校长在领导学校"传承、创新、发展"的过程，是一个需要不断从学校、师生乃至地域文化中，提炼能引领全校教职工"凝心聚力、共赢共进"的"精神魂"的过程。这个"魂"始终贯穿在学校显性文化、制度文化以及隐性文化"内涵"建设过程中，被师生认同并达成共识。学校通过积极的思想文化引导、制度文化引导和专业发展引导，在全校范围内渗透学校文化之"魂"，引导教师、学生乃至家庭及社区等共同建设"师生自身全面和个性的健康发展"环境，并将其内化为每个师生健康的学习、工作和生活方式。为此，努力营造教师"被充分尊重和感恩、个性潜力和积极性得以充分发挥、身心愉悦"的"舒心工作"氛围；努力培养学生"自主自信、全面和个性化、动静结合、学校育人目标适切"的"健康成长"氛围；努力使家长的家庭教育自主性和积极性被充分调动，家庭教育的重视程度和水准不断提高，逐渐形成"对孩子严格而充满期待和希望"的"良好家庭"氛围；努力使社区教育成为学校教育的有效"时间、空间和教育（社会大课堂）内涵"的延伸，形成充满"社会关爱"的"正能量"的氛围。

在校长的带领下，育华学校形成了具有自己特色的校园文化，营造起学校的文化之"魂"。校长也在这样的文化氛围中凝聚了学校领导班子的合力，引领学校、教师、学生以及家庭教育朝着正确的方向健康、稳步的发展。教职工代表大会制度是教职工在学校党组织领导下，行使民主管理和民主监督权利的机构，是现阶段学校实行民主管理的基本形式，教职工代表大会是否能充分发扬民主，积极发挥教职工主人翁精神，对促进学校管理的民主化和科学化，推进学校的健康快速发展，具有不可替代的作用。

面对新一轮学校的发展规划和上级教育领导部门对学校"全面提升教学质量"的要求，学校开始了新一轮的制度建设。但是，这一次学校发展的方向及其制定具体规章制度的决定权不同于以往，不是由校长和领导班子拍板决定，而是交给了全体教职员工。在全校几经讨论之后，"精细化"服务质量管理成为育华学校此后的文化管理发展方向。为了使一个企业管理的"舶来品"无痕融入学校的管理文化中，教代会发挥了积极的作用。首先，教代会每月组织教职工学习有关细化质量管理的文章和书籍，如《零缺点的质量管理》、（有的翻译为"零缺陷"）《质量无神》《质量无泪》《质量无惑》以及《细节决定成败》等，并交流学习体会与心得；二是通过学习，倡导和确立"第一次就把事情做好"的价值观取向，要求全体教师以高度的责任心和极其认真负责的态度做好"人生的成长"工程；三是在全校开展"返工和不必要重复做的事"调研，让教师在调研中梳理出哪些事情是可以避免返工、避免重复做的，避免返工和不必要重复做的事情的关键是什么，解决返工和不必要重复做的事情的最大受益者是谁。通过学习强化了全体教职员工对工作质量的认知，从而使"精细化"服务成为每一位教师的"口头禅"，并内化为大家的质量意识，变为每一个人自主管理的行为准绳。与此同时，学校结合自身实际和教育服务的特点，制定了《育华学校"精细化"质量管理手册》《育华学校"精细化"质量管理程序性文件》和《育华学校"精细化"质量管理任务指导书》等质量管理体系文件交由教代会讨论通过。通过这三份文件的制定，使全体教职员工在探索"育华"质量管理实践中，提高自我管理、自我发展的高度责任感和行事方式。

3. 完善民主管理机制，营造良好工作环境

学校在发展过程中，除了政府相关部门的考评与督导外，校内的考评和监督可以帮助学校及时发现存在的问题，提出解决的办法，促进学校管理水平的不断提高。在高度强调工作绩效的时代，如何在学校中营造激励教师工作的主动性、积极性与创新性的氛围，育华学校采取的是"绩效考核、岗位竞聘、聘任用人"一体化机制的探索和实践。为此，经过校务会议和教代会讨论具体确定了"育华学校绩效工资推行的日程表"。首先，学校成立了由党支部书记为组长的学校实施绩效工资领导小组，由校长为组长的学校实施绩效工资工作小组和教职工岗位履行职责评估小组。接着，学校严格按照各级政府文件和上级会议精神，就绩效工资发放"原则"进行了反复酝酿修改，多次反复征求听取各方面的意见和建议，最后制订了包括"（课时）工作量津贴方案、奖励性绩效工资分配方案和各部门考核奖励方案"等在内的《育华学校绩效工资发放实施方案》，并在教代会获无记名表决通过。

在绩效工资制度的具体实施过程中，学校教代会发挥着考评和监督的重要职责。教职工代表大会履行职责评估小组（由相应行政分管人员担任组长，分管校长牵头负责，学科组长、年级组长担任组员，并根据需要进行学生、家长问卷调查）对教职员工履行岗位职责的情况进行评估指导和整体评价，作为对教职员工考核的依据。学校实施绩效工资工作小组具体负责考核过程，严格按照学校确定的《育华学校四星级考核标准》的规定，分三个层面进行教职工自评、各部门对本部门教职工考核（学科组长、年级组长等参与，必要的话辅之对学生的问卷调查）和学校考核小组对全体教职工的考核（学校行政、部分教师代表参与，必要的话辅之对家长的问卷调查）。考核中各部门根据本部门考核条例"单独与协同考核"相结合，"单项与综合表彰"相结合。公开、透明的绩效考核评估制度与机制，为营造公正公平的工作环境打下了基础，并有利于及时发现问题，及时解决问题，促进了学校教育教学质量的提高，也营造了稳定的激励教职员工努力工作的氛围。

道理与点评："凝聚班子合力，推进民主决策"是现代学校优化内部管理的重要组成部分。校长管理的关键是凝聚学校的"魂"，抓住管理的"纲"，利用民主的"力"。学校管理的核心是人，学校发展成长靠的是人，学校工作的成果看的是人，抓住学校里每一份可以利用的"人力"，以思想和制度来带动、引领全校师生、家长自觉自愿参与并完成学校育人的各项工作，推动学校的发展。"火车跑得快，全靠车头带"，"凝聚班子合力"就是形成这样一台带着全校师生能够持续向前跑的火车头。学校的发展靠校长一个人的能力和奉献是不够的，领导班子必须拧成一股力，朝着正确的方向一起用力，学校才能得到可持续的发展。学校遵循"敢破善立"的规则，打破原来三校领导组织的壁垒，破除在组织建设上的陈规，确立新的精简高效的干部队伍，构建新的组织文化，从而为学校的健康正常发展，奠定了组织人事的基础。此外，作为学校最重要的人力资源，教师的智慧亦不容忽视。教代会制度是教师为学校出谋划策的良好平台，发挥对教职工进行考评和监督的重要职责，从而使教师在谋划学校发展和参与学校管理的进程中产生归属感与责任感，营造出良好的工作环境，使学校的发展成为教师自己的事，教师才会在学校的发展中尽自己最大的努力，为学校的进步贡献他们的应有之力。

第十项历练

健全组织管理　打造平安校园

　　为了使学校各项工作正常有序进行，中小学校长需要不断健全与完善校内的组织机构和各项具体管理制度及措施，使投入学校的人力、物力与财力等资源得到合理有效的使用，使教育经费的使用获得最大限度的办学效益。面对不断发展变化的学校内外环境，为及时防范、应对与解决各种可能发生的校园事件，校长必须主持制定、演练与评估校园危机处理的预案，强化师生的安全防范意识，提高师生安全防范的各种技能，承担起师生人身安全与学校财产安全"守护神"的职责。

案例一：强化制度建设　优化校园管理

学校内部管理主要包括一所学校的人事、财务和资产等方面，完善的学校内部管理不仅可以使人、财、物力资源得到合理配置和有效使用，也可以充分发挥全体教职员工的工作积极性、能动性和创造性。同时，学校内外部环境的安全，是学校教育教学和各项工作正常运行的前提条件和根本保证。如何把学校安全工作与学校教育教学、内部管理结合起来，是每一所学校加强内部管理、促进学校内涵发展的重要工作。在处于社会转型期的学校发展过程中，学校内部管理与安全问题日渐凸显，这就要求以校长为核心的领导班子，制定和完善相应的内部管理制度，并注重其在学校各项工作中的有效运行。

1. 健全组织管理，营造有序环境

无论是学校的"软件"资源——人，还是学校的"硬件"资源——财与物，都是学校发展所不可或缺的资源，对于这些资源的合理配置、优化整合与充分利用，是每一所学校进行内部组织改革和发展的中心工作，也考验着以校长为代表的学校领导者的教育思想、管理理念和行动智慧。

新田中学是一所公办现代化初级中学，学校办学特色鲜明，社会声誉良好。在学校的发展过程中，校领导意识到了内部组织管理优化的重要性，为了进一步深化学校组织管理变革，进一步提高教育教学质量，新田中学在全校范围内进行了积极的组织管理变革。

首先，在人事制度管理方面，新田中学基于新一轮的人事改革发展趋势，积极推进人事制度的改革。师资，无疑是学校发展的主力军，良好的教师队伍结构是学校可持续发展的关键因素之一。为此，学校一方面积极引进优秀的青年教师，一方面也十分重视在岗教师的培训和教师专业化发展，坚持对在岗教师进行校本培训、研修一体化的师资队伍建设，构建起了"以校为本"的继续教育机制，探索出了符合本校实际的现代教师成长机制。在学校一系列政策的积极推动下，经过全体教师的自身努力，优秀中青年教师不断涌现，各学科都有拔尖人才脱颖而出，学校的师资比例结构不断优化，优秀教师所占的比重持续扩大，并被评为市级教师专业发展学校。同时，学校还根据实际情况，制定了本校的教职工行为、工作规范准则及其相应的评价量规，并通过各种途径做好教师工作的考评和社会责任感考评。近四年里，新田中学获得了区级"文明班组"1个、区级"青年突击队"2个和区级"巾帼示范岗"1个。

其次，在财务制度管理方面，为了花好每一分钱，也为了不浪费一分钱，新田中学严格执行财务制度，严格财务纪律，实行校务公开。同时还进一步推行每学期、学年的部门预算，开源节流，提高资金的使用率，保证学校管理的有序和高效，在把握"人本、校本、成本"的改革趋势中提升科学管理的水平和效能。在实际操作中，学校每一笔大额资金的使用，都会由行政部门先提交预算草案，校务会议讨论，每一款项应不应该花，怎么花，要花多少，由谁来主管，由谁来具体实施，又由谁来评价监督，都做好具体的安排，最后将方案和实施情况通过公示栏向全校公布。此外，学校明确按照国家规定规范收费，按规定收好，按规定管理好，从根本上杜绝了乱收费现象，学校的财务信用等级多年被政府财税部门以及相关机构列为"A"级信用。

最后，在资产管理方面，新田中学积极做好校园基础建设，为学校的全面发展做好条件保障。学校的基础设施是教育教学工作的基础，对于学校的资产管理并不仅仅是校长领导班子的事，更是每一位教职员工、每一位学生的分内事。对此，学校在全校范围内建立起相关的卫生保障和设施保障机制，定期开展宣传教育活动，从细节做起，建立起节约型的校园建设。此外，新田中学还在学校内设立了项目负责制，率先在教育保障条线分设网络技术支持、视讯技术支持、图书情报、安全保卫、采购等项目，鼓励一人多责，提高管理效能。目前，学校的二线专职人员仅为在编人员的十分之一。

学校内部管理的精细化和制度化，能够厘清和把握学校各项具体工作的发展方向和脉络，对于学校发展目标的达成具有促进作用。新田中学顺应了组织管理改革，探索出了一条学校发展与教师发展共赢的道路。学校构建起了能进能出、动态平衡的人才流动机制，形成了细致、科学的财务管理体制和高效、节约的资产管理体制，并从根本上杜绝了教育乱收费现象。这些举措和成果都为学校进一步发展奠定了坚实的基础。

2. 加强安全教育与管理，打造平安校园

近年来，由于各种自然的、人为的因素，使得校园安全事故频发，每一起血淋淋的悲剧都在控诉着学校校园安全管理的薄弱或缺失，校园安全问题成为社会各界关注的公共教育问题，"平安校园"建设刻不容缓。因此，在学校发展中，进行生命安全教育和建立校园安全管理机制，打造"平安校园"，成为学校教育教学和内部管理的重要工作。

"打造平安校园"是每所学校的头等大事。校园安全建设不仅仅是查漏补缺，更不能是出事之后的痛改前非，校园安全建设是预见性的和预防性的，是在正确的时间做正确的事。一般来说，完备的校园安全建设要从思想和行动两方面入手。思想上使全体学生和教职员工树立起校园安全的意识；行动上，完善相关的校园安全体制建设，定期、不定期地开展校园安全宣传活动和演练实践活动。

作为一所具有百年历史的老校，新田中学在校园安全建设方面，面对可能存在的校园安全隐患，学校采取的是安全精细化管理，"天下大事，必精于细"。精细化管理是管理规范基础上的一种深度管理、拓展管理，以促进教师和学校的行为由规范走向优秀。精细化力求每一个步骤都精心，每一个环节都精细，每一项工作都是精品。为了使精细化落实到校园安全工作的每一个环节，从学校健全各级组织机构入手，成立了学校安全工作、预防和处置突发事件工作等领导小组，强化安全管理的领导力度；健全各项规章制度，细化各种工作行为的规则与要求，严肃工作纪律与责任追究，把事故隐患消灭在萌芽状态，保一方平安。

根据上级教育行政部门的相关精神和要求，学校不定期地对安全工作进行全方位检查，如校安全保卫工作领导小组就专门对校内可能存在的火灾隐患，多次进行摸底排查，终于发现问题，及时采取有效措施进行整改。学校特别关注财务室、电脑室、档案室、图书室、实验室、配电室和保护建筑等重点部位的安全管理，各个重点部门、场所以及重要位置，均配置了视频监控设备，有的还安装了110报警器，加强了防火防盗措施。学校加强值班工作，严格登记制度。学校全面推行安全责任制，配备了6名专职保卫人员，专门负责学校的保卫工作，实行外来车辆、来客登记制度，杜绝无关人员进入校内。建立与实施校园安全保卫巡查制度，及时发现和消除校内的安全隐患。同时在校门口加强家长接送学生的管理监督力度，规定非父母等直系亲属不得带学生出校门，对于确需离校的学生，必须做好接学生人员的登记手续方可离校，确保学生人身安全。

此外，学校积极开展多渠道、多形式的学生安全教育活动，如安全过马路，安全文明就餐，以安全为主题的班队活动等，强化学生安全文明意识，提高少年儿童的自我保护能力。学校聘请法制副校长，深入开展法制宣传教育活动，还聘请交警为全校学生做交通安全知识讲座；请心理健康指导师做心理健康辅导讲座；寒暑假放假之前，对全校学生进行安全知识教育，使学生切切实实感受到安全的重要性。每年的全国消防安全日，学校会举行消防安全疏散演练。全体师生通过疏散演练进一步增强了安全意识，掌握了在突发事件来临时迅速逃生、自救、互救的基本方法，提高了应急疏散和安全防范的能力。通过学习和活动，全校学生的安全意识有了明显提高，"安全、文明"深深烙在学生的心中。

校园里的每一个生命都是鲜活的、唯一的，每一个学生都承载着一个家庭的全部。因此，校园安全是学校一切工作的前提和基础。校园安全建设应做到思想上的重视、制度上的建立和行动上的完善。完备的校园安全机制是校长日常工作的重点内容，也是校园科学管理的重要组成部分。学校应使"安全"成为一种校园常态文化，努力促进师生的健康发展，努力提升师生的生命质量。

道理与点评："健全组织管理，打造平安校园"是学校优化内部管理的重要组成部分。新田学校从制度层面，建立健全学校组织管理体系，加强学校内部的人、财、物管理，为学校组织内各部门的正常运转提供人员支持和制度支持，这样就能够为教师专业发展和干部队伍建设，提供发展通道和目标激励；同时，学校财务资金也能够得到优化配置，校园财产得到人人爱护，这对于学校各项工作的规范化和提高资源使用效率，是十分值得肯定和倡导的。因为制度本身具有强制性、规范性、激励性的特征，能够保证学校工作的平稳有序运行，还可以强化全体成员工作的自觉性与激发能动性。就新田中学平安校园建设来说，不仅在领导体系上有专门的机构设置，还注重在学生的安全意识培养、安全知识教育、安全技能训练等多个维度上着力推进，具有一定的借鉴性。上述工作的开展，无疑需要校长发挥其作为学校领导核心的作用，但在学校组织管理和安全管理的具体实践方面，还需注重发挥领导集体的智慧和力量，进行学校内部各项工作的思路创新、制度创新和方法创新，从而建立起"事无巨细，面面俱到"的学校优良的内部管理运作机制和安全防范环境。

案例二：完善管理机制，确保校园平安

近年来，由于各种自然灾害和人为原因造成的校园安全事故频发，致使校园安全问题成为优化学校内部管理的重要一环。如何建立和完善校园安全管理机制，是每一所学校都必然要思考和解决的重要问题。民本学校把安全与稳定，视作学校发展的基石。在学校安全管理机制、队伍建设、制度与措施的构建和实施上，做了大量具体、扎实、细致的工作，从物质保证、制度建设以及习惯养成等各个方面，为校园的长治久安打下了坚实的基础。

1. 健全校园安全的领导组织与队伍

学校安全重于泰山。民本学校领导班子始终自觉地把完善安全管理机制、打造平安校园工作作为学校各项工作的重中之重，树立了"校园安全工作无小事"、"安全工作没有最好，只有更好"的信念。在贯彻落实党和政府关于建设平安校园的文件精神和要求的过程中，首先，建立与完善负责学校安全的领导组织与队伍，即"两组两队"。"两组"是指学校治理工作领导小组和防突发事件工作小组。学校建立了"校长主管，分管领导主抓"的领导小组，确立校长为学校安全工作责任第一人，全面负责研究和解决安保稳定工作中的重大问题，落实人员、经费、物质保障等事项。把安全管理工作分解到"一部三处一室"（党支部、政教处、教导处、总务处、办公室）等职能部门，具体任务则落实到年级、班级等负责人身上，并与各下属部门签订责任书，明确分工，责任到人，形成了"上下联动，左右配合，全员德育，齐抓共管"的管理格局和"一岗双责"的责任体系。工作小组负责学校突发事件的预案制定及预防处置工作，也负责学校安全管理工作落实和日常督查。坚持每周有安全工作安排，在每学期放假和开学前以及重大节假日前，均要安排具体的节假日值班表，定期进行校内安全检查，并做好详细的安全检查记录。每学期初制订学校安全管理工作的年度计划，将安全管理工作纳入教职工业绩考核的重要内容，确立了把安全管理个人职责与绩效工资、政绩考评相挂钩的考核体系。

"两队"是指校园平安志愿者队伍和党团员校园安全巡视队。前者主要负责学生在校期间的护导工作；后者每日对食堂煤气机械设备、体育设施、消防设施、杂物电梯、楼梯防滑条做例行检查，发现隐患立即整修。民本校园在上述各个机构紧密协作、配合联动和有机协调下，校园的稳定与安全工作领导得当、卓有成效。

2. 安全宣传教育与制度建设齐头并进

第一，多维并举、加强校园安全宣传教育。民本学校贯彻落实教育部《中小学公共安全教育指导纲要》，结合本校实际，将安全教育纳入正常教学计划，贯穿日常教学中，每学期安全教育不少于10课时。安全教育形式多样、针对性强、富有特色。按学期制订安全教育工作计划，并分年段、分内容、分时段组织实施，每学期有安全教育工作总结，有安全教育宣传材料或图片音像资料，并且努力做到安全宣传常态化，安全防范全覆盖。学校利用墙报、黑板报、宣传牌等形式设立安全知识宣传专用版面，定时更新向师生进行的安全常识教育，结合本校工作实际，定期编写宣传内容，并适时进行调整，使安全宣传栏发挥出应有的宣传教育效果。

每周升旗会上有对安全工作的专题讲解和安全知识宣传，在全校上下营造出"人人讲安全，个个重安全"的良好氛围。在教师会议上，学校定期对全体教师进行当前社会安全形势宣讲，告知学校最近将采取的一系列安全措施，提高教师的安全责任意识、安全防范意识。持续开展以针对学生为主的"六防"教育，即防盗、防火、防震、防溺水、防触电、防交通事故的教育活动。确定每学期第一周为"安全教育宣传周"，并举行各种宣传教育活动，如手抄报、征文、作文比赛、安全教育讲座等活动，并进行了一系列的评比活动。还为学生设计富有童趣的各种活动，如组织生命安全教育的互动游戏，请消防官兵现场演示消防安全手势操、匍匐逃生技能、火灾逃生办法等。开展各类消防逃生演习知识及安全技能的指导和培训，模拟事故现场的知识问答以及运用相声、小品、歌舞等多种形式开展安全教育，让他们从中潜移默化地获得安全知识，提高安全防范意识和应对各种突发事件的技能，师生获得了自护自救的知识，丰富了安全自护的技能。

第二，健全各项制度，确保安全管理规范有序。健全完善的制度是做好创建平安校园工作的前提基础和有力保证。民本学校制定并逐步完善了一系列安全工作制度：主要有《各类突发事件应急预案》《传染病预防和控制措施》《学校安全事故报告制度》《校内安全定期检查制度》《门卫制度》《进出学校人员登记制度》《校园巡逻制度》《安全保卫领导带班和保卫干部值班制度》《学校外来暴力应急预案》《校园外来人员、物品、车辆出入管理制度》《保安人员考核标准》《出入校门管理要求》《保安员岗位工作职责》《保安员十项文明服务承诺》《安全工作管理试行办法》《校园和饮食卫生管理条例》《饮用水管理制度》《校舍安全管理制度》《用电和用火安全管理制度》及其他安全管理制度等，并编撰了

《民本学校安全管理工作岗位职责与规章制度汇编》。重点抓了将制度落到实处的两项措施：

（1）各职能部门、年级组定期自查自纠。按照"安全第一，预防为主"的原则，要求各责任部门、责任人对安全工作做到"每天必查，有查必记，有患必除"，保证安全工作一项不漏，一个盲点不留，一个隐患不存。

（2）落实警告制和一票否决制。与各部门负责人和具体责任人签订《安全责任书》，形成责任到人的管理工作机制。

3. 全力提升校园的"三防"水平

学校坚持"以防为主"的方针，按照"以人为本，防范严密，控制有力，全面设防"的要求，全面建设"人防""技防""物防"的立体安全防范网络。由于各项安全防范工作有力到位，近 10 年来，学校从未发生过任何安全事故。

（1）人防：根据上级有关部门要求，配备有 4 名专职保安人员和 2 名门卫，并配备必要的防护、通信器材；落实 24 小时巡逻和巡查制度。节假日安排学校领导 24 小时轮流值班护校。

加强教师值周力度，保护学生安全。每天安排 16 位值日教师分别分布在校门外的丁字路口、校门口、楼梯口以及教学楼等岗点，负责监督、检查、记录学生安全、文明、卫生、纪律等方面的情况。如在校外交通要道处的丁字路口，值勤教师不论严寒酷暑、日晒雨淋、风吹雨打，天天一日四次负责管理、维持学生上下公交车和走人行横道的秩序，这一工作方式与工作毅力给学生及其家长以良好的心理安全感；又如，平安志愿者和值勤老师在各楼道与楼层负责并教育学生上下楼梯要靠右行，要轻声慢步，不追逐打闹和扎堆推搡。每月利用升旗仪式机会进行一次常规性避险疏散演练，练速度、练应对突变的秩序与能力，促进师生警钟长鸣，处变不乱。针对个别学生过早到校的情况，则专门组织教师志愿者队伍对早到学生进行登记及安全看护。

加强对传染病的预防检查工作。在冬、春传染病多发季节给各个班级配备口罩、消毒液、洗手液。做到一周消毒一次，一天一备案，做到三检、三汇报。即做到晨、中、晚三检，发现班级中有 3 人发热报校长室，5 人以上发热报区防保站，无发热病人实行零报告制度。发放致家长信，要求家长一旦发现孩子有类似情况，立即到指定医院求诊，做好隔离，以防蔓延，使传染病远离校园。

（2）技防：学校在技防设施上持续加大投入。在校门前方的丁字路口和距学校东西两个路口设置了减速带、斑马线、黄闪灯、警示牌；学校重点机构如财务室、档案室、专用电脑教室、计算机网管中心等都安装了防盗门窗等实体防护设施；安装了较先进的监控设施，监控范围可覆盖校园的要害部位和各个出入口，24小时运转，对人员在校园活动的情况进行实时监控、录像；教学楼每层楼道的侧面安装不锈钢防护栏，面对校外的教室窗户安装了安全防护网；各楼层中标有醒目的"上下楼道请靠右行"和"紧急疏散安全通道"等标志。让学生在校园生活与学生中感受到身体和心理方面的安全感。

（3）物防：学校经常性地进行治安防范检查和安全隐患排查，即查即治，不留隐患。学校安全工作领导小组成员每月对所有校舍排查一次，发现问题及时整改；学校安全员每天都要对每栋教学楼、每间教室等校舍及其设施进行安全隐患排查，发现情况及时上报维修，如在校门口安装大功率照明灯具提高夜间摄像头清晰度；对学生饮用水、屋顶水箱、食堂门重新加固、加锁。对校内运动场地、活动设施定期检查，对室外体育锻炼器械进行维护保养，发现安全隐患坚决撤除，确保学生体育锻炼和课外活动时不发生意外事故。

学校严格实行车辆进出持证通行制，规定学校内部车辆凭通行证进出校门，校外车辆一律按规定在教学区外的指定区域停放。

学校加强与社区民警、居委会的沟通联系，实行定期例会制度，及时通报校园安全工作，取得社区的支持；做好学校内部人员稳定排摸工作，保障学校教职工在校园内外的安全。定期排摸校园周边治安安全情况，及时向有关部门报告，积极配合政府有关部门的各项专项整治行动。

4. 细化处置突发事件的应急预案

为了使打造平安校园工作真正得到落实，民本学校把校园"安全工作没有最好，只有更好"的信念变为行动，进一步完善和细化了处置多种突发事件的应急预案，使应急预案能真正起到实际效果。其中有应对火灾事故的，还有处置群体性事件或个体重大突发事件、被盗案件、食物中毒事件、溺水与触电事故，等等，尽最大努力做到防患于未然。

以处置火灾事故的应急预案为例，预案处置火灾事故的组织方面，建立了领导小组和紧急灭火队；在处置过程的预设上，设定了从报警、组织救灾到注意事项及扑救方法的具体操作流程与警示。在报警的环节上，具体到要按既定方案了解着火地点、起火部位、燃烧物品、目前状况，并立即确认是否成灾；确认火灾后立即报119，并规定了报警必须准确的学校名称、详细地址在内的报告内容。在组织救灾环节中，详细规定了救灾指挥部七大工作：将火灾情况通知有关部门和人员，告诉其应采取的对策；组织人员疏散到事先划定集结的安全区；组织灭火；防烟排烟；划定建立安全警戒区；保证通信联络和保障设备运行，等等。一切从应对实战需要的有序性出发，从提高应急预案的有效性着手，而不是虚应故事，把应急预案当作应付上级领导部门检查之用。同时，大大提高了处置火灾事故应急预案演练的情境性与真实性，使师生在演练过程中经受了必要的心理与体能锻炼，提高了应对突发事件的能力。

道理与点评：民本学校在校园安全方面，坚持"以人为本、预防为主、重在治本"的原则，建立起了维护校园安全稳定的长效机制，确保了师生安全和学校稳定。可以将他们的工作归结为这样几点：一是领导重视，组织健全；建立与完善负责学校安全的领导组织与队伍，不仅落实安全工作所需的岗位责任、人员、经费、物质保障等，而且将安全管理工作列为教职工业绩考核的重要内容，反映了安全工作方面的"一岗双责"的责任体系得到切实的贯彻。二是宣传到位，形式多样。在安全教育纳入正常教学计划的基础上，还开展了形式多样、针对性强、富有特色的安全工作宣传教育，有对教师的安全责任意识、安全防范意识教育，也有针对学生为主的"六防"教育，形式上除了常规的安全宣传栏之外，还通过现场演示、模拟演练、互动游戏等，使安全宣传教育更富有感染力和实际效果，使学生能够潜移默化地获得安全知识，提高安全防范意识和应对各种突发事件的技能。三是制度健全，责任落实。民本学校制定并逐步完善了一系列安全工作制度：特别是各职能部门、年级组定期的自查自纠、实行警告制和一票否决制的形成责任到人的管理工作机制，这是避免校园安全管理制度成摆设、安全管理措施走过场的重要机制，只有切实做到这些，才能使安全工作的责任得到真正落实。四是措施有力，操作细化。为提高安全防范水平，民本学校全面建设立体型的安全防范网络，在"人防""技防""物防"等方面投入了大量的资金、物资与人员，制定并实施了校园安全保卫工作的各项措施与方法，防范严密，控制有力，全面设防的局面基本得到体现，为师生有一个安全有序的学习、工作与生活环境提供了保障。需要指出的是，该校对处置突发事件的多种应急预案，做了进一步完善和细化处理，反映了对校园安全工作的高度责任心和精益求精的精神，为应急预案能真正起到实际效果，做了必要的尝试与探索。

知识与理解

优化内部管理，体现着校长的组织领导。校长作为学校组织的领导者和管理者，应当建立健全学校各项规章制度，在组织机构和成员之间恰当分配职能，有效配置学校的各种资源，依法落实教职工的岗位职责，激励教职工的进取精神与行为，合理评估教职工的工作业绩，从而保障学校各项工作正常运转，不断提升学校的组织效能，从而为广大师生创设良好的发展环境。

(一)知识与方法

为了达到优化学校内部管理，实现学校教育资源合理配置的目的，校长需要掌握相关专业理论、知识与方法，主要包括：掌握国家相关政策，明确校长职责与要求；学习学校管理理论，掌握有效管理方法；了解学校管理变化趋势，把握学校发展方向；熟悉学校管理实务，保证学校规范运作。

1. 掌握国家相关政策，明确校长职责与要求

改革开放以来，我国中小学逐步实行校长负责制，校长作为学校第一负责人的地位得以确立，对学校发展承担着最重要的责任。在该制度逐步确立的过程中，国家相关政策也对校长的职责与素质要求进行了规定，校长必须要明确自己的职责范围，认真贯彻落实国家各项教育政策、法规对校长提出的各项要求。

1985 年 5 月，中共中央颁布的《关于教育体制改革的决定》指出："学校逐步实行校长负责制，有条件的学校要设立由校长主持的、人数不多的、有威信的校务委员会，作为审议机构。要建立和健全以教师为主体的教职工代表大会，加强民主管理和民主监督。学校中的党组织要从过去那种包揽一切的状态中解脱出来，把自己的精力集中到加强党的建设和各项思想政治工作上来；要团结广大师生，大力支持校长履行职权，保证和监督党的各项方针政策的落实和国家教育计划的实现。"

1993 年 2 月中共中央国务院颁布的《中国教育改革和发展纲要》、1995 年 3 月颁布的《中华人民共和国教育法》、2006 年 6 月修订实施的《中华人民共和国义务教育法》等重要法规都确认了在中小学实行校长负责制。其中，原国家教委 1991 年颁布的《全国中小学校长任职条件和岗位要求（试行）》对校长的职责与岗位要求进行了明确、详细的规定。

(1)校长职责

《全国中小学校长任职条件和岗位要求（试行）》在对校长的职责上，明确规定：

第一，全面贯彻执行党和国家的教育方针、政策、法规，自觉抵制各种违反教育方针、政策、法规的倾向，坚持社会主义办学方向，努力培养德、智、体全面发展的社会主义事业的建设者和接班人。按教育规律办学，不断提高教育质量。

第二，认真执行党的知识分子政策和干部政策，团结、依靠教职员工。组织教师学习政治与钻研业务，使之不断提高政治思想、职业道德、文化业务水平及教育教学能力，注意培养班主任、中青年教师和业务骨干，努力建设又红又专的教师队伍。依靠党组织，积极做好教师和职工的思想政治工作。自觉接受党组织的监督，充分发扬民主，重视教职工代表大会在学校管理中的重要作用，注意发挥广大教师和职工工作的主动性、积极性和创造性。

第三，全面主持学校工作。

①领导和组织德育工作。把德育放在首位，坚持教书育人、管理育人、服务育人、环境育人的工作方针，制订德育工作计划，建设德育工作骨干队伍，采取切实措施，坚持不懈地加强对学生的思想政治和品德教育。

②领导和组织教学工作。坚持学校工作以教学为主，按照国家规定的教学计划、教学大纲，开齐各门课程，不偏科。遵循教学规律组织教学，建立和完善教学管理制度，搞好教学常规管理。深入教学第一线，正确指导教师进行教学活动，努力提高教学质量。

③领导和组织体育、卫生、美育、劳动教育工作及课外教育活动。确保学校体育、卫生、美育、劳动教育工作及课外教育活动生动活泼、有成效地开展。努力开展勤工俭学活动。建好学生劳动教育及劳动技术教育基地。

④领导和组织总务工作。贯彻勤俭办学原则，坚持总务工作为教书育人和教职工服务的方向。严格管理校产和财务。搞好校园建设。关心学生和教职工的生活，保护他们的健康。逐步改善办学条件和群众福利。

⑤配合党组织，支持和指导群众组织开展工作。充分发挥工会、共青团、少先队等群众组织在办学育人各项工作中的积极作用。

第四，发挥学校教育的主导作用，努力促进学校教育、家庭教育、社会教育的协调一致、相互配合，形成良好的育人环境。

（2）岗位要求

《全国中小学校长任职条件和岗位要求（试行）》在对校长应该具备的岗位

要求上，明确规定：

第一，基本政治素养。

①坚持四项基本原则与改革开放，把坚定正确的政治方向放在首位。

②具有一定的马克思主义理论修养，能努力运用马克思主义的立场、观点和方法指导学校工作。

③热爱社会主义教育事业，热爱学校，热爱学生，尊重、团结、依靠教职工。

④实事求是，勤奋学习，作风民主，联系群众，顾全大局，公正廉洁，艰苦奋斗，严于律己。

⑤对待工作认真负责，一丝不苟。

⑥具有勇于进取及改革创新精神。

第二，岗位知识要求。

①政治理论、国情知识：具有马克思主义基本理论和建设有中国特色的社会主义基本理论知识。具有中国近现代史和国情基本知识。

②教育政策法规知识：在实践中领会、掌握党和国家的教育方针、政策的基本精神与中小学教育法规的基本内容。初步掌握与教育有关法规的基本知识。

③学校管理知识：联系实际掌握学校管理的基本规律和方法，以及与学校管理相关的基本知识、技术和手段。

④教育学科知识：学习马克思主义关于教育的论述，了解社会主义教育的基本特点和规律，具有教育学科基本知识。熟悉主要课程教学大纲及有关学科的教材教法，具有中国教育史常识，了解中小学教育发展与改革的动态。

⑤其他相关知识：掌握与中小学教育有关的自然科学、社会科学基础知识，了解本地的历史、自然环境、经济与社会发展的基本情况以及民族与宗教政策等。

第三，岗位能力要求。

①能根据党和国家的有关方针、政策、法规，制订学校发展规划和工作计划。

②善于做教职工和学生的思想政治工作及开展品德教育。能从实际出发，采取有效措施，促进学生全面发展。

③具有听课、评课及指导教学、教研、课外活动等工作的能力。具有指导教师提高业务水平和改进教学的能力。

④善于发挥群众团体的作用。能协调好学校内、外各方面的关系，发挥社会、家长对搞好学校工作的积极作用。

⑤能以育人为中心，研究学校教育的新情况、新问题，并从实际出发，开展教育教学实验活动，总结经验，不断提高教育教学质量。

⑥有一定文字能力，能起草学校工作报告、计划、总结等。会讲普通话。具有较好的口头表达能力。

2. 学习学校管理理论，掌握有效管理方法

理论是行动的先导，校长要科学、有效地实施学校管理，必须了解学校管理方面的理论知识。除此之外，校长在进行学校管理过程中还需要掌握具体有效的学校管理方法，通过学习并熟练运用恰当的学校管理方法，保证学校正常、高效运作，恰当解决学校管理中出现的各类问题，促进广大教职工的发展，最终实现学校教育教学质量的提升。

（1）掌握学校管理理论

20世纪50年代以后，学校管理、学校教育本身所特有的问题研究受到重视，形成了学校管理的相关理论。在学校管理理论发展的整个过程中，主要受到古典管理理论、人际关系理论、行为科学理论等的影响。

古典管理理论的代表性理论主要包括泰勒的科学管理理论、法约尔的一般组织理论以及韦伯的科层组织理论。古典管理理论对学校管理的影响主要表现在三个方面：首先，注重提高教育管理的效率。其次，把科层管理作为学校管理的组织基础。最后，构建新的管理理念，即科学管理强调的效率与人性的统一，以科学取代经验；强调将管理职能明晰化，并将管理与经营相区分开来；强调权力的行使应该注重法律和规章制度，强调劳动分工、组织分层以及权威的等级制等。

以哈佛大学心理学家梅奥为代表人物的人际关系理论对教育管理领域的影响，主要表现在对教育管理领域中民主管理思想的倡导，强调要关注广大教师的各种社会需求与心理需求。人际关系理论与学校管理中民主管理思想的结合，对学校管理理念和管理方式的改变产生了积极的影响，推动了学校民主管理的研究和深化。

从20世纪50年代起，管理科学步入行为科学阶段，到60年代，行为科学进一步发展为组织行为学，着重研究人在组织中的行为问题。行为科学理论对学校管理的影响主要表现在三个方面：首先，行为科学的多学科知识，为学校管理理论提供多维视野，打破了传统学校管理研究的封闭性。其次，实证研究手段突破了经验模式。最后，将学校这一组织视为开放的系统，注重研究学校内部因素和外部环境的相互作用。

学校管理理论除了受到上述三种理论的影响外，现代管理理论的新进展给学校管理注入了新的活力，其中较为重要的理论有：全面质量管理理论、目标管理理论以及新公共管理理论等。这些理论的发展为学校管理理论的精细化、系统化以及结合教育自身规律进行管理实践探索提供了良好的理论基础，对学校管理的持续改进提供了重要的理论指导。

（2）掌握学校管理方法

学校管理方法是指校长实施管理活动，完成管理任务，达成管理目标的方式、手段、形式、途径、程序、格式和工具的总称，[①] 即学校"怎么管"的问题。学校管理方法的科学性与有效性将直接关系到学校能否正常、有效地运作，校长需要认真学习、研究并正确运用学校管理方法。其中，校长在管理活动中除了采用常规的行政方法、法规方法、经济方法、思想教育方法、目标管理方法以及激励方法外，还可以采用系统方法、运筹学方法以及全面质量管理方法等现代管理方法。

具体而言，行政方法是指通过行政组织，运用行政手段，按照行政方式管理学校的方法。[②] 行政手段的具体措施可以表现为：校长运用自己的权威，采取命令、指示、规划、计划、决定等措施，通过学校的行政组织，对学校进行管理。

法规方法是指依照国家有关教育事业的法律、法令、规范、规则、条例、章程以及学校根据上级指示精神拟订的规章制度管理学校的方法。[③] 在运用法规方法过程中，校长首先要以身作则，率先垂范，自身要树立法制观念，努力做到知法、懂法、遵法。同时，还要组织教职员认真学习、贯彻和学校相

---

① 萧宗六.学校管理学[M].北京：人民教育出版社，2008：68-69.

② 萧宗六.学校管理学[M].北京：人民教育出版社，2000：174-175；赵敏，江月孙.学校管理学新编[M].广州：广东高等教育出版社，2008：203；陈牛则.学校管理原理与方法[M].长沙：湖南人民出版社，2005：182；杨颖秀.学校管理学[M].北京：人民教育出版社，2003：116-118.

③ 萧宗六.学校管理学[M].北京：人民教育出版社，2000：175-177；杨颖秀.学校管理学[M].北京：人民教育出版社，2003：118-120；陈牛则.学校管理原理与方法[M].长沙：湖南人民出版社，2005：190-193；赵敏，江月孙.学校管理学新编[M].广州：广东高等教育出版社，2008：209-213.

关的法律、法规，要提高师生员工执法、守法的自觉性。最终真正做到法律面前人人平等，实现以法治校的要求。

经济方法是运用经济手段管理学校的方法。主要通过工资、津贴、奖金、惩罚等物质刺激的方式，对学校成员产生影响。① 校长在运用经济方法过程中，必须建立健全各项工作责任制和公平合理的考核办法，依据学校教职工的工作业绩，公开透明地对广大教职工进行考核。但是，经济方法的采用并不意味着"一切向钱看"，校长要与精神鼓励与经济刺激相结合，要提倡互助合作精神和全局观念。

思想教育方法是运用精神力量提高人们的认识，影响人们的情感和行为的一种管理手段。校长在运用思想教育方法的时候需要以理服人，要以平等讨论的方法、说服的方法、疏导的方法、批评与自我批评的方法去解决。校长需要针对不同的对象采用不同的思想教育方法，做到因人而异，因时而异，因事而异。具体来说，思想教育法主要包括：榜样示范法、实践锻炼法、情感陶冶法、评比表扬法、品德评价法等。②

目标管理方法是指管理者与被管理者共同确定总目标，把总目标转化为部门目标和个人目标，管理者通过目标，对所属部门和每个成员进行管理。通过对实施过程的管理和成就的评估，促使各部门、每个成员自觉地朝着预定的目标努力工作，以实现整体目标。③ 具体到学校这一育人的专门场所，学校在运用目标管理理论和方法的时候，应该努力做到以下三点：第一，确立目标。学校整体、学校各部门以及学校中的所有个体都要依据自身实际情况，制定科学合理的奋斗目标。同时，需要明确学校教育目标是总目标，部门和个人的目标要为实现总目标服务。第二，对实现学校教育目标的全过程进行有效的管理。通过充分调动广大教职工的积极性，发挥集体的智慧力量，促

① 萧宗六．学校管理学［M］．北京：人民教育出版社，2000：177；杨颖秀．学校管理学［M］．北京：人民教育出版社，2003：122-124；陈牛则．学校管理原理与方法［M］．长沙：湖南人民出版社，2005：186-190；赵敏，江月孙．学校管理学新编［M］．广州：广东高等教育出版社，2008：207-209．

② 萧宗六．学校管理学［M］．北京：人民教育出版社，2000：177-178；杨颖秀．学校管理学［M］．北京：人民教育出版社，2003：114-116；陈牛则．学校管理原理与方法［M］．长沙：湖南人民出版社，2005：194-198；赵敏，江月孙．学校管理学新编［M］．广州：广东高等教育出版社，2008：213-217．

③ 萧宗六．学校管理学［M］．北京：人民教育出版社，2000：178-179．

使教职工主动地实现个人目标以及学校目标。第三，要对学校教育目标的实现情况进行评估，总结经验教训，制定更高水平的发展目标。

激励方法是指激发人们的动机，鼓励人们努力完成管理者交给的任务的一种方法，是学校管理过程中对人的充分重视。我国常用的激励方法有评选模范、表彰先进、奖励优秀等。[①]

系统方法要求人们在处理整体和部分的关系时，要从全局出发，不能头痛医头，脚痛医脚。具体来说，学校管理者(校长)可以从以下6个方面来做：①分析系统要素；②分析系统结构；③分析系统联系；④分析系统功能；⑤分析系统历史；⑥分析系统改进。[②]

运筹学方法的实质是把复杂行为表示为数学模型，通过计算为决策者选择最优方案提供依据，在有限资源条件下，取得较大的效益。它的分支主要有规划论、网络分析技术、库存论、排队论、对策论等。[③]

改革开放以来，国际交流越来越频繁，借鉴国外有效的学校管理办法，促进学校的管理改进和办学质量的提高，许多学校通过学习并尝试引进全面质量管理方法，以达到开展优秀学校的建设和建立科学的评价体系，促进全面推进素质教育，提高教育管理质量的目的。[④]

3. 了解学校管理变化趋势，把握学校发展方向

准确把握中小学学校管理的变化趋势，对于校长在学校管理变革中，准确把握学校的发展方向，具有重要作用。具体来说，学校管理的改革和发展呈现出如下趋势。

第一，集权与分权相结合——均权化趋势[⑤]。

从世界各国学校教育管理体制改革的情况来看，虽然各有其特点，但总体上是呈现均权化趋势，也即集中权力的逐渐趋于分散，分散权力的逐渐趋于集中。我国在过去更多表现出集权的特征，现在呈现出管理权力下放的趋势。管理权力下放主要表现为：政府权力下放与学校权力下放两种形式。具体到在学校内部，校长通过保障校务委员会、工会、教代会的正常运转，强化领导班子分工协作，建立健全支部监督以及实行校长选举制和任期制等形

---

①　萧宗六．学校管理学[M]．北京：人民教育出版社，2000：179-181．

②③④　关鸿羽．现代中小学教育管理理论与实践．北京：教育科学出版社，2003：146-147，147-149，149-152．

⑤　易连云，王德清．学校管理学[M]．重庆：西南师范大学出版社，2011：279-282．

式将学校管理权与教职工共同分享，管理好学校内部各项事务。

第二，由少数人管理向全员管理发展——民主化趋势①。

在学校管理的历史上，存在着重视少数管理人员的作用。学校内部，校长、书记承担过重的管理任务，把广大教职工和学生单纯的看作管理的对象。现代学校管理则认为学校的教职工和学生，既是学校管理的客体，又是学校管理的主体。学校在管理过程中应该尊重其主体地位，调动其参与积极性，逐渐将全员的管理落到实处。

第三，校长负责制与集体领导相结合——优势互补。

当前我国学校采取的是校长负责制，校长作为学校的法人代表，对学校发展负有主要责任。现代社会，随着学校管理的日益综合复杂，专业化和科学化程度要求越来越高，在如此复杂的社会条件下，仅凭校长一个人的智慧和才能很难对重大问题做出科学的判断和决策，而集中学校集体的智慧可以最大可能地避免失误，增强决策的科学性。因此，在学校管理过程中既要强调校长的作用，又要重视领导集体的作用，将校长负责制与集体领导相结合，做到优势互补，实现学校的科学发展。

第四，目标管理与过程管理的结合——整体化。

学校管理过程中，目标管理和过程管理发挥着同等重要的作用，在不同的历史时期，人们对两者的重视程度也各有侧重。学校管理的实践证明，学校管理是一个动态过程，学校管理过程和管理结果是相互联系的。具体而言，学校的管理过程是以期望的结果为目标导向；同时，管理过程又是取得期望结果的手段与途径。两者的紧密结合，使得学校管理既重视过程的效率，又重视结果的效益，是现代学校管理发展的一种必然趋势。

第五，注重学校个性，强调办出特色——个性化。

在现实社会中，每所学校有其独特的外部发展环境以及内部的组织结构，而这些不同的发展因素决定了学校与学校之间的差异性，进而决定了学校个性发展的必然性。国内外大量的办学实践业已证明学校必须有自己的个性，办学必须办出自己学校的特色。

第六，强调管理人员的专业发展，重视管理人员的培训——专业化。

随着人们对学校教育赋予更高的社会期望，校长的专业素质受到社会的更多关注。另外，学校外部环境以及内部组织结构的不断复杂化也客观上对

---

① 关鸿羽. 现代中小学教育管理理论与实践[M]. 北京：教育科学出版社，2003：8-10.

校长这一特殊的学校岗位提出了更高的专业要求。现代社会的校长需要在逐步深化对教育意义认识的基础上，不断增强历史使命感与专业精神、不断提高思想道德水平和领导学校的专业技能与能力。

4. 熟悉学校管理实务，保证学校规范运行

学校作为一个复杂的教育组织，内部管理实务涉及学校的方方面面，校长必须熟悉这些实务管理的内容、方法以及注意事项，建立健全学校各项管理制度，从而保证学校工作的正常、规范运行。

（1）人事管理

学校人事管理主要包括以下几个方面：人员编制管理、岗位设置、教职工聘任、人事调动、劳动工资管理、教职工考核考勤、教职工专业技术职务评聘等。校长在进行人事管理过程中，应该以精简、高效和保证教育事业健康发展为导向，建立科学的学校人员编制管理制度；以公开招聘和竞争择优为准则，完善教师聘任制；以工作业绩共享和能力水平为导向，建立教师考核机制；以促进教育均衡发展为导向，建立教师合理流动机制。

（2）财务管理

学校财务管理是指学校对上级划拨的各种教育经费以及通过收取学费、校办产业收入、社会服务收入等所获得的各项校内经费的管理活动。有效的财务管理不仅直接关系到学校教育资源的合理配置和有效利用，还关系到学校领导和财务管理的廉洁从政。为了有效管理学校财务问题，学校应该做好以下几方面的工作：做好各项资金的收入管理；做好各项资金的支出管理；做好财务预算和决算工作；管理好校办产业收入；做好常规的财务信息反馈和财务监督工作。①

（3）资产后勤管理

学校资产后勤是学校工作的重要组成部分，加强学校的资产后勤管理对于学校管理具有重要作用。学校在资产后勤管理过程中需要努力做到以下几点：①坚持为教学服务、为师生生活服务和勤俭办学的宗旨，制订行之有效的工作计划，确保各项工作有章有序地进行；②明确工作人员的职责范围，真正做到分工明确，任务到人，责任到人；③建立健全后勤管理规章制度，从而做到有章可循，按章办事；④抓好阶段性和突击性工作，保证既能高效

---

①②　张乐群，徐剑虹，伍德勤．中小学学校管理的理论与实践（第2版）[M]．合肥：合肥工业大学出版社，2011：234-235，239-241．

处理常规性事务，又能沉着应对突发性事件。具体而言，学校资产后勤管理主要包括校舍管理以及教育设备的管理。各部分管理内容及要求如下所示。

校舍的管理，包括校舍的新建、扩建、修缮和合理使用等。新建校舍，要特别注意合理布局。教学区、生活区、体育活动区、附属单位区，要自成体系，尽可能不要混杂，防止干扰教学和休息。校舍的修建，要符合教学和卫生学的要求，有利于师生的工作、学习和生活。为节约土地，校舍应建楼房，城市以建四层或五层外廊楼为宜，农村以建两层或三层为宜。教学楼的楼梯必须宽大结实，以免学生拥挤或发生事故。将学校各种用房粗略分类，大致有教学用房、办公用房、辅助用房、生活用房等。各种用房要注意合理使用，提高使用效率；要妥善养护，及时维修。危房应停止使用。

教育设备即教室的设备、实验室的设备、图书室（馆）的设备和体育卫生方面的设备。学校需要对教育设备进行及时的购置、检查、维护以及更新，保证学校教育活动的正常开展。另外，一些特殊的实验室设备以及医务室设备要由专业人员进行管理，以防止意外事故的发生。②

（4）安全管理

学校是学生学习与生活的地方，学校的安全与否直接关系到广大师生的人身安全能否得到很好的保障，也关系到学生能否在学校内安心地学习与生活。维护学校安全，为学生创设安全的校园环境，是学校的第一要务。随着学校内外新的不安全因素日益增多，学校安全事故时有发生。严峻的现实同样要求校长高度重视学校安全管理工作，进行有效的安全管理，校长要采取如下措施：构建学校安全工作保障体系；建立健全学校安全预警机制；建立校园周边环境整治与信息沟通机制；通过形式多样、切实有效的方式加强师生员工的安全教育。①

（5）健康管理。

现代意义上的学校健康管理工作应该包括：体育工作的管理、卫生工作的管理、学生营养工作的管理以及心理辅导工作的管理。学校在进行健康管理过程中需要努力做到：①严格遵守国家颁布的《学校体育条例》《学校卫生工作条例》《中小学体育教学大纲》等法规条例；②正确处理好普及和提高的关系；③坚持预防为主，治疗为辅的方针；④坚持体育锻炼、卫生保健和心理

---

① 褚宏启，刘传沛．校长管理智慧［M］．北京：教育科学出版社，2011：246-266.

辅导相结合。各方面的具体工作内容以及工作要求如下。①

学校体育管理工作应该做好以下几点：将体育课放在极为重要的位置，努力提高体育课的教学质量；因地制宜，积极开展适合本地情况的课外体育活动；尊重体育教师的辛勤付出，不断加强学校体育教师队伍的建设。

学校卫生工作应该抓好以下三个方面：定期对学生进行卫生知识教育；加强学校的卫生监督工作；坚持"防病治病，预防为主"原则。

中小学营养工作管理涉及学生生活、饮食等方面，是学校健康管理的重要方面，学校应该努力做到：宣传科学的营养观念，纠正不科学的饮食行为习惯；加强膳食指南，改变膳食结构，合理配餐；坚持实施学校营养早餐计划，不断改善学生营养状况；建立健全饮食卫生和膳食营养配置的检查和监督机制；合理调整课程和课时安排，保证学生有充足的早餐时间，保证学生在适宜的时间吃好中餐、晚餐。

心理辅导主要是以心理学、教育学、生理学、社会学、精神医学为理论指导，运用恰当的技巧和方法帮助学生了解自己与他人，促进他们在学习、生活、人际关系、生理卫生等方面和谐健康发展，同时解决学生所存在的心理问题，使他们能够获得促进健全人格发展的教育服务过程。学校应该从学习、生活、升学就业三个方面对学生进行心理辅导。学校可以采取的方式有：建立学生心理档案、制订辅导计划、开设心理健康教育和辅导课、组织心理辅导专门活动、开展心理训练活动以及在学科教学中渗透心理辅导。

(6)校园网络建设

进入 21 世纪以来，我国积极推进教育创新，大力推进教育信息化。校园网络建设作为教育信息化的核心与基础，应该受到学校领导的高度重视。

具体而言，校园网指校园内计算机及附属设备互联运行的网络，是由计算机、网络技术设备和软件等构成的为学校教育教学和管理服务的集成应用系统，并可通过与广域网的互联实现远距离信息交流和资源共享。校园网应为学校的教学、管理、日常办公、内外交流等各方面提供全面、切实的支持。应具备教师备课教学功能、学生学习功能、教务管理功能、行政管理功能、教育装备(含图书)管理功能、资源信息功能、内外交流功能等。②

---

① 阎德明．现代学校管理学[M]．北京：人民教育出版社，2001：360-390．

② 中华人民共和国教育部网站．http://www.moe.gov.cn/publicfiles/business/htmlfiles/moe/moe_21/200111/369.html

为了加强学校网络的建设与管理，指导学校网络建设健康发展，教育部办公厅颁布了《关于中小学校园网建设的指导意见》（以下简称《意见》），《意见》指出校园网建设需要贯彻"统一规划、分级负责、分步实施"原则，"培训在先、建网建库同行、重在应用"原则，"成熟优先"的原则等。校园网络系统的设计应采用国际通行的 TCP/IP 协议，同时满足先进性、实用性、开放性、灵活性、发展性、可靠性、安全性、经济性等要求。在校园网络建设内容方面，《意见》从硬件系统配置、教学软件建设、人员培训、校园网施工管理四方面进行了较为详细的说明。

在信息化、网络化潮流中，校长必须要明确校园网络建设的重要性与紧迫性，从学校教育教学的实际出发，以国家颁布的《意见》为指导，加快学校网络建设，建立健全网络管理制度，真正发挥校园网络的教育价值，促进学校的现代化建设。

(二)理解与认识

为了实现学校内部管理的优化，校长的管理理念必须提升，为此校长在专业理解与认识方面，应该坚持依法治校，加强民主监督；崇尚以德立校，倡导科学民主管理，坚持育人为本理念，不断提升学校的管理水平。

1. 坚持依法治校，加强民主监督

依法治校是依法治国方略在学校层面的具体反映，是国家法制建设的基础工程；是科教兴国战略得以实现的重要保障；有利于促进学校管理科学化、民主化建设，维护教育秩序稳定；保障全面贯彻教育方针。从学校内部依法管理的角度来讲，依法治校就是校长按照法治的精神，依照法律和规章制度对学校的各项事务进行管理，实现学校管理的法治化和制度化。校长应该树立依法治校理念，建立健全学校规章制度，真正将依法治校落到实处。

"依法"是社会主义中国法治化建设的必然要求，"民主"是社会主义制度的本质特征。在学校管理过程中，校长应该将二者有机结合，在依法行使决策指挥权、干部任免权、用人权、奖惩权、财经权等权力的同时，还要不断强化民主意识，尊重学生、家长以及教职工主人翁地位，自觉接受校内外相关利益群体的监督，保证学校在运行过程中，切实照顾到校内外各相关主体的发展需求与利益诉求，从而推进学校的民主化进程，提高学校的管理水平。

2. 崇尚以德立校，塑造高尚品性

学校作为育人场所，应该重视人的主体地位，发挥道德在学校管理过程中的重要影响力，做到以德立校。具体而言，校长需要通过加强学校道德规范建设，把德育工作摆在素质教育的首要位置，"以科学的理论武装人，以正确的舆论引导人，以高尚的精神塑造人，以优秀的作品鼓舞人"，把学校建成社会主义精神文明建设的重要阵地。

校长是学校的灵魂，是学校的核心。实行"以德立校"，校长首先要率先垂范，成为广大师生的楷模，在思想品德、气质言行上成为师生的表率。校长要严于律己，以身作则。凡是要求教师与学生做到的，自己首先做到；凡是禁止教师和学生做的，自己首先不做，以实实在在的行动给教师和学生树立榜样。坚持先人后己、公正无私，不带偏见地、平等地对待学校中的每一位老师和学生。校长要廉洁自律，甘心奉献，努力发扬"捧着一颗心来，不带半棵草去"的精神，树立高尚品性。校长只有以高尚无私的人格魅力才能激发广大教师的工作热情，才能确立起稳固的威信，有效地领导并管理好学校，最终引领学校发展成为一个"道德共同体"①。

3. 倡导民主科学管理，坚持育人为本理念

校长在学校管理过程中必须坚持科学性与民主性相结合，但是无论何种管理方式的实行，校长都应坚持"育人为本"的核心理念，通过"教书育人、管理育人、服务育人"，最终实现学生的全面健康发展。

具体而言，科学管理是指校长在进行学校管理过程中，以科学理论为指导，遵循教育、教学和管理规律，合理运用现代化技术来处理学校内的各项管理问题，从而保证学校正常、高效运作。从而有利于摆脱学校管理经验化、主观随意性的问题。

民主管理是指校长要发扬民主作风，充分调动学校广大师生员工的积极性和创造性，使其共同参与学校管理工作，通过发挥集体的智慧和力量，把学校办好、管好。实行民主管理是学校领导贯彻群众路线，发挥群众智慧和积极性的有效方法。实行民主管理，切实保障广大师生当家做主的地位和权利，激发他们的主人翁意识，从而使学校管理能够在团结和谐的运转中达到管理目标，提高学校管理水平。

科学性与民主性是学校管理应该遵循的两项重要原则，其中，民主管理是科学管理的前提，而科学管理的实行更有利于民主管理，科学管理是民主管理的根本保证。二者是辩证统一、相互联系又互相促进的。

---

① Sergiovanni, T. J. *The Principalship：A reflective practice perspective*（3rd *ed.*）[M]. Boston：Allyn and Bacon, 1995：66-67.

学校管理与服务对象是人，学校的根本任务是育人，每一所学校都要坚持育人为本理念。

为了贯彻育人为本理念，学校需要建立健全教务行政和教学研究系统，完善教学管理制度，科学地组织教学工作全过程，保证教学工作在学校总体工作中处于主要地位。学校的课程安排、各项教育活动的开展、教育教学方法的运用、规章制度的制定、师生关系的建立、学校环境的创建等，都要有利于育人。把育人的观念渗透到学校工作的事事处处，管理的方方面面。学校一切工作都必须围绕育人这个中心来开展，为育人工作服务。"教书育人、管理育人、服务育人"不应只停留在口号上，学校行政、教辅、后勤都应把服务育人作为自己工作的宗旨，以服务育人的好坏作为评价自己工作质量的主要标准。

 ## 拓展阅读

1. 陈孝彬，程凤春．学校管理专题[M]．北京：北京师范大学出版社，2002.

2. 褚宏启，刘传沛．校长管理智慧[M]．北京：教育科学出版社，2011.

3. 关鸿羽．现代中小学教育管理理论与实践[M]．北京：教育科学出版社，2003.

4. 韩保来．学校民主管理制度研究[M]．保定：河北大学出版社，2007.

5. 毛亚庆．学校管理的改进与创新[M]．北京：北京师范大学出版社，2013.

6. 伍德勤，张乐群，徐剑虹．中小学学校管理的理论与实践（第2版）[M]．合肥：合肥工业大学出版社，2011.

7. 萧宗六．学校管理学（第四版）[M]．北京：人民教育出版社，2008.

8. 阎德明．现代学校管理学[M]．北京：人民教育出版社，1999.8.

 ## 思考题

1. 在学校管理过程中，应如何充分发挥党组织的政治核心作用，听取党组织对学校重大决策的意见，形成学校领导班子的凝聚力？

2. 怎样从实际出发，建立完善的教职工代表大会制度和校务会议等管理制度，实行科学管理和民主管理？

3. 根据自己学校的具体情况，需建立健全人事、财务、资产管理等哪些具体规章制度，以提高学校管理规范化水平？

4. 按照打造"平安校园"的目标，目前自己所在学校的各种应急管理机制是否已建立并得到完善，能够正确应对和妥善处置学校突发事件？

六、调适外部环境

学校的生存发展取决于学校与外部环境的成功互动，校长负有调适外部环境的专业职责。校长不仅要形成调适外部环境的专业理解与认识，掌握调适外部环境的知识与方法，而且要发展调适外部环境的专业能力与行为，从而使学校建立与政府部门、所在社区、学生家长和社会其他机构的合作关系，创设学校发展和学生健康成长的良好外部环境。《义务教育学校校长专业标准》对"调适外部环境"这一职责的具体要求如下。

专业职责		专业要求
六、调适外部环境	专业理解与认识	51. 坚持把服务社会（社区）作为学校的重要功能，勇于承担社会责任。 52. 坚持把合作共赢作为学校对外关系准则，积极开展校内外合作与交流。 53. 坚信学校与家庭、社会（社区）的良性互动是办学水平的重要体现。
	专业知识与方法	54. 掌握学校公共关系及家校合作的理论与方法。 55. 了解所在社区、学生家庭的基本情况，积极获取与学生成长、学校发展相关的信息。 56. 熟悉各级各类社会公共服务机构的教育功能。
	专业能力与行为	57. 优化外部育人环境，努力争取社会（社区）的教育资源对学校教育的支持。 58. 充分发挥家长委员会支持学校工作的积极作用，引导社区和有关专业人士参与学校管理和监督，接受改进学校工作的合理建议。 59. 建立健全家校合作育人机制，建立教师家访制度，通过家长学校、家长会、家长开放日等形式，指导和帮助家长了解学校工作情况和学生身心发展特点，掌握科学育人方法。 60. 积极发挥学校在社区建设中的作用，鼓励并组织学校师生参与服务社会（社区）的有益活动。

专题导入

　　调适外部环境，建立学校和社区的教育合作与协调机制，形成家校教育的一致性，这是学校保障每一个学生取得成功的必要条件。社会学家科尔曼（James Samuel Coleman，1926－1995）运用社会资本理论研究了学校、家庭和社区之间的关系。科尔曼认为，所谓社会资本，是与金融资本（financial capital）、实物资本（physical capital）和人力资本（human capital）并列的概念，存在于人际关系之中，其中重要的关系是：信任关系、权威关系和规范。① 科尔曼通过研究发现，学校教职工、家长以及学生之间形成了一种以共同遵从同一价值规范并保持两代人之间经常相互交流为特征的社会关系网，这种"社会资本"可以提升学校教育成效，使所有学生易于获得学业成功。所以，通过加强学校、家庭和社区之间的联系和沟通，能增加社会资本，改善教育效果，促进学生发展。②

　　《义务教育学校校长专业标准》之所以把调适外部环境作为校长的一项主要专业职责，具体而言是因为：首先，义务教育学校在推进教育改革和提高教育质量过程中，既不能自我封闭，单凭自己的力量开展，也不能仅仅依靠政府的资源，调适外部环境是学校争取社区和家长支持的必要措施；其次，社区和家长对学校教育的关注日益增强，影响力也越来越大，调适外部环境是学校回应社区和家长的教育要求，发掘和整合学校内外各种教育资源，形成学校与社区、学校与家庭的教育一致性的必然要求；再次，校长受政府委托全权管理学校，对外代表学校，这决定了校长必须与涉及学校各种事务的政府部门、所在社区、家庭以及其他机构产生多种形式和内容的工作关系，这就要求校长具有调适外部环境的专业知识与能力。调适外部环境是一种学校与外部环境的双向互动过程，校长要履行好调适外部环境的专业职责，就必须"坚持把服务社会（社区）作为学校的重要功能，勇于承担社会责任"，"坚持把合作共赢作为学校对外关系准则，积极开展校内外合作与交流"，"坚信

———————————

　　① ［澳］马尔科姆·沃特斯. 现代社会学理论［M］. 杨善华，李康，郭金华，译. 北京：华夏出版社，2000：85.

　　② James S. Colemen. Social Capital in the Creation of Human Capital［J］. American Journal of Sociology，1988，Vol. 94 Supplement. S95-S120.

学校与家庭、社会（社区）的良性互动是办学水平的重要体现"，着重进行两项专业历练：争取校外资源，接受改进建议；引导家校合作，参与社会服务。

争取校外资源和接受改进建议，体现了学校与社会（政府、社区和家庭）互动过程中双方的权利与义务关系。在专业标准视野下，校长要掌握学校公共关系的理论与方法，努力使政府部门、社区和学生家长关注学校教育的状况，认同学校的办学理念和价值，接受学校教育目标与特色，珍视学校的发展与成就，支持学校的教育教学改革，让他们成为学校教育过程的知情者，从而有可能参与学校管理，监督学校的教育教学，为学校教育教学的改革与发展提出改进建议。这也是学校争取校外资源的先决条件。

引导家校合作和参与社会服务，是学校发挥教育主导作用的基础和前提。家庭和学校作为学生成长过程中的两支主要教育力量，形成合力，相互配合、相互支持、相互促进，就能强化教育的作用。因此，完善家校合作育人机制，健全教师家访制度，通过家长委员会、家长学校、家长会、家长开放日等形式，指导和帮助家长了解学校工作情况和学生身心发展特点，掌握科学育人方法，是校长基本的专业历练。学校要发挥教育主导作用，还必须增强对学生家庭和社区的影响力。校长应当鼓励教师与学生为社区服务，积极发挥学校在社区建设中的作用。这样学校才能不断拓展家校合作途径，创新家校合作的方法，有效地引导家校合作。

调适外部环境的宗旨是改进学校教育教学，为每一个孩子取得学业成功和人格健康成长创造条件，从而实现义务教育的目标。本部分两项历练的五个案例，只是为校长思考、研究、探寻、历练和创新调适外部环境的途径和方式，提供了参考范例。

第十一项历练

争取校外资源　接受改进建议

　　争取校外资源和接受改进建议，需要校长在分析校情、了解学生家庭特点和摸清社区基本状况的基础上，因校制宜，因地制宜。本项专业历练的两个案例：红梅小学是一所由村小改建而来的公立小学，外来务工人员子女占40%；文成中学则是大型民办初中，属区域内的优质学校。这两所学校的校长在争取校外资源和接受改进建议的专业历练上各自走出了一条独特的成功之路。

案例一："借力"助推学校发展

红梅小学，坐落于城乡结合部，1999年从一所村小改建而来。目前学校有22个教学班，59位教师，754名学生，其中40％为外来务工人员子女。在办学初期，红梅是一所薄弱学校，周边环境不佳，生源普通，教师队伍不均衡。仅仅14年时间，红梅从一所名不见经传的村校华丽转身为一所区域内有一定影响力、老百姓认可的家门口的好学校。这一"奇迹"发生的原因是什么？当地教育局领导认为，红梅小学的成功秘诀就是："跟社区联系紧密，与社区发展融为一体，主动融入社区，不断汲取社区的营养。"回顾这些年办学走过的历程，红梅小学沈校长指出："正是因为通过借力于区域多元教育资源的推动，给予了学校办学的支持和帮助，为学校发展创造了平台和机会，提高了学校办好家门口学校的信心。"她把这种"借力"助推学校发展概括为：争取政府肯定，把握学校发展的生长点；寻求社区支持，找到学校发展的助推力；获得家长支持，形成家校教育的一致性。

1. 争取政府肯定，把握学校发展的生长点

红梅小学建立之初，沈校长就认识到，作为公立学校，学校的发展，政府支持是不可或缺的。为此，校长一定要形成明确的、与政府教育政策一致的办学理念，使政府认可学校的办学理念，从而牢牢把握学校的生长点。早在2001年，考虑到40％的外来务工人员子女的生源现状，红梅小学开展了促进城市学生和流动儿童和谐发展的实践研究，尽一切努力让外来务工人员子女享受到公平教育和优质教育。这一想法得到了当地教育局的肯定。本着让每一个孩子有学上、上好学的理念，学校从城市学生和外来务工人员子女的差异切入，以互动融合的少先队活动为教育策略，开展了城市儿童和外来务工人员子女手拉手少先队活动。这是一个抛弃传统说教方式、以学生自主融合为切入点的管理尝试。在手拉手联合活动中，更多的外来务工人员子女健康地融入了城市生活，促进了教育均衡。这一活动得到了各级部门的关心和帮助。2004年，红梅小学两位学生代表去北京参加"六一儿童节"活动，得到了中央领导的关心。中央电视台和本地教育电视台等媒体报道了学校的手拉手活动。由于手拉手活动带来的影响，2008年，针对红梅小学师资薄弱的状况，当地教育局把红梅纳入信息化扶贫的重点对象。学校确立了"抓住实验契机，立足师生团队发展，打造有效课堂，着力实践教育信息化实验，促进学校的快速发展"的工作目标。学校以完善各项制度、强化应用氛围、关注课堂教学、深化信息技术应用为重点，设立了"电子白板教学实践"、"英语阅读、校本电子教材开发"等科研项目，开展了网络教研、序列教研、同课异构、伙伴合作、专家诊断指导等不同形式的研讨活动，在实践中唤醒教师专业自觉，加快教师专业发展。与教科研同步，红梅小学为学生的信息技术应用开辟了新园地，如创建了 E 天网络社学生社团、红领巾小银行、红领巾电视台、红领巾读书网、校园学生网等平台，为学生的成长提供了舞台。在扎实有效的应用实践中，红梅逐步形成了校本信息化应用特色，有力地推进了学校的跨越式发展。有位专家是这样评价红梅的：红梅的信息化应用已从盲点走向尖点。

2011 学年初，当地教育局开展推进数字化学习方式变革项目，红梅小学再次成为项目实验学校之一，承担了当地开展数字化实验的任务。当地政府和教育局为红梅配备了两个实验班的设备，改建了数字化校园环境。学校确定了实验年级和实验老师，制定了实验方案和制度，以大胆实验、小心求证的踏实作风开展一对一数字化学习方式变革实验。课堂教学实践研究课是实验的重要任务之一，通过信息技术支撑下的教与学方式的变革，达到教师易教、学生易学，具有生命张力的情趣课堂。实验课主要有三个流程，先形成以教研组为单位的数字化学习项目核心成员引领下的教研活动，大家集体磨课、备课、熟悉硬件软件使用；然后每周五展示，全校教师观课评课，进行讨论；再把研讨的信息集中反馈给教师，促其课后反思。在集体智慧的不断传递中，课堂教学呈现了师生互动交流走向有效性，课堂生成资源的运用走向灵活性，学生自主探究过程走向真实性，网络作业更具备针对性的特点。学生在信息化应用各类比赛中屡屡获奖。通过一年的蜕变，教师的课堂教学能力得到了质的飞跃，教师获得了全国课堂教学课例比赛、华东六省一市课堂教学评比、所在地青年教师课堂教学评比多个一等奖。

2. 寻求社区认同，找到学校发展的助推力

红梅小学手拉手活动在得到政府肯定和支持的同时，也得到了社会各界人士的关注，一些大企业开始参与学校活动，与学校结成了教育联盟，加强对话和合作，共同参与和探索城市化背景下新型有效的活动途径和活动策略。

红梅小学抓住了这些机会，采取各种措施，把社区资源引入校园。学校邀请社区人士和家长，如社区退休校长和教师、贫寒但勤学奋斗的成功者及各领域专家（如医生、律师），到学校演讲，帮助学生塑造人格、增进知识和端正求学态度。学校也请社区居民提供有关社区的风俗习惯、文化传承、信仰观念与价值系统，请他们参与乡土教材编撰。学校还邀请社区居民与家长，担任义务工作，协助教师的教学及行政的运作，如上下学护导、资源回收等。

除了请进来，学校也重视走出去，将教室延伸至社区，充分利用社区资源，创立了校外教学基地。在居委会里，学校成立了社区中队活动室。学校组成了青年教师和学生两支不同的志愿者队伍，进行社区义务劳动。居民与学生合作，环保护绿，学做科模，在闲暇时来社区中队活动室和学生下棋、游戏。学生的活动由单一的娱乐转向与社会大背景逐渐融合的综合性活动。学生作为"社区人"的概念在潜移默化中渐渐形成。

2011年，红梅将家长、社区各类机构、民间组织中热心学校教育的人召集在一起，组建了社区委员会，作为宣传学校发展的窗口。借助"学习型家庭的建设"这一课题的实施，红梅小学与社区委员会进行沟通后，利用元旦进行了"亲子活动节"。在簌簌寒风里，虽然许多人冷得浑身发抖，但是校园里洋溢的欢乐气氛驱散了冬日的严寒。在"你有我有大家有"、"大手牵小手"、"勇攀高峰"的活动中，父母与子女，甚至是祖父母与孙辈互相勉励同争上游的亲情氛围让人们感到春日般的温暖。

红梅小学还根据学生的兴趣爱好和住址，三年级以上各中队组建若干支社区假日小队。以小区居委会为点，成立社区活动阵地，并在各中队辅导员的指导下，开展了丰富多彩的社区假日小队活动，走出校门，深入社区，了解社会，服务社会。有的去慰问孤寡老人；有的去社区打扫卫生；还有的早晨参加老奶奶们的太极拳、扇子舞活动。形式多样的活动，丰富了队员的课余生活，陶冶了队员的情操。

红梅小学还倡导教师进社区活动。寒暑假，学校以"党员加团员"的"1＋1"形式，组成多支队伍，全覆盖进入到各个社区了解学生的活动情况，关注学生是否准时到所属社区报到，是否积极参加社区活动，社区对学生方方面面的满意度等，让每一个孩子能健康、快乐、有意义地过好假期每一天。教师利用专业优势，义务为社区讲课，英语老师流利的英语口语和实用情景对话，满足了社区各个年龄层的居民的外语需求；科技老师的食物雕刻和特色老师的丝袜花得到了居民们的一致好评；心理老师的团体心理辅导丰富了孩子们的内心世界，为孩子们过有意义的假期提供了心理保障。

沈校长深有体会地说："多元文化背景下，学校教育必将走入社区的广阔天地，给予学生较为充分的时间和空间，这也在多方的联动融合中改变着传统学校的单一封闭性。学校要善于利用各种资源，在学校和社区之间架起一座教育的桥梁,搭建一个基于社区环境的学习平台,把学校的学习转变为生活的学习和全面的发展。"

3. 获得家长支持,形成家校教育的一致性

沈校长认识到,"家庭教育是学生成长中的起点和基点,在人的成长中起着举足轻重的作用,但是往往个体的家庭教育和集体的学校教育会产生一些摩擦,如教育理念和教育方式的差异。如何在个性和共性中找到平衡点?如何帮助和引导家长找到更适合孩子健康成长的途径?如何传递学校教育理念,合家长之力,凝成一股教育的合力?"为此,2000 年,红梅小学就建立了由分管德育校长、教导主任、年级组长、班主任、家委会代表组成的家长学校管理网络,形成了一个多层次、多形式、多渠道的家长学校工作网络。这一网络使家庭教育工作无论是内容还是形式都得到了保证。

沈校长指出,"教育可以协助个体的社会阶层向上流动,因此,家长愿意投入时间和精力,帮助孩子解决学习与生活问题。如果学校能告诉家长如何在家中教导子女,他们可能会花更多时间协助子女学习。"为了提高家长的学习积极性,红梅小学在家长学校中创设丰富多彩的各类活动,鼓励家长参与学校教育活动。如邀请家长参加主题班会,别出心裁的家长座谈会,让家长成了会议的主角,大家畅所欲言,互相答疑解难,让他们充分发表自己的高见,展现才能;创设机会,让家长走入学校参加活动,如一年级的家长学校和"好苗苗入队仪式"、三年级的"今天我十岁"的主题队会、五年级的"毕业典礼"和全校的"亲子运动会"等。

家长委员会是家校沟通的核心力量,扮演着学校与家长之间的沟通桥梁。为了形成家长核心力量,红梅小学的家长委员会定期补充,由热心参与学校工作的家长组成,对学校的各项工作献计献策。例如,学校大型活动的策划和开展,家长学校开课的形式和内容,都有家委会成员的心血。此外,红梅小学聘请了部分学生家长担任校外辅导员,从丰富学生的课余生活出发,在家庭里建立双休日活动阵地。家长的参与让孩子倍感亲切,不同行业的家长带给孩子不同方面的知识。在生活中,学生不仅学到了知识,同时也在生活实践中建立了深厚的友谊。学校的这些措施调动了家长的教育力量,形成了良好的家庭教育氛围。

沈校长认为,"很多时候我们往往在学校和家长的关系中忽略了一种关系,那就是家长与家长的关系。在学校管理中,我们越来越感受到,当家长不理解学校工作时,家长与家长之间的沟通是一种学校无法取代的力量。"因

此，红梅小学努力让家长之间的力量成为学校发展中的不可小觑的力量。这是发生在一年级的家长开放日活动后的故事：

红梅小学每学年都有家长开放日活动。活动后每一班有班级论坛，家长们在网上畅所欲言，老师们积极呼应，在家长的反馈中更好地调整学生在校的学习生活。活动结束后，一(5)班的论坛上发生了这样一件事：一个家长愤怒了——他在论坛上这样留言：

"家长会上，儿子的名字2次上榜，都是上课表现不好。老师当着所有家长的面问我怎么办，表示她没有更好的办法。儿子好动、倔强，他为此付出了不少代价。在家，其他方法不管用的时候，会挨揍，平均1周2次。家长会的前一天因为不认真做作业，领到了4个耳光外加1脚。在学校，老师多次罚站，罚坐，多次被几个同学叠罗汉，压在最下面；有多次被几个同学推倒在地拖着走的经历；被同学用铅笔在身上连戳几下，回家都疼……小孩才8岁，承受那么多压力和教育，还是不懂事，上课纪律还是没有进步，我真的需要大家的智慧来帮助，怎么样让他老老实实地坐在那里听课！"（家长后来又找到德育教导处，要求转达更换老师的建议）

班主任看后在网上给家长回复了一封真诚的信。没想到意外又发生了：一群家长被激怒了，她们在论坛上写了一封长长的信给校长。内容大概是：对班主任的投诉，请听一下其他家长的意见，校长再做决定。首先，作为一名年轻教师，在工作方面存在某些不足，这是必然的，因为没有天生的教育家。一年来，我们看见老师在努力进步，家长给出的各种意见和建议，她都会虚心接受，并运用到工作中去。我们欣喜地看见，我们的孩子与这位老师投缘、亲密无间，老师是非常用心关注的，提醒孩子添加衣服、喝水，注意孩子的精神状态，对安全也是高度警惕。教育本身就是学校和家庭双方面的事，作为家长，将责任尽数推在老师身上，是不称职的。作为老师可以说"没有教不好的学生，只有不会教的老师。"也可以说"没有不会教的老师，只有不会学的学生。"老师也是人，老师不是万能的，每一位有经验、有能力、有业绩的老师，都是从毫无经验的年轻教师开始的。在这个过程中，有不足、有错误是必然的。我们愿意给年轻老师以机会，包括发现错误和改正错误的机会，只有经历这样的过程，才会使年轻教师渐渐成长为有经验的教师，我们家长愿意看见这个过程，也希望学校领导能多多给予支持和鼓励！

在看到了老师和家长的留言后，校长随即在论坛上给家长们写了封信。在网络"大战"之后，投诉家长的最后留言是这样的："谢谢老师的回帖。对孩子的教育总让我头晕，自己的性子又急，短时间没见到效果就会失去耐心。这段时间效果渐渐地显现了，还是蛮高兴的。看到了老师们的努力，看到了老师们的真诚，我也要找找自身因素，跟老师们一起努力。还有家长们也热心地帮我，经历了这段小插曲，真正感到学校的老师们真好，家长们真好，能在这里上学真好！校长！留人！"

家长与家长之间的互动是促进教师不断完善教育实践的动力，也是获取教育学生多元策略的有效渠道之一，是一股不可小觑的教育合力。

回顾红梅小学的发展，沈校长指出，身边的资源无限，但个人拥有的资源有限，校长的能力有限，但梦想希望无限，借助一切可以借助的力量，负起一切应该负起的责任，让你身边的人都来关心教育、重视教育、支持教育、厚爱教育、监督教育、发展教育，那么我们就能通过借助他人的力量达到梦想的成功！集中一切能够集中的智慧，敢借、能借、会借、善借，懂得借助他人的力量做你要做的事，就能更顺利地到达成功的彼岸。

道理与点评：争取校外资源和接受改进建议，校长不仅要结合校情和教育发展趋势，形成自己的教育思想和办学理念，而且要寻找各种机会向社会展示这些思想和理念，争取社会，尤其是政府的认同和支持。沈校长敏锐地把握了义务教育均衡发展的大趋势，形成了"让外来务工人员子女更健康地融入城市生活，促进教育均衡"的办学理念，开展了"城市儿童和外来务工人员子女手拉手少先队活动"。这一办学理念和教育活动得到了各级教育行政部门的肯定和支持，并带来了良好的社会声誉，政府的资金和项目投向红梅小学。学校被列为当地"信息化扶贫的重点对象""数字化学习方式变革项目实验学校"等。当地社区和一些大企业也开始关注学校，为学校带来了各种教育资源。学校以此为契机，"立足师生团队发展，打造有效课堂，着力实施教育信息化实验，促进学校的快速发展"。同时，学校也重视走出去，将教室延伸至社区，充分利用社区资源，创立了校外教学基地，倡导教师进社区活动等。这些措施使红梅小学教师素质和教学质量得到了全面提升，学校很快就成为一所区域内有一定影响力、老百姓认可的家门口的好学校。

案例二：拓展校外资源　激活内生动力

文成中学是 1994 年创建的大型民办初中，是一所设施完备、环境优雅的现代化寄宿制学校，目前在校生规模 2 300 多。近 20 年来，学校以"人文立校、主动发展"为办学特色，坚持"学校教育要为学生的一生发展奠基"的办学理念，培养了一支"师德高尚，爱生敬业，乐于奉献，教艺精湛，探索创新"的师资队伍，已形成了鲜明的办学风格：即基于整体办学质量提高下的多元化教育、多课程选择、多渠道成才；教学质量始终是学校的工作重点，因材施教、分层教学效果显著，其中语文和数学已成为强势学科，探究型课程与拓展型课程建设卓有成效，在区域内赢得了良好的社会口碑和较高的知名度。文成中学柏校长在总结文成的成功经验时指出："注重办学外部环境调适和校外教育资源的整合利用，是文成取得成功的关键之一。"

1. 争取社区的教育资源对学校的支持

要争取社区对学校的支持，首先要让社区了解和认同学校的办学理念和办学特色。为此，文成采取了许多措施向社区宣传办学理念和学校特色：校长开通了新浪和腾讯微博，主动向社会、家长、学生介绍校长的办学思想、学校特色、重要活动，提供与社会交流的平台和窗口，积极回应学生和家长对学校教育的诉求。目前，校长微博的粉丝已经有数千人，形成了较广泛的社会影响。文成也非常重视学校网站建设，使校园网成为社会各界了解学校的重要窗口。文成校园网的一些重要栏目，如"校园热报"、"教学前沿"、"学校荣誉"、"课程建设"等，由专门团队负责，及时更新，每天浏览人数近万。

文成的第二项措施是让学生成为办学"宣导员"。学校组建学生"校园文化宣讲团"，由数十位学生组成，经过指导和培训，在每年招生工作启动之前，分为若干小组到区域各优质小学和重要生源基地开展校园文化宣讲活动，将学校的特色课程与活动、优质师资与文化、办学理念与成果向小学毕业生进行介绍。

文成办学时间近 20 年，学生规模大，目前校友资源丰富，基于育人理念培养下的校友都成长优秀且热爱母校。学校充分利用这一资源，组建了"校友会"，校友会注册人数近万。校友会定期活动，成为学校办学重要的精神支撑和依靠对象。

柏校长认为，要得到社区对学校的支持，除了要做好办学理念和办学特色的宣传工作外，还要坚持把服务社区作为学校的重要功能，承担起区域内对外辐射和结对帮带责任。2000 年以来，根据教育主管部门和地方政府的要求，文成中学积极做好区域周边学校的教育教学结对帮带工作。目前，文成中学通过托管、柔性流动、项目扶持、师徒结对、组室共建等形式帮带区域内九所初中和外省市两所初中共同发展。学校近三分之一教师参与其中，平均每学期开展教育教学研究交流活动三百多次。对外帮带利人也利己，不仅促使教师不断提升自己的专业发展和指导水平，也扩大了学校的专业影响力。文成还承办了各类教研训基地：所在地数学骨干教师培养基地、化学骨干教师培养基地、班主任骨干培养基地、探究型课程教研培训基地、见习教师培训基地等，为区域教育均衡发展发挥了示范引领作用。

2. 引导社区和有关专业人士参与学校管理和监督

为了促进学校与家庭、社区的良性互动，文成中学对家长委员会进行了改革，创设了"一处六部"模式的家长委员会。2011 年，在学校、年级、班级三级家委会推荐下，文成中学家长委员会成立了"一处六部"，分工负责学校家委会的各项工作。各部门由专人负责，同时聘请部分热心家长共同参与。"一处六部"及其职责具体如下。

秘书处。主要工作：按照学校和家委会要求通知召开家委会例会；根据家委会各部活动安排发布相关信息；即时发布家委会及各部工作开展情况；落实学校及家委会临时安排的其他事项；在全校家长中开展相关调研并及时与校方沟通等。

课程资源拓展部。主要工作：广泛发动家长结合自身专业特长，将其开发成适合学生的课程、讲座。在与校方明确课时设定、年级安排等工作的基础上实施，使开发的课程具有延续性和常态性。如大学教授带领的团队，为九年级学生开发了《走近大师》课程，为八年级学生开发了《口才与表达》课程等。

课外活动拓展部。主要工作：广泛发动家长结合自身行业资源优势，将其开发成适合文成初中学生的课外参观游览、社会实践活动，并使之固定化、常态化。如家长组织的赴高校实验室，当地各类文化、科技、艺术展馆参观考察活动等。

家长志愿者工作部。主要工作：广泛发动家长参与校园活动的志愿者工作，同时做好家长志愿者的招募、组织、管理等工作，直接参与学校大型活动、校园主题文化节的管理和服务工作。如狂欢节、运动会、军训、文化六一等主题活动的志愿服务与组织管理工作。

宣传联络部。主要工作：广泛发动家长群体中媒体、广告行业人员的资源优势，运用多种平台、渠道为学校的发展宣传造势；同时协助学校处理对外宣传中的相关问题。

亲子坊。主要工作：广泛发动教育行业、咨询机构从业人员家长的资源优势，组织开展亲子讲座、家庭教育问题咨询等活动；在家校论坛上开设专栏，及时回应家长在教育过程中遇到的问题；协助学校处理在家校沟通过程中的相关问题等。

家长援教团。主要工作：广泛发动家长群体中卫生系统、法律咨询、政府部门从业人员的资源优势，妥善解决全校师生在医疗、法律援助等方面的后顾之忧，同时协助学校解决学校管理中遇到的纠纷调解等问题。

为了更好地发挥家长作用、整合家长资源，调动家长为学校提供社会资源、智力支持、服务保障的积极性，文成中学进一步完善了家委会工作方式，包括建立工作计划制度：家委会每学年拟订一份工作计划，计划经与校方协商后备案；形成例会制度：家委会每月召开一次例会，沟通商议工作方案、解决工作推进中遇到的难题。例会由家委会主任召集，家委会秘书处联系通知，参加人员为家委会及专家顾问团全体成员和校方负责人；完善沟通制度：家委会成员与校方负责人保持经常性双向联系和沟通；构筑沟通平台：由秘书处负责家委会官方 QQ 群和微信群的管理等工作，原则上每晚 9：00—10：30 为群聊时间；有书面材料商议（如活动策划案等）可通过邮箱传递；搭建信息发布平台：经校方认可的家委会任何活动的组织、发动均通过学校家校论坛向全校家长发布。

此外，文成中学还创建了"家长资源库"，组成了"家长导师团"。新生入学时，学校即采集家长资源信息，在自愿前提下，由家长填写可以为参与学校教育提供帮助的相关信息。学校集中纳入家长资源库，由专人保管，需要时经过家委会和学校领导共同商议决定，方能使用。在家长资源库中，文成中学注意采集学校教育特别需要的相关专业人员，如高校教育专家、科技艺术领域的专门人才、特殊教育方面专家（心理、青春期等），在经得家长同意后，成立家长导师团并颁发证书，需要时接受学校咨询，必要时直接参与学生教育和培养工作。

3. 构筑家校联系平台形成教育合力

积极获取与学生成长和学校发展相关的信息，是形成家校教育合作的前提。文成中学强调教师要掌握每一个学生的家庭教育情况，同时尽可能指导和帮助家长了解学校教育工作情况和学生身心发展的特点。

文成中学有严格的教师家访制度。这一制度规定：对新生百分之百进行家访，了解学生和家庭基本情况，掌握家长对子女的教育期待，熟悉学生的个性特点，对每位学生做个性化的"成长档案"，以利其尽快适应新的学校和集体，尽快适应初中学习生活；对重点学生进行常态化家访，如对有学习困难和行为问题的学生，教师每学期至少一次家访，与家长取得教育共识，制订教育计划，形成教育合力；对异常学生即时家访，如对阶段性表现异常、家庭出现变故、突发意外情况的学生，第一时间进行家访，找到问题所在，稳定学生情绪，即时干预，及时教育引导。此外，对特殊学生，如单亲、贫困、残疾、心理障碍等特殊学生开展师生结对帮助，每学期至少家访两次，并予以全面关心和成长指导。

文成中学也鼓励家长参访学校，要求每学期每个年级组织两次"家长开放日"活动，家长自愿参加，体验半天的学校常态生活，内容包括参加升旗仪式、听三节随堂课、观摩广播操、与学校领导座谈、食堂用餐等，活动后填写意见建议表。学校要求每位家长在子女就读期间必须至少参加一次"家长开放日"活动，以此了解学校教育和校园生活。这有利于开展家校协同教育，也有助于学校听取家长意见，改进办学。学校的重要活动，包括八大主题文化节、奖学金颁奖、志愿者表彰、军训会操、十四岁集体生日、毕业典礼等，均向全体家长开放，让家长全方位了解学校工作动态，真切体会学校教育细节，进一步形成教育合力。

除了教师家访和家长参访学校这些直接的家校沟通渠道之外，文成中学还利用现代信息通信技术，构建了家校联系网络——"家校论坛"网络平台。家校论坛由学校出资策划，请专业机构打造，向每位家长、老师、学生提供账号和密码，形成全校性的专用网络交流平台。"家校论坛"分为"通知公告""校长的话""家委会""金牌教师""桃李满园""校园文化""竞赛特长""课外生活""育儿心经""家长互助""意见建议"和"学生须知"12个大栏目。同时全校各年级和48个班级都有分栏目。目前，"家校论坛"成为密切家校联系、共议育人大计的主阵地。学校还运用多种信息技术媒体加强家校联系，如利用QQ、飞信、微信等信息技术手段，每个班级都建立起班级家长群和家校联系网络，使家校沟通和教育研讨突破了时空限制，发挥了学校和教师在教育中的主导作用，这也为学校最大程度地利用家庭教育资源和家长互助创造了条件。

文成中学还建立了独特的家长会制度，不断探索家长会的新形式和新内涵。学校每学期期中和期末召开两次家长会，不定期召开有共性问题的部分学生家长会；创新了家长会形式和内涵，如根据男女生青春期身心特点分性别召开家长会；根据家庭中父母教育责任的差异分别召开爸爸家长会和妈妈家长会；举办家庭教育论坛，邀请有育儿心得的家长交流讨论等；针对普遍存在或可能面临的共性教育问题，举行专题研讨式家长会，如青春期、逆反心理、早恋等主题。

为了指导和帮助家长掌握科学育人方法，文成中学也对家长学校的活动形式进行了革新。学校争取多方支持，如高校专家、学校资深教师、心理健康教育专家、社会名人、优秀家长代表等为家庭教育出谋划策，提供支持与保障；创办了家长学校刊物《自己的园地》（交流家庭教育心得）和《心灵之旅》（心理辅导类）；每学期举办两次家庭教育类专题征文活动，优秀文章结集，印发给全校家长；积极邀请家长参与学校各项活动，在活动中体验、感悟教育心得；每学期评选优秀家长，进行表彰和交流；邀请专家为不同年级学生家长举行专题报告和讲座，回答家长关心的家庭教育问题和困惑；在家校论坛和家委会QQ群中开设咨询答疑、讨论交流的空间，邀请在教育领域有心得和成效的家长介绍经验。

4. 鼓励并组织学校师生参与服务社会的活动

柏校长认为，"一所学校，只有服务社会，勇于承担社会责任，才能获得社会认可，才能争取到源源不断的社会资源。"自建校以来，文成中学注重发挥学校在社区建设中的作用，鼓励并组织师生参与服务社会，建立了全员化、常态化的志愿者服务制度。

文成中学要求学生必须经常参加各类公益劳动、志愿服务、社会实践活动，为每位学生印发伴随初中阶段的《志愿服务手册》，并作为今后各类评优、升学、考核的重要依据。每年3月5日"学雷锋日"是文成中学"双十佳志愿者表彰"活动日，学校对在志愿服务活动中表现优秀的"十佳志愿服务个人"和"十佳志愿服务小队"进行表彰奖励，颁发"金牌学生"奖牌和志愿服务支持经费。学校将雏鹰假日小队与志愿服务活动结合起来，走进社会、走进社区，培养社会责任感和公民道德。

文成中学也将承办各类公益性文化教育活动作为服务社会的重要渠道。每两年举办一次学校所在地中小学生现场书画大赛和科技创新大赛，为推进区域素质教育做贡献。学校创设了体育俱乐部，为周边学校的学生提供数十项体育项目的兴趣培养和特长培训。校内游泳馆也向周边学校学生开放，为区域内数千名学生游泳课进课堂提供保障。此外，学校也承担各类接待任务，成为展示当地教育成果的窗口。

　　道理与点评：作为一所优质学校，社会对学校的认同与赞赏，最终取决于学校的办学质量和师生的成就。但社会对这些业绩的了解，离不开学校适时向社会的展示和推介。因此，校长要掌握公共关系的理论与方法，熟悉传播师生成就的可能途径。如此，学校才能源源不断地获得各种机会与资源。柏校长善于运用多种媒体与工具，"主动向社会、家长、学生介绍学校的办学思想、教育特色、重要活动，提供与社会交流的平台和窗口，积极回应学生和家长对学校教育的诉求"。同时"引导社区和有关专业人士参与学校管理和监督"，创设了"一处六部"模式的家长委员会，创建了"家长资源库"，组成了"家长导师团"等。此外，柏校长注重发挥学校在社区建设中的作用，鼓励并组织师生参与服务社会，建立了全员化、常态化的志愿者服务制度。这种行之有效的双向互动，使丰富的社区和家长教育资源成为文成中学教育改革和发展的重要依托。

第十二项历练

引导家校合作　参与社会服务

引导家校合作和参与社会服务，没有固定的模式。本项专业历练的三个案例：古都实验小学是一所建立仅仅13年的农村小学；建文实验学校是一所有11年历史的民办小学，属于省会城市的优质学校；江东实验学校则是一所坐落于大都会著名国际社区的九年一贯制公立学校。三所学校校情各异，环境迥然，在引导家校合作和参与服务社会上面临的难题也不同。三个案例呈现了三位校长结合实际，在引导家校合作和参与社会服务专业历练上创造的成功故事。

案例一：家校一致和谐育人

古都实验小学是一所建立仅仅 13 年的农村小学。如果你不经意走过这里，简单的学校大门，稍显陈旧的教学楼，完全可能忽略她的存在。但 13 年来，学校一步一个台阶，发展迅速，从一所仅 150 名学生、15 名教师且设施简陋、条件艰苦的农村小学，发展到现在拥有 4 个校区，并托管一所学校，达到 3 180 名学生、256 名教职员工的教育教学规模，连续 12 年荣获所在地目标考核先进单位，连续 8 年荣获教育教学考核第一名，成为所在地的星级特色学校。

1. 明确家校教育职责

在张校长看来，古都实验小学之所以能从一所默默无闻的农村小学，成长为一所被广大家长所赞誉的品牌学校，除了始终坚持"把教师的专业发展放在第一位"，"发展教师，成就学生"的办学理念之外，建立健全的家校合作育人机制是其中的重要因素。正是由于得到了家长的支持与配合，家庭教育与学校教育才能协调一致，形成合力。在建校伊始，古都实验小学就开始探索家校合作育人机制，建立了家长学校和家长委员会，完善了教师家访制度，改进了家长会形式，设立了家长开放日等。学校明确规定，协调家校合作，帮助家长了解学校教育工作情况，指导家长熟悉学生身心发展特点和掌握科学育人方法，是每一位教师的基本职责。经过 10 多年的努力，古都实验小学逐步形成了家校权责分明、共同参与和合作育人的家校和谐关系。

张校长认为，当今教育的重点和难点在于学校与家庭之间的互相信任，互相配合，形成教育合力。为此，古都实验小学把明确家长和学校各自的权利和责任，作为家校合作的基础和前提。

张校长指出，"从学校方面而言，重点应该是保障家长的权利和责任。"家长的权利包括知情权、参与权和建议权。知情权：学校行政工作历要向全体家长委员会公布，学校的重大活动要让家长委员会成员知晓；参与权：学校重大活动要邀请家长委员会成员参加，学校有关学生的决策，要征询家长委员会意见；决策权：家长参与教师的述职报告等活动，参与优秀教师团队的评选。教育局推荐的优秀报刊等征订，要充分征求家长委员会的意见和建议；监督权：家长委员会成员有权利对教师的课堂教学情况、作业布置情况、餐厅卫生条件及饭菜质量等问题进行监督。尤其是对课业负担、体罚及变相体罚等情况进行监督，并及时向学校反馈，便于学校整改。要及时公布监督电话及校长邮箱等，确保监督意见有回复。

家长的责任包括：首先，"参与"但不能"干预"。学校上千名学生，家庭情况、文化层次、个人需求都有所不同，学校所做的工作不可能满足家长的全部要求。有时家长是从个人角度考虑问题，没有从其他家庭的角度去想，更没有站在学校及老师的角度去考虑，这势必造成看法的偏颇，带来不必要的误会和隔阂。其次，"沟通"但不能"强势"。古都实验小学一直要求教师，要有责任心，有爱心，对待家长要有足够的耐心和宽容心。当孩子遇到问题时，家长对待学校、对待老师的态度应该是沟通而非强势。张校长认为，"随着教育法律法规的不断完善，正在逐步走向依法治校，任何事情都可以在基本法律框架下和谐解决。"比如：学生在学校发生意外伤害事故，首先要调查原因，不能以"学生在学校发生的事，学校就要负全部责任"为解决问题的准则。再次，一切都是为了孩子。家长和教师的教育目标是一致的，都是想让学生健康成长。当教师的要求和家长的做法南辕北辙时，孩子的教育一定是失败的。家长要和教师及时沟通，形成教育合力。要互相尊重，互相维护在学生心目中的形象，教师不应该在孩子面前指责家长，家长也不应在孩子面前诋毁老师。家长应该配合学校的工作，并对孩子提供力所能及的帮助。

2. 为家长提供教育服务

古都实验小学在保障家长的权利和责任的同时，强调学校应该为家长提供教育服务。学校在日常教育教学活动中，高度重视与家长的联系工作，调动家长参与学校管理的积极性，同时关注学校的活动，关注子女的成长，让每个家庭都时刻感受到学校在关心和帮助孩子的成长。古都实验小学创新了多种家校沟通的形式。例如，每月的校园开放日活动，学校请家长走进课堂、走进校园，检查后勤（餐厅），并请部分家长当一天校长，体会学校的教育教学及管理工作，起到相互理解、相互体谅的目的，使家长更加配合学校工作，并适时为学校提出合理化建议；各个班级组建了班级 QQ 群、微信群等；创立了每月一次的主题家长会，采用集中与分散相结合的方式进行，班主任要拟订主题，并形成书面材料，发放到家长手中，要确保家长会的有效性；坚持每学期一次家长开放日，将开放日与春诵经典、运动会、家校联欢等大型活动相结合，并向家长传递学校的办学理念；创设了五月感恩节，重在培养亲子感情，引导学生要对自己的父母心怀感恩之情，家长要对教师的付出心怀感恩之情，教师也要为家长的理解和支持心怀感恩之情。此外，学校坚持每周为家长发一条有教育意义和价值的学校通讯，每学年邀请一位全国家庭教育专家对全体家长进行培训，或开展一次具有指导意义的亲子活动。张校长认为，这些活动使师生之间、教师和家长之间、学生和家长之间的关系更加和谐了。

营造书香家庭则是古都实验小学一项成功的家校合作活动。张校长坚信，读书不仅是个人修养的标志之一，也成为人们完善自我、提升自我、凝聚智慧的重要途径之一。如果学生从小就能养成良好的阅读习惯，一生都会受益无穷。然而，随着生活节奏的加快和电子媒介的发展，由于工作和生存的压力，受娱乐文化和视觉文化的冲击，人们读书的习惯正在消失。为此，古都实验小学向全体家长倡议，请家长加入到"营造书香家庭"读书活动中，做孩子读书的向导和榜样。张校长说："当家长牵着孩子的手，走进琳琅满目的书店，带领孩子走进书香满溢的图书馆的时候，当家长陪伴孩子一起在灯下阅读的时候，当家长引导孩子把阅读当作生活的一部分的时候就等于把孩子引入了知识的海洋。阅读将为孩子带来一个全新的世界，不仅会带给孩子想象的空间、知识的积淀，而且教会孩子如何做个有修养的人！"

书香家庭创建中，古都实验小学为家长提出合理化建议，并根据个人申报、班主任实地考核、学校挂牌等形式，对在书香家庭创建工作中的优秀家庭进行表彰。书香家庭，用书籍为孩子的未来奠基！使阅读成为孩子的生命需求！通过书香家庭的创建，不仅学生养成了好读书、读好书的习惯，家长也在活动中不断积累，也增进了亲子交流。家长素质不断提高，能够更好地理解学校的办学理念以及教师的教学方法，能够更好地配合学校和老师做好孩子的教育工作，一举多得。

3. 创新家校合作形式

古都实验小学在探索家校合作过程中，创造了多种特色鲜明的家校合作形式，"家本课程"就是其中一种。家本课程是古都实验小学的创造。家本课程实施的对象由教师变成了家长，实施的地点由学校转到家庭，致力于按照教师的理念，按照教育的规律引导家长培养学生的生活能力。家本课程是家校联合设计、以家长为主导实施的教学方案，是家庭教育的学校化，是学校教育的家庭化。张校长说，家本课程实施要实现三个目的：①全面提升学生的心理素质，充分唤醒、开发、提高学生的潜能；引导家庭教育，让家庭教育成为学校教育的延伸、强化、升级、交叉与融合。②帮助学生在生活、学习中品尝解决困难的快乐，体验学习进步、成功的乐趣；拓展学生知识领域，增进学生对自然、社会和文化的认识和理解，提高学生的科学精神和人文素养，发展思维能力、创新精神和实践能力。③关注学生学习愿望的形成和学习成绩的提高。

家本课程实施遵循了三个原则：①共同参与。家本课程的实施要由学校（教师）、家庭（学生和家长）共同参与，学校负责家本课程内容的开发设计，家长负责学生在活动中的安全和指导，学生和家长则要在活动中完成家本课程中设置的内容。②螺旋上升。每年固定内容的家本课程要有不同的侧重点，要不断推陈出新，让家长和学生每次参与都有不同的收获和感受。③及时反馈。每次活动结束后，学校要及时收集家长和学生意见，根据家本课程的完成情况对课程设计进行反思和改进。

张校长描述了家本课程的实施过程：

周一在学校值班，一个学生半信半疑地问我："校长，老师今天说，这个星期，我们去大唐遗址公园春游，这是真的吗？"我笑了笑，然后肯定地告诉他："这的确是真的，老师是不会欺骗你们的，老师还会和你们做游戏呢！"

晚上接到几位一年级家长的电话，有的家长疑惑地问："学校组织孩子们春游是真的假的，不会是老师哄孩子的一种手段吧。"有的家长问："孩子从来没有春游过，我应该给孩子准备些什么东西？"

我告诉他们，这是一次学校和家庭共同参与和实施的校本、家本课程，不仅仅是春游那么简单，而且还要以课程的要求和形式来编写教材，学生在游玩的同时和父母一起认识植物，积累知识，进行环保活动等，同时增进亲子感情，促进家校沟通。

教育不只是书本，不应该仅囿于校园，我们需要在确保安全的情况下走出去，实施学校的综合实践课程。安全是第一大事，作为校长，我们深感责任重大。但是安全绝不是我们不搞综合实践活动的借口。我们选择大唐遗址公园是因为离学校的直线距离不足 1 000 米。在整个活动的策划中，我们尽自己最大的努力做好安全保障工作，从路线勘测到和交警联系，从如何分组到全体老师的共同参与，从活动的目的意义到活动内容的设计，大家齐心协力。听到孩子们的欢声笑语，看到家长们的心满意足，我们觉得付出值得。

《走进大唐遗址公园》校本·家本课程，古都实验小学已经坚持了 5 年。像这样的校本·家本课程，学校还有很多。如走进新区体育馆、走进银杏山庄、走进海洋馆等。

古都实验小学还将家本课程延伸到了假期，形成了"假期家本课程"的新形式。张校长指出，教育工作者要引导家庭教育，让家庭教育成为学校教育的延伸、强化、升级和融合；合格的家长要配合学校教育，合理安排孩子的假期，让家庭教育更科学、实效，更有利于孩子的持续成长和全面发展。张校长介绍了古都实验小学"寒假家本课程"：

10年来，古都实验小学的老师和家长一直坚持共同为学生编写寒假家本课程。之所以叫"寒假家本课程"，一是因为家长参与编写，给老师提建议；二是家长参与实施，为学生提供帮助。家长在课程实施中有重要责任，要全面参与并适时指导，这本身就是一种亲子交流，也是对家长的一种考验和锻炼。

寒假家本课程重在生活知识的运用。比如二年级的实践作业《生活小调查》，学生要和父母一同置办年货，并把花费制成一份数学统计表，这是数学知识在生活中的运用。三年级实践作业《过年》的要求则更加系统：和爸爸一起贴春联并收集自己喜欢的对联，感受传统文化的魅力；除夕夜帮妈妈包饺子，在学习一项技能的同时感受一家人在一起的温暖和快乐，并写下自己的感想；做一天当家人，除了做好力所能及的家务外，还要学会招呼客人，感受父母平日里的辛苦。另外，课程中对走亲戚的文明礼貌、逛春节庙会对民间艺术的感受、元宵节赏灯对传统文化的感悟等都有明确的指导意见。寒假家本课程还非常关注孩子们在假期里的身体状况和习惯养成。如制定作息时间表、寒假健身评价表等，要求学生每天坚持体育锻炼，家长要对孩子的活动进行评价，并做好记录。

孩子是寒假的主人，老师和家长在设计孩子寒假生活时，需要更多的尊重和理解：少一些刻板的抄抄背背，多一些书香的浸润；少一些枯燥的写写算算，多一些和生活相关的实践。家本课程提高了学生们的综合素质。消极应付作业的孩子少了，主动参与学习锻炼的多了；蛮不讲理的孩子少了，文明懂事的多了；调皮淘气的孩子少了，体贴父母的多了。这就是我们常说的：教育者精心设计，受教育者不知不觉。

家校联欢活动是古都实验小学另一种有效的家校合作形式。张校长认为，家长和老师应成为朋友，家长可以在学校这个大课堂中和老师一起寻找并给予孩子幸福。培养教育孩子是家长、老师、社会的共同责任，家庭教育、学校教育和社会教育，是教育之琴上的三根琴弦，和谐的教育是一个永恒的主题，只要大家能够使它们很好地发挥作用，就能奏出世界上最美妙的音乐，让孩子能够健康地成长。为此，古都实验小学创设了"家校联欢活动"平台。

"家校联欢活动"每学期举办两次，宗旨是促进学生非智力因素的开发，为学生搭建才艺展示舞台；提高家长的基本素质；更好地做好家校联系沟通工作，让学校与家庭关系更融洽。学校按照有理念、须具体、可操作、要扎实的理念指导家校联欢活动。家校联欢始终贯穿了丰富多彩的文艺演出，包括70余种节目，全员参与，师生和家长同台演出。学校把节目演出与趣味运动会、游艺会、亲子游戏会等活动相结合，坚持做到节目放在平时练，科学规划，不占用教育教学时间，不增加师生家长负担。

家校联欢活动平台使家校的距离拉近，形成了家校的共同愿景，构建了学习型家校新型合作团队；使亲子关系、师生关系更和谐；并且展示了师生、家长，特别是学生的才艺，激发了更旺盛的学习热情、工作热情、生活热情。

张校长直言，"学校的发展得到了社会认可，承担了应有的教育责任和义务，虽然辛苦，但是很有意义。这些成功不是我一个人的荣誉，更是全体师生和家长共同努力的结果。"显然，学校的成功，是各种教育因素综合作用的结果，但家校一致，和谐育人是不可或缺的。张校长的经验证明，在学校教育过程中，重视家校合作，不断探索和创新家校合作的形式，使家校一致，形成和谐育人目标，这是确保全体学生健康成长的关键，因而是校长的基本专业能力与行为。

道理与点评：家校合作是一种双向互动的形式，以保障学生健康成长为目的，使家庭和学校两种力量互相配合协调一致的活动，从而取得教育价值和方式方法的共识，家校共同为学生成长负责。为了达到这种理想状态，校长需要有良好的合作意识，更需要以正确的教育理念感化家长，以科学的教育方法引导家长，使家长理解并接受学校的教育目标、内容和要求，不断提升家长的责任感，自觉履行教育义务。古都实验小学张校长把明确家长和学校各自的权利和责任作为家校合作的切入点，强化家长对学校教育的知情权、参与权、决策权和监督权，同时规定了家长应有的职责："参与"但不能"干预"；"沟通"但不能"强势"；一切都是为了孩子。通过制度化的家长会，开放或部分开放学校的课堂、活动等课程和后勤（餐厅），让家长了解学校的工作状况。同时通过建立开放日和专家讲座制度，开发家本课程和创建家校联欢活动，形成了家校"分工合作""共同责任"的新型家校合作形式。

案例二：家校协同共铸辉煌

建文实验学校创建于 2002 年 10 月，是一所六年制民办小学。它是全国第一所专门为小班化教育设计的学校，也是全国第一所全面实施新班级教育的学校。学校环境幽雅，拥有一流的教学设备，气魄宏伟的音乐厅，标准间式的学生宿舍，全天开放的电子阅览室，整齐划一的餐厅，藏书量三万多册的学生阅览室，多个音乐、美术、科学等专用教室。建文实验学校的办学理念是：小班化新班级教育。办学目标是：国内一流，国际交往中不失水准；全面实施小班化新班级教育；师生生活、学习、成长的乐园。这是一所朝气蓬勃的学校，一所名师辈出的学校，也是一所被孩子称为"成长乐园"的学校。俞校长认为，建文的成长离不开家长的支持。在建文有一支强大的家长志愿者队伍，这是学校通过详细调查从每个班级学生家长中精挑细选后组成的，成员涉及社会各个领域。学校在征得家长同意的基础上，让家长自愿加入学校家长志愿者队伍。请他们参与学校方方面面的工作，让他们了解学校、教师和学生，让他们更自觉地投入到教育工作中，从而使家校形成强有力的合力。

1. 校长的思考：重构家校关系

上任伊始，俞校长就认识到，协调学校外部环境，尤其是重构家校关系，形成家校教育合力，这是校长的基本能力之一。俞校长指出："课程设计是基础教育改革的核心要素，其统领了学校教育改革的方方面面，而学校发展变革的关键取决于教师，教师在一定意义上引领着学生发展的基本趋向。当然也只有将学校内部改革与学校外部环境建设两者紧密结合，才能走出一条立体丰满而又可持续的革新之路。"

建文实验学校重视创设教师良好的工作环境，使之有尊严地工作。教师作为一项特殊的职业，不同历史时期、不同国度都存在着差异。如何为教师创设良好的工作环境，这是俞校长一直在思考与践行的课题。俞校长认为，教师只有得到足够尊重，拥有尊严，才能激发对工作的热情与热爱，潜能才能得到进一步开发，工作的幸福度也将得到最大程度的提升，这样才会实现学生、学校与教师的多赢局面。

除了教师的工作环境，俞校长认为，给予学生良好的成长空间也是校长必须关注的重点。这方面，社区提供给学生的成长实践资源以及家校一致的同步推进等，是重要的组成部分。学生的学习与发展是多维和立体的，学生在成长过程中所需要的载体与素材也是多元的，这种空间既包括资源的多少、方位的大小、理念的指向，也包含了各种关系。校内的空间要足够大，校外的空间要足够宽，这样才能给予学生更为广泛的选择，提供充裕的素材、平台与支持，才能让学生得以茁壮地成长。这就需要校长很好地创设学生发展的良好环境，当然也包括学校与家庭、学校与社区以及学校与社会的关系的重构。

2. 校长的探索：创新家长委员会

俞校长指出，家长委员会是在校学生家长代表自愿组成的群众性组织，是学校教育教学管理的一个重要组成部分。建文实验学校家长委员会成员按照自愿参加、民主推荐的原则产生，一个班级一名代表，聘期一年。成为家长委员会成员的条件是：赞同学校的办学理念，对教育子女有一定的经验；有一定的社会活动能力和组织能力，有奉献精神，乐于义务承担学校或家长委托的工作；乐于参加班级活动，主动为学校发展献计献策；能参加每次家长会，有业余时间参与家长委员会的各项活动。

家长委员会的组织机构主要包括主任一名、秘书长一名，下设德育组、教学组、后勤保障组、学生活动组、学校形象组。家长委员会的主要功能有参与学校管理、协调各方关系、组织各种活动、评价办学效果和补充教育资源五个方面。家长委员在家校工作中应起表率作用，协助学校积极做好宣传协调、信息反馈和义务监督等工作。

家长委员会的权利与职责主要包括代表全体家长向学校教育教学工作提出意愿与要求，为学校建设、管理等方面的工作提出合理化建议，为办好学校出谋划策；定期来校了解教育教学工作情况，听取校长的学校工作报告，了解学校教育目标、要求及教改动态并及时传达给全体家长；积极参加学校的重大活动，如儿童节、运动会、科技节、艺术节、元旦送祝福、学校教学开放日等；协助安排有专业知识的家长或社会各界人士来校给师生做形势报告，开设科技、法制、文学、艺术等方面的专题讲座；配合学校或班级开展一些校外综合实践活动、亲子活动，并尽可能解决活动中遇到的问题；主动向社会各界宣传党和国家的教育方针、宣传学校的办学思想，以扩大学校知名度，并协助学校发动家长及社会力量捐资助学、奖学，为形成全社会尊师重教的良好风气尽力。

建文故事：亲子登山活动

秋高气爽，丹桂飘香，正是登山的好时节。2013 年 10 月 26 日，建文实验学校家委会组织了以"亲子、健康、环保、快乐"为主题的登山活动。上午 9：30，出发集合点充满了欢声笑语，来自建文的家长、孩子和老师共计 80 余人相聚在这里，他们不仅领到了由家委会细心准备的矿泉水和点心，还拿到了用于捡垃圾和落叶的一次性手套。在强调活动要求之后，俞校长宣布登山活动正式开始，早已整装待发的人们迈开步子。

一路上，爸爸妈妈们精神抖擞，一边登山一边捡垃圾，用实际行动为孩子们做出了榜样。在大人的带动下，孩子们也不甘落后，个个争当起了环保小卫士，通过"弯腰行动"为美化环境做出小小的贡献！

沿途秀美的风景，让人心情舒畅，大家有说有笑，动力十足！瞧，六(7)班张同学和爸爸妈妈齐心协力，赶在了队伍的前列；一(1)班郭同学和小伙伴们你追我赶，不相上下；四(1)班何同学和妈妈步履轻松、配合默契。山路时而陡峭时而平缓，对平时疏于锻炼的家长和孩子们可真是个考验！尽管如此，大家还是相互鼓励，相互帮助，相互鼓励的话语不绝于耳，"妈妈加油，我来推你""宝贝，坚持住，马上就到山顶了""爸爸，我一定会追上你的"……

带头来到终点的五(6)班赵同学欢呼雀跃道："爸爸，我们胜利啦！"紧随其后的是一(8)班许同学和妈妈。在得知许同学虽然在登山途中摔跤磕破了膝盖，但仍旧带伤坚持走到了终点时，赵同学和爸爸深受感动，他们决定通过加分的方式，把第一名让给这位勇敢的小女生。随后，五(5)班王同学光荣摘得了第三名。走过近两个小时的路程，全体人员用零掉队的完美表现为活动画上了圆满的句号。

谈及活动的策划工作，家委会成员林先生说："建文的家委会很有号召力，活动通知一经发出，就受到了家长和孩子们的热烈欢迎，大家度过了一个既温馨又愉快的周末"。校家委会主任曾先生认为，登山活动既能让家长暂时抛开工作，忘却烦恼，陪着孩子走进大自然，一同感受生活的美好，又能丰富孩子的课外生活，让孩子在活动中强健体魄，体验成功登顶、远眺美景带来的快乐，非常有意义。

俞校长说，举办此次活动的目的在于进一步加强家校联系，促进亲子关系的和谐，增进家委会成员之间的相互了解。早在 2010 年 3 月，建文就提出了"每天步行 100 米，安全健康又低碳"的倡议。三年来，全体师生和家长积极行动，坚持不懈地把"低碳生活"落实下去。此次登山活动进一步强化了家长和孩子们的"低碳"意识，用实际行动来响应学校热爱运动和低碳环保的号召。

3. 校长的行动：家校协同高效发展

俞校长坦陈，"建立健全家校合作育人机制，建立教师家访制度，通过家长学校、家长会、家长开放日等形式，指导和帮助家长了解学校工作情况和学生身心发展特点，掌握科学育人方法。这是建文家校协同高效发展的成功基础。"建文主要采取了以下措施。

完善教师家访制度。新接班的班主任与原班主任做好档案袋等班级资料的交接工作，了解班集体建设情况、班级学生特点，做到先继承，再创新。新接班老师家访要求：一年级包班老师、新接班班主任和语文、数学老师要求全员家访；插班生要求全员家访；新接班英语、科学老师家访要求对两头学生进行重点家访，每班家访 4 户，家访总人数不少于 20 户；新接班其他学科老师家访要求对两头学生进行重点家访，每班家访 2 户及以上，家访总人数 10 户及以上。老班主任和学科教师家访要求：老班主任家访要求对学困生进行重点家访，指导学生和其父母制订暑假学习计划，规划新学期学习要求，家访总人数不少于 50%；语文、数学、英语和科学学科老师要求对学困生和学优生进行重点家访，家访总人数不少于 15 户；其他学科老师家访要求每班家访 2 户及以上，家访总人数不少于 10 户。学校还制定了家访的礼仪规范，进行家访的模拟培训等。

改进家长学校制度，提升家长育人水平。学校根据学生年龄特点，有针对性地设计家长学校的主题，如"如何培养孩子的自信""阅读首先要悦读""亲子沟通技巧""青春期教育""中小衔接教育"等。每学期全校分年级段进行 3 次家长学校活动，设计了"校长指引"、"名师建议"、"名家讲坛"等多个培训服务板块。不同层次、不同主题的家长学校，不仅让建文的家校沟通始终具有前瞻性和引领作用，而且切实提高了家长整体的教育水平，并逐渐形成了良好的家庭教育舆论氛围。

创新家长会形式和内容，沟通家校心灵的桥梁。家长会是学校与家庭沟通的传统模式，是教师与家长沟通的最直接有效的方法之一。它是家长了解学校教育、了解班级文化、了解学生情况的窗口。家长会应让家长成为主角，家长会应促进家校相互理解，家长会还应提供全景化的信息。新型的家长会包括：

家长表彰会。在班级里进行"感动班级"优秀家长的评选，首先在同学中进行海选，利用中队活动课，让每一个学生写写一年中家长让孩子感动的事由。在每一个学生都充分推荐的基础上，由家长委员和学生代表组成"感动人物"评选委员会，评选出 10 位年度"感动班级"家长。在期末家长会上，班级里进行隆重的发奖仪式，颁奖嘉宾就是学生。当学生声情并茂地朗诵颁奖词，并郑重地向家长颁发奖状时，班级里弥漫着浓浓的情意。

记得有一名叫小张的男生给他的爸爸写了这样的颁奖词：

> 我的爸爸没有开过高级的轿车，没有穿过华丽的衣服，他很普通，只是一名汽车站的保安。他每天风里来，雨里去，晚上上班，白天休息。每天下午四点，他总是骑着一辆旧自行车，穿越整个市区，准时赶到学校来接我。为了我，他付出了一切！

真情告白会。此家长会针对即将进入青春期的学生，学生和家长互相给对方写信，并当众阅读，能够激起学生和家长久已陌生的亲情，实为感动亲情的催化剂。有经验的班主任会创设情景，激发孩子寻找父母的优点，给父母写一封信，感谢父母的养育之恩。同时，班主任老师悄悄告知家长，并请家长给孩子写信，表达对孩子的理解、宽容和信任。家长会上，和着悠扬的音乐，孩子与家长互相交换信件，那个场面啊，母女抱成一团，父子手牵手，久久不放。

亲子作文诵读会。静谧的夏夜，空中月儿圆，操场中 1 400 余名家长队列整齐，安静落座。在主题以"我眼中的父母（或子女）"亲子作文诵读会上，一篇篇情真意切、渲染家庭伦理亲情的文章感染了每一个听众，会场上不时响起如雷的掌声。其中一位身患重症、长年卧床并坚持善良、正直、诚信是做人的基本原则的父亲写《女儿，我要打你》，他的话振聋发聩：

> 女儿，幼小的心灵难以体会爱的雨露与教诲，那就请记住一幅幅场景吧：
>
> 你有一个凶狠的爸爸，当你自私、贪婪、虚伪时，他打了你！
>
> 你有一个粗暴的爸爸，当你娇惯、蛮横、任性时，他打了你！
>
> 你有一个专横的爸爸，当你懒惰、投机取巧、自以为是时，他打了你！

家长会开成了诵读会，由此自愿组成的读书会在部分家庭中产生，学习型家庭成为家庭教育的新的突破口。

　　"一对一"家长会。采用家长和老师一对一的沟通方式。家长会前，每个班主任与家长做了大量的沟通，征求家长的要求和建议(如家长希望和哪位学科教师沟通，希望了解哪些内容等)，同时，班主任与学科老师做了沟通，要求学科老师科学使用好每个时间段，每个学科老师必须尽可能了解学生在各学科的学习情况以及其他情况，做到有备无患。这类家长会虽耗时长(任课老师像门诊医生一样坐诊一天)，但效果奇佳。家长这样评价：针对性强，建文的家长会真正做到了服务好每个家长。

　　"A World Café"家长会。世界咖啡屋的概念是人们聚集在一起，谈论与他们有关的事情并集体寻找智慧。来自二年级的24名家长代表，在年级组长的引领下，随着悠扬的世界名曲，边品咖啡，边说说和孩子一起成长的故事，分享孩子道德教育方面的经验。家长们被随机分成4组，每组有一位组长，每张桌上有记录和制作名片的彩色纸。各组的讨论从成员的自我介绍开始，相互说说和孩子一起成长的故事，把交流心得以图文并茂的形式反映出来。这种新颖的讨论模式，不仅使家长体会到了多思维冲撞的快感，而且彼此结下了深厚的友谊。世界咖啡屋式家长会，引领家长走向深层次的育人理论的探讨。

　　变革家长开放日制度。每年9月开始，每个班级都有为时半天的家长开放日活动。家长开放日，既满足了家长希望了解孩子在校情况的迫切愿望，又是引导家长了解和信任老师实施教育的良好契机。首先，由教导处排定开放时间，向家长发布书面和网络信息。接着，在规定的时间，家长到观摩教室的听课区观摩学生上课情况。之所以放在观摩教室，是因为观摩教室分为上课区和听课区，中间由单向玻璃相隔，互不干扰。家长可以常态观摩学生最真实的课堂教学情况。最后一节课，由年级组长和家长委员接待全班家长。家长可以毫无保留地就听课观感、对教学老师的评价、对班集体的建设等话题展开讨论。最后，由年级组长反馈和整理家长提问，不能解答的，由分管行政领导在约定时间内回复家长。家长开放日，让家长看到了学校的民主与真诚，看到了老师的勤奋努力与坦诚信任。

建文故事：模范家长表彰会

　　2012年1月27日上午9点，随着建文校歌的响起，俞校长拉开建文第四届模范家长表彰大会的序幕。学校音乐厅，座无虚席。主持人汪老师致辞表达建文对家长的感谢之情："作为父母，您一定有这样的感受——昨天，孩子呱呱落地的啼哭声似乎还在耳边；今天，这个小生命已经成长为一个小大人。昨天，您牵着他的小手满怀期待地走进建文大门；今天，已是孩子的双手拉着您信步校园。时间的流逝让我们感到欣慰，感到幸福，而寄予这生命无限深情的，正是您——建文的家长们。"

一共有 36 位家长获得"建文模范家长"的殊荣。也许他们从事的职业各不相同，也许他们擅长的领域各不相同，也许他们表达爱的方式也各不相同，但有一点是相同的，那就是他们对孩子无私的爱以及对教育工作的全力支持。周女士，一个时常忙碌在建文校园的家长朋友。她很开心能和孩子们一起学习、一起提升，她的"手指印画"艺术课堂得到了建文学生的喜爱。唐先生和邢先生，都是热衷于慈善事业的企业家。他们在帮助他人的过程中收获了快乐。每一位带着孩子走进建文校门的家长，我们已经彼此牵手，为"建文尚德"的教育信念共同努力。

俞校长说："一个个鲜活的事例告诉大家，模范家长们不仅是自己孩子的家长，更是全班孩子的家长。他们把这份爱无私地奉献给孩子们，使孩子们能够在建文的沃土上更茁壮地成长。一幕幕感人的瞬间，一次次忘我的付出，都体现了建文家长对学校工作的理解与重视，对孩子们无私的爱。"

学校以表彰大会的形式，充分发挥优秀家长的辐射作用，促进家校教育工作的有效开展。建文有了家长们的大力支持和陪伴，让孩子收获了无限的快乐和喜悦。在模范家长表彰会接近尾声的时候，老师们朗诵了诗歌《建文为您鼓掌》送给在座的每一位家长，以表达学校深深的感谢和敬意。

道理与点评：家校合作目的是为了更好地发挥家庭和学校的优势，互相弥补不足，让学校教育指导家庭教育，最终使家庭教育再来支持和强化学校教育。家校合作要以学生为出发点和中心，以提高教育质量、完善教育措施、促进学生的全面发展为最终目的。因此，校长要以开放的心态接纳家长对学校教育的关注，提供家长参与学生学习和活动过程的机会，创设家长可以介入的各种条件，扩大家长接触师生工作和学习的范围，使家长理解教育工作的特殊性和复杂性，尽力倾听和审慎研究家长的意见和建议，采纳其中可以付诸实施的成分，不断激励家长为学校发展献计献策，使家长真正成为学校发展的参与者和建设者。建文实验学校俞校长创新了家长委员会的组织形式，赋予家长委员会全新的权利与职责。家长委员会有权代表全体家长向学校教育教学工作提出意愿与要求，为学校建设、管理等方面的工作提出合理化建议，为办好学校出谋划策。这充分发挥了家长委员会参与学校事务的讨论、监督和决策管理的积极作用，真正实现了家校协同高效发展。

案例三：构建新型家校联动机制

江东实验学校是一所 2004 年秋季建成的九年一贯制公立学校，坐落于所在地一个著名的国际社区，是留学归国人员子女定点学校。在"为每一个孩子的幸福童年和美好未来服务"办学理念的指导下，学校形成了以学生为中心的和谐的教育生态和使学生主动发展的教育环境。学校注重培养"乐群、博雅、尚美、能思"的富有潜质的阳光少年，实现学生展能成志，培养具有较高文化素养和较好持续发展潜质的初中毕业生。经过多年探索，江东实验学校构建了一个以家长委员会为载体的新型家校联动机制。家长委员会拥有完善的家长委员会章程，规定了权利、义务、选举办法，每年都通过民主程序规范操作，班、年级、校三级家长委员会在学校工作中，通过权力委托使家委会在学校工作中起到重要的协调、支持作用。江东实验学校王校长认为："作为校长，不仅要关注学校内部管理，更要关注学校外部环境的建设。校长要充分认识到社区和家长资源对于提升学校内涵发展的重要性，积极探索构建学校与社区、家长有效互动的途径与方法，形成和谐、生动的学校、家庭、社区三位一体、有机融合的学校发展合力，促进学生的全面发展和个性化发展。江东实验学校建校以来，基于现代学校制度建设的背景，以构建新型家校联动机制为主要载体，积极探索优化学校外部环境的途径与方法，建设了促进学生发展的良好服务体系，形成了学校和谐的教育生态。"

1. 理念：家校合作的反省和思考

江东实验学校之所以把构建新型家校联动机制作为学校发展不可或缺的组成部分，这取决于王校长对现代学校制度背景下家校合作的新认识。王校长从现代学校制度的视角详细阐述了他对传统家校合作实践的反思和对新型家校合作理念的思考。

现代学校制度的建设以尊重人、发展人、完善人为指导思想，以"为学生服务"为宗旨。教育是一种服务，学生是学校服务的对象。现代学校制度建设是学校尊重和保障服务对象（学生和家长）的利益和权力的一种质量承诺。因此，现代学校制度建设要考虑如何真正使学生成为学校的主人，要设计出面向学生发展、面向学生未来的教育制度体系，从德育、教学、社区服务，即从学生学习生活的各个层面对变革做出回应。因此，学校应该突破传统家校合作的樊篱，建构现代学校制度下的新型家校合作模式。

传统的学校管理模式，是独立于家长运作的。在管理和教育教学活动的过程中，学校进行的大多是单向的宣传或通告，如家长会、家访、墙报、班报、给家长的便条、练习簿等。学校对家长参与教育教学管理多持保留态度。同时，家长对"家校合作"的认识也更多地局限在配合学校工作，辅导子女的功课，并不涉及学校管理、教育教学及学校的实际运作，家长只是希望"知情"，并不想参与学校事务的讨论、决策或监督。

基于这种认识，家校合作的实践活动只是学校安排少量的家长参与活动，家校联系方式也过于简单，多是单向沟通。家长也很少主动联系校方，即便联系，内容也多限于孩子的学习或行为，家长只是在家里努力促进孩子的学习。教师更多的专注于教学，很少介入家庭，形成了所谓家校"分开责任"，即家长和学校不相往来，分别在家庭和学校各自努力，双方不重视沟通并缺少讨论，更谈不上制定共同的目标和配合工作。"分开责任"可以省去双方很多时间精力，但教师不能及时将一手的、真实的学生学习情况及行为告诉家长，包括学生的学习困难和成就，以及同班级同学相处的情况等。家长在缺少学校信息的情况下，也不容易及时指导子女的需要和进展，从而无法做出有效的配合。因而，传统的家校合作空间较为有限。

现代学校制度建设中的家校合作，应该是一种"分工合作"的关系，是双方"共同责任"，即强调家庭和学校的共同经验、沟通、合作和互相影响，由传统的指导和被指导的关系，转变为协商、合作、共赢的伙伴关系。相对于"分开责任"，家长和教师在孩子的教育问题上应该承担共同责任，家庭与学校应该重视双向沟通，时刻保持密切联系，经常互换学生成长、学习和生活信息资料，互相表达期望，并愿意采取切实有效的行动来共同教育孩子。共同责任既是一种责任，更是一种双方的承诺。

2. 制度：家委会运作机制创新

江东实验学校建校之初，虽然仅有30余名学生，学校仍敞开胸怀吸引家长参与学校工作，引导家长督促、协助新办学校自我完善，创建高度自治的家委会。学校相应成立家校合作部，直接对口家委会，扶持和培育家校合作机制，让家长们认识到自己是学校的同盟，学校教育作为社会公共服务，允许并倡导家长以监护人身份参与进来。

为了使家委会具备可持续性，王校长想到了"规范化""透明化"。家校共同确定家委会产生方式：家委会成员由班级、年级、学校三级直选产生。每届直选的准备、组织都由上届家委会成员承担，邀请社区代表见证全程。校方则在每年招生宣讲会上重点介绍家委会，要求新班级的班主任，在暑期接班家访时动员家长参选，有了这样的前期铺垫，家长们参选积极性很高，曾出现一个班级 21 位家长竞争 5 个班级家委名额的热烈场面。每一届新的校家委会，都在家长代表大会上宣读《任职誓言》："身负重托，无私代言，处事为公，协调为先。做好家长与学校沟通的管道，搭好学校与家长互动的平台。关爱学生群体，关心全面发展。参与学校管理，监督教学规范。不怕辛苦，乐于付出，以先进的理念把江东实验学校家委会办成与国际接轨的优秀社团。"

学校与家委会共同制定了《江东实验学校家长联合会章程》和《家委会委员行为指导》等规章，明确了学校家委会的定位：一个自治的，能代表广大学生和家长与学校平等对话、合作共商的组织。所谓自治，是对自己的事务行使一定的权力。《江东实验学校家长联合会章程》共十章三十三条，详细规定了家委会的性质、权利、义务、工作职责、决策机制、选举和换届、经费与保障、监督机制等。

在规章制度的保障和约束下，家委会规范有效地开展工作，建立了家委会主任及其成员任期调整和评估机制、家委会成员的行为准则，家委会秘书长负责下的办公机制等。学校专设学校家委会办公室、家委会秘书处，供家委会独立接待家长来访，处理日常事务。需要校方介入的，则按家校协商流程有序执行。

王校长说："就江东实验学校家委会而言，它是一个由全体家长分层直选产生的组织，代表了众多家长的权利委托。家委会的家长们，在《家委会委员行为指导》的规范下自律有效地开展各项工作，创造性地建立起了家委会秘书长负责下的常设机构，每周 2 个半天的工作日来校坐班。学校专门设立了学校家委会办公室，接待家长来访，处理家校日常工作事宜；实行了财务通报制度，科学支配由家委会募集来的包括奖学金、帮困基金、活动基金和备用基金等爱心基金，并合理使用，使之发挥最大效益。"

3. 赋权：家委会参与学校管理

有了家委会，还要激励它有效行使权利。江东实验学校充分尊重家委会，信任并赋权家委会，依照双方认同的《章程》，家长对不同事务分别享有知情权、发言权、决定权等。家委会根据工作需要分设：安全组、教学监督组、生活组、义工组、财务组、矛盾协调组等，各司其职，和学校、老师平等对话、议事。

家委会权利

4.1 知情权。家委会有知悉获取学校相关信息的权利。家委会通过定期听取学校工作报告，了解学校教育教学工作计划、学校资源配置情况、教育督导评估结果等。

4.2 参与决策权。家委会有参与学校重大事项管理和决策的权利。家委会通过审议学校发展规划，就学校年度工作计划、重要管理制度、食堂经费开支、学生校服等方面的情况提出意见和建议。

4.3 评价权。家委会有对学校、校长、教师考核评价的权利，根据相关考评办法，参与教育行政部门或由教育行政部门委托的评价机构对学校、校长和教师考核评价工作。

4.4 质询权。家委会有向学校进行质询或者询问的权利。家委会可以书面方式与校长、年级主任、班主任，就学校教学管理工作、教师师德师风情况等问题进行质询。

4.5 监督权。家委会有监督学校及校长、教师教育工作开展情况的权利，对学校依法办学、教育行风和师德师风建设等进行监督，帮助学校改进工作。

摘自：《江东实验学校家长联合会章程》第四章

比如，家委会生活组直接监督学生营养午餐、校服、学生健康等方面的工作。学校营养午餐众口难调，矛盾主要集中在午餐卫生、荤素口味等方面。为此，生活组经常突然抽查食堂，检视卫生、菜谱等情况。面对学生剩饭严重的问题，学校家委会还主持召开家、校、食堂三方午餐质量听证会。一位家委会成员拿出一份学生午餐情况的调查报告，该调查抽取一、三、七、八年级各两个班全体学生作为样本，调查涉及班级的饭菜总重量、饭后回收剩余饭菜重量以及由此匡算出来的人均使用饭菜重量。家长以调查数据为依据，连珠炮式地抛出一系列问题，要求供餐公司改进午餐质量。同时，家委会还酝酿了一整套营养午餐干预机制，从开展学生食品营养教育入手，直至在学校选择供餐公司方面争取发言权。

王校长认为，这是一次非常有意义的听证会，也是家委会参与学校管理一个很好的开端。此后，家委会就有两名精通儿童营养的委员专门负责监管学生伙食，每周营养午餐配置由他们认可签字。委员们可不定期直接到食堂检查饭菜质量，监督卫生情况，以履行家长赋予的工作职责。

每学期开始和期末，学校都安排家校沟通会，家校互通工作计划，交流热点话题。每月工作例会后，家委会以"通报"或"会议纪要"形式反馈给学校，学校也在行政会议上专题讨论并回复家委会。如校门口交通安全问题、男孩教育问题等都曾由家委会提出，家校共商解决方案。

"爱心节"是江东实验学校的传统节日，更是学生眼中的"狂欢节"。要让孩子们玩得开心又有意义，家长联合会成员动足脑筋，几位全职妈妈几乎每天都来学校"上班"，甚至比老师都回去得晚。小学部家长联合会秘书长蔡女士笑称：又给自己找了份"没有收入的工作"。但"为了孩子，一切都是值得的"。有的家长提出，"'爱心节'那天人多拥挤，要尽量避免使用棍子、剪刀等利器，安全第一。""最好设计一个规则，适当控制进场人数。"家委会听取了家长代表的意见和建议。"爱心节"活动节目做了调整，像吹糖人、糖画等表演，因为要用到棍子，就不得不取消，而面塑可能会考虑换用相对安全的短棍。家委会有权有责，家长以主人翁态度参与学校管理，校园安全工作也多了一道保险。

4. 信任：家校共铸校园文化

从促进孩子健康成长的角度来说，家庭和学校教育目标一致，但实践中往往各有价值取向。如何让家庭教育和学校教育形成合力，江东实验学校依托家委会进行了诸多探索，形成了家校相互信任，共铸校园文化的教育生态。

江东实验学校搭建了家校交流的多种平台：班主任全面家访、家长开放日活动、家长会、校长接待日、"校长信箱"、校园网"家校直通车"、班级家长飞信群……面对面、书面、网络沟通方式一应俱全。学校尊重家长对学校教育的意见和建议，引导老师理解并坦然面对家长的意见和建议。虽说家长不是教育专家，但要倾听他们的心声，让家长敢表达、愿表达，老师择其善者而从之。实践证明，每当有家长表达对学校的困惑不解时，家委会或者其他热心家长总能主动答疑解惑。久而久之，家长和教师之间更加互相理解和互相信任。

为了把家长从过度关注孩子分数的焦虑中解放出来，学校和家委会再出新招——"团"聚你我，成立家长合唱团！有人不解，学校管孩子还不够吗？还要照顾家长？校方顶住压力，承诺提供钢琴、场地、指导教师，家长自愿报名参加，为解除家长的后顾之忧，同步为孩子们开设小小合唱学习班。每周日下午3个小时，雷打不动到校训练。江东实验学校艺术节上，校长亲任指挥的亲子合唱团，首次亮相，即唱响江东实验学校好声音！亲子同台演出，姝妹学校交流……合唱团活动精彩纷呈，一曲家校联手打造和谐教育生态的《同一首歌》在江东实验学校回荡。

此外，江东实验学校家委会还组织"高年级家长为新生家长答疑解惑座谈会""妈妈早餐经验分享会"等家长之间的"同伴教育"常规活动。江东实验学校不仅是孩子们接受教育的乐园，还成了家长们常来常往的第二家园。家校合作已不再停留在沟通渠道、资源利用的基础层面，而是升华到了家校一体、合二为一的感情层面、精神层面。学校教育也因此有了更大的托举力，焕发出无限生机。

江东实验学校还开发出"家长大讲堂"课程，家长给师生介绍所从事的行业。2012学年仅中学部就开出营养卫生、环境保护、学生心理等20余门"微型课"，全部由家长主讲。每学期的"家长大讲堂"成了学生特别期盼的课程之一。

家长义工参与设计、实施各项校内外活动方案，活跃在学校食堂、图书馆、英语角、甚至课程办公室。以"英语角"为例，实施6年来，已有60名稳定的义工队伍，协同英语老师制订学期方案，以文本和照片形式记录所有活动分享给全校；定期举办志愿者沙龙，交流经验；新闻媒体对江东实验学校"英语角"做过深度报道。"英语角"成为江东实验学校家校互动的品牌活动。

江东实验学校在实践"全人教育"的过程中，不仅关注孩子们认知能力的发展和价值观的形成，也非常关注孩子们的生活教育。学校搭建平台，在食堂改建了一个大型灶间——共8个灶台供孩子们体验生活，家委会生活部义工团成员亲自担任孩子们的烹饪指导老师。从对油、盐、酱、醋的认识，到食材的选择，再到烹制出一份色、香、味俱佳的菜肴，义工团的妈妈们将全程给予精心指导。孩子们在围着"三尺灶台"不亦乐乎地忙碌的过程中，既拓展了认知能力，又获得了生活体验。目前，江东实验学校与家长合作开发出了人文、科学素养类课程、生活技能类课程共30多门，建立了14个稳定的校外考察基地。

尽管江东实验学校在构建新型家校合作机制上积累了许多成功经验，但王校长认为，现代学校制度要求构建政府、学校、社会之间的新型关系，家委会作为学校社会维度的重要组成部分，在三者关系中如何定位？中小学校长负责制和家委会是怎样的关系？现代学校制度建设过程中，家校合作该走向何方？如何建立家校合作的长效机制，发挥家长的参谋和咨询作用，形成家校合作双赢的局面？如何把握家长"参与"学校管理的"度"，避免出现家长

"过度参与"的倾向，对学校的自主决策形成干扰和阻力？这一系列问题，都值得我们去深思、去探索。

道理与点评：家长委员会是家校合作的载体和主要形式，可以保障家长对学校教育的知情权、参与权和监督权，对创建现代学校制度具有积极意义。如何保障家长的权利，使家长由学校教育的旁观者变成参与者，这要求校长探索和革新家长委员会的运作机制。江东实验学校王校长以建构现代学校制度下以家长委员会为载体的新型家校合作模式为宗旨，改变了家校合作的实践活动中家校单向沟通的倾向；通过建章立制，规范先行，创建了高度自治的家长委员会；赋权家委会，使之有效行使权力，参与学校管理；向家长传递学校办学理念，家校共铸校园文化；创建了"家长教育资源库"，开展了"家长上讲台，做义工"和家校合作开发校本课程等活动。这一系列举措，使江东实验学校初步建立了现代学校制度背景下的家校协商、互信、合作、共赢的伙伴关系。

知识与理解

有效调适学校外部环境是校长专业职责的重要组成部分。调适学校外部环境，校长要保持开放的心态，与学生家庭及社会（社区）相关机构和人员建立合作关系，获得社会（社区）的了解和支持，为学校、教师和学生的发展争取优质资源，积极参与社会（社区）活动，创建良好公共形象，打造为社会（社区）服务的特色品牌。

（一）知识与方法

校长要有效调适外部环境，需掌握学校公共关系及家校合作的理论与方法，充分了解所在社会（社区）、学生家庭的基本情况，积极获取与学生成长、学校发展相关的信息，熟悉各级各类社会（社区）公共服务机构的教育功能，将外部各种资源整合到学校发展中。校长要履行好这种职责，需要具备以下专业知识与方法。

1. 掌握学校公关关系管理知识和家校合作知识

（1）掌握学校公共关系管理的知识

公共关系是指组织机构与公众环境之间的沟通与传播关系，是公司、组织或军事机构与公众沟通它的活动、政策等情况，试图建立有利的公共舆论氛围的职能。①

学校公共关系管理就是对学校内部公共关系、外部公共关系及其相关传播沟通事务的管理，包括公共关系主体、客体、媒介和良好的公共关系目标四要素。学校公共关系传播沟通模式包括单向传播模式、双向非平衡模式、双向平衡模式三个历史发展阶段。② 在学校公共关系发展早期，学校对于公共关系功能认识较为单一，只关注其信息传播功能，即将学校相关信息传递给校外社会。随着时代的发展，学校单向传播模式已经不能适应新时期的传播需求，学校的公共关系需求更加多样化，不仅需要将学校信息准确有效地传递给校外社会，还要进行冲突管理、战略关系协调、形象管理等，从而实现学校沟通和管理职能相统一的双向平衡模式。

---

① *Webster's New Twentieth Century Dictionary*，*Unabridged*［M］. 2nd ed. USA：William Collins and World Publishing Co. ，，Inc. 1976.

② 张东娇. 论学校公共关系管理模式与策略［J］. 上海教育科研，2005(9)：23-25.

具体而言，在学校公共关系管理中要侧重以下几个方面：

第一，学校问题管理，主要包括两种情况，学校一般问题管理和学校重大问题管理。其核心都是对问题进行深刻的分析，寻求解决问题的方法与路径，并从中选择能够对学校的发展产生最大正面影响的解决方法。在某种意义上，问题亦是机遇，重要问题是学校公共形象发展的重大契机。学校应该在寻求破解之道的同时，采取新颖的管理和策划原则，提升学校的公共关系。

第二，学校危机管理，是指学校主要领导组织相关人员组建危机管理小组、制订危机管理计划，对学校可能和现实的危机进行预防、处理和评价的系统化的策略应对过程。在平时的学校管理中，学校应对可能遇到的危机状况采取相应的应对方法，并在各个环节落实到人，在可能的情况下采取相应的预演。在危机状况发生时，学校宜采用"快准硬"的管理原则，迅速组织相关人员到岗，根据危机的实际情况采取应急预案，强力推进学校危机问题在短期内解决。

第三，学校形象管理，是指公众对学校的总体认知和评价，学校形象管理是对学校理念识别系统、行为识别系统和视觉识别系统等系统的整合式定位和质量提升管理，是从校长的战略领导到中层干部的管理再到人人参与的全员性公共关系活动，具有系统性、长期性等特点。

学校公共关系内容的明确有助于形成清晰的公共关系管理体系，将公共关系管理问题具体化，确保管理落到实处。学校公共关系负责人应由校长本人或其他学校高层领导者担任，确保能够充分调动校内外相关资源，最大限度地维护学校公共形象与利益。同时，学校公共关系负责人要在实践中转变学校公共关系理念，在维护学校利益的基础上，尽力维护相关方和公众利益，尽量协调满足各利益群体的利益期望，寻求公共关系最佳利益平衡点，促进学校公共关系形象持久稳定发展。

（2）掌握家校合作知识

家校合作是指以促进学生发展为目的，家庭和学校两种力量互相配合、互相支持、互相协调的教育互动活动。按家校合作活动中家长担任角色的不同，家长参与学校教育的角色可分为支持者、学校活动的自愿参与者、学校决策的参与者。根据家长参与活动层次分类的不同，可以分为"形式上的参与""人际的参与""管理式的参与"三种类型，三种参与类型层次逐渐提高，家长也在其中逐渐获得更多的知情权、决策权。按照家校合作活动的目的分类，可以分为解决目前教育中存在的问题；促使家长参与子女教育；利用社会（社区)教育资源丰富学校教育；吸引家长参与教育决策等四个方面。①

校长根据学校实际情况，可以采取以下措施推动家校合作：

成立家长委员会。家长委员会是由本校学生家长代表组成，代表全体家长参与学校民主管理、支持和监督学校做好教育工作的群众性自治组织，是学校联系广大学生家长的桥梁和纽带。家长委员会可以将广大家长群体有效地组织起来，参与学校管理事务，参加学校服务事项，为学校发展出谋划策，为学校发展添砖加瓦。同时，家长委员会也可以就学生群体中存在的实际问题及时与学校进行沟通，推动学校发展。家长委员会的建立，是学校民主管理、科学管理的重要体现，也是学校开放办学理念的生动体现，不仅有助于推动学校提高管理水平，吸引更多社会资源参与学校办学活动，也能够提高家长对学校的认同感，提高家长对学校各项工作的支持。

创建学习型家庭。即先对家长发放家庭教育情况问卷，了解家庭基本情况，再由班主任针对学生家庭实际情况进行个性化帮扶，帮助家长学习和掌握家庭教育技巧，最终建立学习型家庭。学习型家庭的建设，是学校教育纵深化发展的重要途径，能够将学校教育中的理念、知识与方法传授给家长，同时也将科学合理的家庭教育知识、技巧和方法传授给家长，让家长在家庭内对学生进行的家庭教育与学生在学校内所接受的教育相辅相成，协调统一，形成共同的合力。当前我国的教育实践中，存在家庭教育缺失、家庭教育不当等问题，家庭教育本应该与学校教育共同促进学生发展，在实践中却出现与学校教育相矛盾的状况，致使学校教育效果受到冲击，更不利于学生的健康成长。学习型家庭的创建能够有效解决这一问题，充分发挥家庭教育的应有作用。

开展家庭教育讲座、家长沙龙等定期讲座活动。活动主题既可以是讨论语言艺术、科学、数学、升学考试等与孩子相关的主题，也可以是人生哲学、家庭教育等与家长相关的主题。通过定期开展丰富多彩的活动，可以有效增强家长群体的凝聚力。学校教育自始至终离不开家长的配合与支持，而家长对于学校教育的许多方面了解却远远不够，只停留在较浅的、片面的认知程度上，因此，对学校教育的举措不理解、不支持，对孩子的家庭教育也存在不科学的状况。学校通过举办大规模的讲座活动，首先，能够让广大家长更加全面、系统、科学地了解学校教育状况、家庭教育状况，并通过与自身实

---

① 刘衍玲，臧原，张大均. 家校合作研究述评[J]. 心理科学，2007(2)：400-402.

际状况的对比，及时进行调整，有效地提高学生的教育质量，促进学生更好地发展。其次，家长在参与讲座的过程中，也可以将困扰自己的疑问向专家进行请教，寻求科学的破解之道，促进问题的解决。最后，家长能够在参加讲座活动时，与其他家长进行更多的交流，从中获得更加全面的同龄学生的教育状况。

建立社区教育中心，构建社区教育体系。社区教育中心的建立，是学校、家庭、社区三位一体教育系统的重要组织部分，既是活动组织的实体，也能为活动提供场所，对于学生放学后教育、假期教育具有重要的意义。社区教育中心一方面要为学生提供放学后、假期写作业的场地，使学生能够相互交流，共同学习。同时，学生可以在活动中获得社区教育工作人员、志愿者的课业辅导。另一方面，学生能够在社区教育中心工作人员的组织下，参加各种兴趣活动、集体游戏活动等，与社区的同学们共同成长。同时，社区教育中心可以通过在公共宣传栏内制作家庭教育宣传海报、组织家庭讲座等，将科学的家庭教育理念深入到生活的点点滴滴，让学生和家长在不自觉中共同学习进步。

2. 了解社区和学生家庭，积极获取相关信息

学校为积极获取与学生成长、学校发展相关的信息，需要了解所在社区、学生家庭的基本情况，只有对学生家庭和所在社区基本情况有较为深入的了解和把握，才能够采取有针对性的举措，为学生制定个性化的教育方式，同时针对社区发展状况采取适合自身状况的发展战略，为学校整体发展奠定良好基础。

社区的基本情况包括社区的发展历史、社区辖区面积、社区居民数量（包括户籍人口数量，非户籍人口数量）、社区居民性别构成、社区居民年龄构成、社区基础设施、社区组织架构、社区社会组织、社区经济发展状况、社区治安状况、社区发展规划等方面内容。学生家庭基本情况包括家庭成员构成、家庭成员学历、家庭收入状况、父母职业、家庭教育理念、学生与家庭成员关系、家庭户籍状况、家庭住址、家庭联系方式、家庭成员不良行为等方面内容。

为充分了解所在社区和学生家庭的基本情况，学校可以采取以下措施：

第一，建立家长委员会制度，让家长参与到学校管理中。《国家中长期教育改革和发展规划纲要（2010—2020年）》（以下简称《规划纲要》）要求建立中小学家长委员会，以推进现代学校制度建设。《规划纲要》第13章第41条"完善中小学学校管理制度"中，专门提出"建立中小学家长委员会"。2012 年，教育部颁发《教育部关于建立中小学幼儿园家长委员会的指导意见》，对中小学幼儿园家长委员会的性质意义、基本职责、家委会组建、工作作用、工作保障五个方面的内容进行了明确阐述。可以说，建立家长委员会既是国家教育方针政策的要求，也是教育实践的迫切需求。

第二，定期召开家长会。家长会不仅可以让学生所在班级教师将学校的发展状况、学生的发展状况等介绍给家长，同时可以回答学生家长对于学校的疑问，增进双方间的沟通协作。可以说家长会在展示学校教育状况、获取家长理解支持、调动家长资源、吸纳家长参与学校管理等方面具有重要意义。然而，受内容单一、参与主体错位、形式呆板、次数偏少、会后缺少总结和落实等问题的影响，在实践中家长会并未能发挥预期作用，甚至给教师、家长和学生都带来诸多不良后果。① 家长会应侧重于家校间整体方面的交流，以鼓励为主，而不对具体学生进行评价，关于具体学生的情况应在家访及其他形式中呈现。家长会是学校对家长进行正确家庭教育理论传播的宝贵机会，应把握机会将科学的家庭教育理念传播给广大家长。同时，学校也应该根据学校及家长的实际情况，创新家长会模式，让家长会更加便捷化、科学化、人性化，以取得应有的成效。

第三，定期进行学生家访。家访的过程是班主任、教师与家长深入的一对一交流，能够获取到大量第一手资料，对于班主任、教师和家长都是十分重要的。一方面，教师可以将学生在学校的实际情况描述给学生家长；另一方面，学生家长也可以将学生在家的实际情况描述给教师，教师可在实地家访的过程中更加全面地了解学生。教师与家长可以针对学生实际存在的问题共同出谋划策，在教育理念上达成一致，将两方面的教育力量形成合力，共同推动问题的解决，促进学生更好地发展。家访的形式多种多样，可以根据双方的实际情况采取研究式家访、互助式家访、谈心式家访等不同形式，以获得最佳效果。在通信手段日益便捷的今天，实地家访仍具有现代通信技术无法实现的面对面沟通的效果，是值得学校需要继续提倡的家校沟通方式。

第四，建立家校间现代沟通渠道。信息技术的发展使得沟通更加便捷，各种各样的现代沟通渠道层出不穷，为人们之间的交流提供了多种多样的选

---

① 李小红，刘媛媛 . 学校家长会：问题与改进策略[J]. 中国教育学刊，2011(12)：80-82.

择空间。学校可以根据自身及学生家长的实际情况，构建班级、年级、全校三级层面的现代沟通体系，及时高效地进行家校间的交流沟通。学校可以针对自身的实际状况选择建立热线电话、电子邮箱、博客、QQ群、微博、微信等现代沟通渠道，不仅实时、高效、便捷，还可以实现匿名沟通，方便学生家长将不愿公开的事情与学校进行沟通，谋求学校的帮助与指导，同时也保护学生的隐私。

第五，建立学校社区定期座谈机制。社区既包括学校所在地区的街道（镇）政府、居委会（村委会）等，也包括学区内重要机构、企事业单位、对学校具有重要影响的相关社区机构、个人等。定期召开学校社区座谈会，可将学校的近期发展状况及发展计划及时向与会代表进行汇报，同时也能够获取对于学校发展具有重要影响的信息，并在涉及学校发展的事项中赢得主动，为学校发展争取更多支持。通过长期的沟通座谈，可以密切学校与所在社区间的联系，凝聚力量携手解决涉及学校发展的棘手问题。

第六，建立学校专家顾问委员会、咨询委员会等管理咨询机构。

积极争取所在社区及教育领域中具有重要影响的个人成为学校管理咨询成员，充分发挥委员们的智慧，为学校发展出谋划策。学校作为社区中的重要组成部分，应积极主动与社区中的重要影响个体及时沟通，争取其对学校发展的扶持，为学校提供人、财、物等多方面的支持，确保学校又好又快地发展。我国学校在管理咨询机构委员的选择上长期局限于教育领域中，非教育领域中的重要个体人物不予重视，容易在战略制定、发展规划等方面存在思维局限，过于拘泥于教育领域小圈子，而与社区大圈子相脱节，不利于学校的全面发展。因此，积极将非教育领域中的具有重要影响的个体吸纳进学校咨询机构中，将有助于学校未来持续、快速、稳定地发展。

3. 熟悉社会服务机构，高效利用公共资源

社会公共服务机构在自己的职责领域内具有其他组织机构所不具备的专项资金、专业场地、专业设备、专业人员等方面的综合能力。可以说，社会公共服务机构在自己所在的领域是行家，能够对所在领域有深刻的理解，是各领域最佳的合作对象。因此，校长要熟悉各级各类社会公共服务机构的教育功能，与各级各类社会公共服务机构建立良好的合作关系，建立起互动沟通机制，充分利用各级各类社会公共服务机构所能提供的教育资源，为学生提供丰富的"第二课堂"。有些社会公共服务机构能针对学生提供专业体验，进行专业教育，传播专业知识；有些社会公共服务机构能为学生提供社会实

践和公共活动的场所；有些社会公共服务机构能够对学生进行思想品德熏陶，引领学生健康成长。

目前，公共服务机构中，对于青少年开展教育服务较多的主要集中在图书馆、文化馆、博物馆、天文馆、科技馆、美术馆、体育馆、纪念馆、革命烈士陵园、消防教育基地、防震教育基地等。其通常具有针对青少年学生群体的常规展览与讲解，能够根据该年龄层次的特点和学校的实际需求进行深入浅出的讲解，教育效果是学校课堂中所无法达到的。这部分机构具有学校所不具备的专业能力，学校可以针对自己的实际情况，主动与其建立合作关系，将优质的资源引进校园，既可以促进学校发展，为学校提供更多校外可用资源，扩大教学资源和硬件设施，还可以节省一大笔开支。另一方面，学校可以充分利用所在地区的公园、风景名胜区等，组织学生开展春游、秋游等，深入大自然中学习体验，增进对大自然的理解与感悟。校长要充分梳理本地可用公共服务机构，熟悉其功能职责和流程，针对所在校的实际情况，积极地与其沟通协调，积极组织所在校学生进行参观学习，以充分利用宝贵的学习资源，拓宽学生的知识层面，促进学生的全面发展。

(二)理解与认识

为有效调适学校外部环境，校长需要对学校外部环境有深刻的专业理解与认识。校长要树立正确的资源观，充分了解学校外部资源，积极主动地采取各种措施和策略，形成以学校为中心的资源圈，充分调动资源圈内的各种资源服务学校发展，形成校内外良好互动，实现互利共赢，促进学校发展。为此，校长要履行好这些职责，必须树立如下的专业理解与认识。

1. 积极服务社会，承担社会责任

在社会(社区)的大环境中，学校是社会(社区)的重要组成部分，在诸多方面对于社会(社区)发展产生重要的影响。学校是所在社会(社区)的重要地理标识，是社会(社区)文化的主要载体，是群体活动的举办场地，是社会(社区)中几乎涉及所有成员的组织。可以说，学校的地位是非常重要的，学校所能发挥的作用也是非常大的。学校是社会(社区)成员最熟悉的组织，对其具有其他组织难以比拟的熟悉度、亲切感和信任感，在社会(社区)成员心目中具有极高的威望，具有成为领导者的先天优势。

义务教育学校要积极服务所在的社会(社区)，充分发挥自身在场馆、人力资本等各方面所存在的优势，根据自身的实际情况，为所在社会(社区)发展提供力所能及的帮助。我国多数义务教育学校还停留在学校功能发展的第一阶段，即学校教学单功能时代；部分学校处于学校功能发展的第二阶段，即学校教学、科研双功能时代；少数学校处于学校功能发展的第三阶段，即学校教学、科研、社会（社区）服务三功能时代。广大义务教育学校校长要意识到社会（社区）服务的重要性，其不仅能为社会（社区）发展提供帮助，亦能促进学校自身的发展。

2. 坚持合作共赢，开展对外合作

布朗芬布伦纳提出的生态系统理论（ecological systems theory）认为，社会（社区）影响是以青少年为核心扩展开来的系统。对青少年产生最直接影响的是"微系统"，家庭是主要的微系统，接下来是朋友和学校。"中系统"主要指微系统背景中的交互关系。"外系统"是指对青少年产生影响的社会（社区）背景。"宏系统"包括特定文化中的意识形态、态度、道德观念、习俗及法律。① 生态系统理论认为，学校、社会（社区）、家庭都是互相关联依存的，这种观点从整个社会（社区）环境分析学生的问题并且为问题寻找解决的途径。

从生态系统理论角度看，学校是生态系统中的组成部分，生态系统中还有其他诸多部分，学校要在生态系统中为学生提供更好的教育，就需要与其他组成部分密切合作，共同为学生发展创造良好的环境。根据生态系统的四层系统划分，在对学生产生影响的诸多系统中，学校仅是微系统的一个组成部分，微系统中家庭和朋友等对学生的成长也会产生较大影响。另外，社会（社区）影响中的中系统、外系统、宏系统等都对学生发展产生影响。因此，校长要认清社会（社区）的重要意义，明白当今社会（社区）是开放的社会（社区），学校也是开放的学校，开放就意味着彼此间的合作与交流。

因此，在校内外合作交流过程中，学校应把"合作共赢"作为学校对外关系的首要准则。在对外交往的过程中时刻考虑相关方利益与感受，在维护学校利益的同时，竭尽可能实现对方利益，促进双方间合作的顺利开展，为今后双方间的长期合作奠定坚实的基础。校长要树立正确的对外交往理念，走出学校在对外交往中的"自我中心"思维，不能在交往中，只寻求对方单方面的帮助，而拒不考虑相关方利益。

学校应根据自身的实际情况，制定学校的对外合作交流发展规划，明确学校在今后一定时间内的发展方向、规模等，指引学校的对外合作交流工作。

---

① 刘杰，孟会敏.关于布郎芬布伦纳发展心理学生态系统理论[J].中国健康心理学杂志，2009(2)：250-252.

通过规划的制定，梳理学校在对外交流中自身存在的优势资源，梳理所在社会（社区）、所在地区所存在的潜在合作资源，从而为学校对外交流的具体工作提供方向指引。

学校在对外合作交流中，校长要树立科学资源观，积极主动与所在社会（社区）、其他学校、相关机构、企业等进行沟通，探讨双方的合作可能，积极为对方发展提供必要帮助与支持。学校在对外交流的过程中，应该走出教育的小圈子，融入社会（社区）的大圈子中。主动谋求社会（社区）各行业机构进行交流，寻找适合本校实际情况的合作对象。不同的行业具有不同行业的魅力及独特优势，学校在过去的交往中多拘泥于教育界，对于其他领域的交流涉及相对较少，因此需要在今后予以加强，以充分利用各种社会（社区）资源。

学校在对外合作交流中，应建立常态化、机制化的合作机制。根据学校与对方的合作意向，考虑建立长期化、机制化的合作模式。一方面，可以有相对固定的人员、流程负责项目开展，确保合作项目的有序开展；另一方面，可以增进双方了解，加深双方间合作的深度，在原有合作事项的基础上谋求新的合作事项。当前学校的对外交往随意性强、计划性差，有些合作交流活动缺乏整体计划，难以形成时间上的连续和效果上的强化；同时，阶段性强、连续性差，许多学校的家校合作活动只是学期初、学期末或节假日进行，缺乏连续的、适合青少年年龄特点和发展规律的家校合作；另外，也存在单向灌输多、双向交流少的问题。

3. 加强外部沟通，形成良好互动

校长不仅要抓好学校的内部管理，也要与家庭、社会（社区）进行良性互动，把家庭与社会（社区）的力量吸纳到学校办学力量中，从而提高学校办学水平。外部环境中蕴含着诸多对于学校发展极为重要的资源，是学校发展中不可或缺的组成部分。

第一，学校加强外部沟通是贯彻落实国家政策的要求。1996年《中共中央国务院关于深化教育改革，全面推进素质教育的决定》提出，素质教育应当贯穿于学校教育、家庭教育和社会（社区）教育等各个方面，在不同阶段和不同方面，应当有不同的内容和重点，相互配合，全面推进。《规划纲要》明确提出学校教育、社会（社区）教育和家庭教育要紧密结合。《义务教育学校校长专业标准》要求校长要具备调适外部环境的能力，并与家庭、社会（社区）形成良好的互动。学校教育仅仅是教育的一个组成部分，要想让教育落到实处，就

必须将学校教育、家庭教育和社会(社区)教育等多个方面有机结合起来,将各方面教育力量凝聚在一起,将各方面教育资源形成正向合力。这需要学校领导者树立合作共赢理念,积极开展对外合作。

第二,学校加强外部沟通是建设现代学校制度的要求。

《规划纲要》指出:"要加快建设依法办学、自主管理、民主监督、社会参与的现代学校制度,构建政府、学校、社会之间的新型关系。"现代学校制度要求学校要坚持对外开放,积极吸引家庭、社会(社区)力量参与到学校的管理中,加强家庭、社会(社区)力量对学校的民主监督。在当下教育实践中,家庭、社会(社区)参与学校管理发展热情很高,但是目前的渠道却不是很多,而且部分渠道也不通畅,参与程度较浅,导致家庭、社会(社区)教育力量的闲置。将家庭、社会(社区)教育力量充分释放开,需要校长秉持开放的态度,积极主动与其进行良性互动。

第三,加强学校外部沟通是提高学校办学水平的要求。

评价学校办学水平的重要指标包括学校管理水平、学生质量、办学条件等,而学校与外部环境的沟通能力、与外部环境的互动程度是学校管理水平的重要组成部分。校长要提高学校的办学水平,就需要提高学校与家庭、社会(社区)的互动程度,加强彼此间的联系协作。学校与外部环境的良好沟通能够拉近学校与家庭、社会(社区)的关系,让家庭、社会(社区)有更多机会和途径来了解学校,增进对学校的了解信任,增进对学校教学活动的支持,增进对学校的帮助扶持。学校与家庭、社会(社区)的良性互动能够扩大学校知名度,提高学校的声誉,吸引更多学生前来报考,有利于学校招生生源的提高。学校与家庭、社会(社区)的良性互动能够广泛吸纳社会捐资助学,为学校发展募集更多建设资金,提高学校硬件设施水平,提高教职员工福利待遇,改善学校软环境,从而在整体上改善学校办学条件,促进学校发展。

 拓展阅读

1. [美]杰瑞·汉得里克斯,达热尔·海斯. 公共关系案例[M]. 陈易佳,译. 上海:复旦大学出版社,2011.

2. 李道平. 公共关系学(第四版)[M]. 北京:经济科学出版社,2011.

3. 宋维红. 学校公共关系理论与实践[M]. 北京:中央编译出版社,2007.

4. 张东娇. 学校公共关系管理[M]. 北京：北京师范大学出版社，2012.

5. 张连生. 校长与学校外部环境调适[M]. 保定：河北大学出版社，2012.

 思考题

1. 请结合你校的校情和社情，总结或制定你校争取校外资源的策略？

2. 在学校发展上，你认为校长应该在哪些方面听取家长或社区的意见，接受改进建议？

3. 请总结你校在家校合作上的经验，尝试提出拓展家校合作的途径，创新家校合作的方法，更有效地引导家校合作的对策。

4. 你认为义务教育学校可以在哪些方面或通过哪些途径参与社会服务？

附录　义务教育学校校长专业标准

　　为促进义务教育学校校长专业发展，建设高素质义务教育学校校长队伍，深入推进义务教育均衡发展，根据教育法和义务教育法，特制定本标准。

　　校长是履行学校领导与管理工作职责的专业人员。本标准是对义务教育学校合格校长专业素质的基本要求，是制定义务教育学校校长任职资格标准、培训课程标准、考核评价标准的重要依据。

一、基本理念

(一)以德为先

　　坚持社会主义办学方向，贯彻党和国家的教育方针政策，将社会主义核心价值体系融入学校教育全过程，依法履行法律赋予的权利和义务；热爱教育事业和学校管理工作，具有服务国家、服务人民的社会责任感和使命感；履行职业道德规范，立德树人，为人师表，公正廉洁，关爱师生，尊重师生人格。

(二)育人为本

　　坚持育人为本的办学宗旨，把促进每个学生健康成长作为学校一切工作的出发点和落脚点，扶持困难群体，推动平等接受教育；遵循教育规律，注重教育内涵发展，始终把全面提高义务教育质量放在重要位置，使每个学生都能接受有质量的义务教育；树立正确的人才观和科学的质量观，全面实施素质教育，为每个学生提供适合的教育，促进学生生动活泼地发展。

(三)引领发展

　　校长作为学校改革发展的带头人，担负着引领学校和教师发展，促进学生全面发展与个性发展的重任；将发展作为学校工作的第一要务，秉承先进教育理念和管理理念，建立健全学校各项规章制度，完善学校目标管理和绩效管理机制，实施科学管理、民主管理，推动学校可持续发展。

(四)能力为重

将教育管理理论与学校管理实践相结合，突出学校管理的实践能力和创新能力；不断提高与完善规划学校发展、营造育人文化、领导课程教学、引领教师成长、优化内部管理和调适外部环境等方面的能力；坚持实践、反思、再实践、再反思，强化专业能力提升。

(五)终身学习

牢固树立终身学习的观念，将学习作为改进工作的不竭动力；优化知识结构，提高自身科学文化素养；与时俱进，及时把握国内外教育改革与发展的趋势；注重学习型组织建设，使学校成为师生共同学习的家园。

二、基本内容

专业职责		专业要求
一 规划学校发展	专业理解与认识	1. 明确学校办学定位，履行实施义务教育的工作使命，保障适龄儿童、少年平等接受有质量的义务教育，着力保障农民工子女、残疾儿童少年、家庭经济困难学生的受教育权利。 2. 注重学校发展的战略规划，凝聚师生智慧，建立学校发展共同目标，形成学校发展合力。 3. 尊重学校传统和学校实际，提炼学校办学理念，办出学校特色。
	专业知识与方法	4. 熟悉国家的法律法规、教育方针政策和学校管理的规章制度。 5. 把握国内外学校改革和发展的基本趋势，学习借鉴优秀校长办学的成功经验。 6. 掌握学校发展规划制定、实施与测评的理论、方法与技术。
	专业能力与行为	7. 诊断学校发展现状，及时发现和研究分析学校发展面临的主要问题。 8. 组织社区、家长、教师、学生多方参与制订学校发展规划，确立学校中长期发展目标。 9. 落实学校发展规划，制订学年、学期工作计划，指导教职工制定具体行动方案，并提供人、财、物等条件支持。 10. 监测学校发展规划的实施，根据实施情况修正学校发展规划，调整工作计划，完善行动方案。

续表

专业职责		专业要求
二营造育人文化	专业理解与认识	11. 把德育工作摆在素质教育的首要位置，全面加强学校德育体系建设。 12. 将学校文化建设作为学校德育工作的重要方面，重视学校文化潜移默化的教育功能，把文化育人作为办学治校的重要内容与途径。 13. 热爱祖国优秀传统文化，充分发挥优秀传统文化的时代意义与教育价值，重视地域文化的重要作用。
	专业知识与方法	14. 广泛涉猎自然科学与人文社会科学知识，具有良好的艺术修养和相应的艺术欣赏与表现的知识。 15. 了解校园文化建设的基本理论，掌握促进优秀文化融入学校教育的方法和途径。 16. 掌握不同年龄阶段学生思想品德形成和健康心理发展的特点与规律，了解学生思想与品行养成过程及其教育方法。
	专业能力与行为	17. 绿化、美化校园环境，精心营造人文氛围，建设优良的校风、教风、学风，设计体现学校特点和教育理念的校训、校歌、校徽、校标。 18. 精心设计和组织艺术节、科技节等校园文化活动，充分利用好重大节庆日、传统节日等有特殊意义的日子以及学校组织特有的仪式，开展主题教育活动。 19. 建设绿色健康的校园信息网络，向师生推荐优秀的精神文化作品和先进模范人物，努力防范不良的流行文化、网络文化和学校周边环境对学生的负面影响。 20. 凝聚学校文化建设力量，发挥教师、学生及社团的主体作用，为共青团、少先队、学生社团、班集体活动开展提供必要条件，保证活动时间。

专业职责		专业要求
三 领导课程教学	专业理解与认识	21. 坚持面向全体学生，因材施教，全面提高教育教学质量。 22. 尊重教育教学规律，注重培养学生的责任意识、创新精神和实践能力。 23. 尊重教师的教学经验和智慧，积极推进教学改革与创新。
	专业知识与方法	24. 掌握学生不同发展阶段的培养目标和课程标准。 25. 了解课程编制、课程开发与实施、课程评价的相关知识和教材、教辅使用的政策以及国内外课程教学改革的经验。 26. 掌握课堂教学以及教育信息技术应用的一般原理与方法。
	专业能力与行为	27. 有效统筹国家、地方、学校三级课程，确保国家课程、地方课程的落实，推动校本课程的开发与实施，为学生提供丰富多样的课程教学资源。 28. 认真落实义务教育课程标准，切实减轻学生过重课业负担，不得随意提高课程难度，不得挤占体育、音乐、美术及少先队活动等课程的课时，确保学生每天一小时校园体育活动。 29. 建立听课与评课制度，深入课堂听课并对课堂教学进行指导，每学期听课不少于地方教育行政部门规定的课时数量。 30. 积极组织开展教研活动和教学改革，建立完善促进学生全面发展的教育教学评价制度，不片面追求学生考试成绩和升学率。
四 引领教师成长	专业理解与认识	31. 教师是学校改革发展最宝贵的人力资源，尊重、信任、团结和赏识每一位教师。 32. 校长是教师专业发展的第一责任人，将学校作为教师实现专业发展的主阵地。 33. 尊重教师专业发展的规律，激发教师发展的内在动力。
	专业知识与方法	34. 把握教师职业素养要求，明确教师的权利与义务。 35. 掌握教师专业发展的理论以及指导教师开展教育教学实践与研究的方法。 36. 掌握学习型组织建设的方法以及激励教师主动发展的策略。

续表

专业职责		专业要求
四 引领教师成长	专业能力与行为	37. 建立健全教师专业发展的制度，推行校本教研，完善教研训一体的机制，落实每位教师五年一周期不少于360学时的培训要求。 38. 关注每一位教师的发展，指导教师根据自身发展特点制定专业发展计划，加强青年教师培养，支持教师轮岗交流，推进信息技术在教师专业发展中的应用。 39. 扎实开展师德师风教育，落实教师职业道德规范要求，严禁教师体罚或变相体罚学生，严禁教师从事有偿补课。 40. 维护和保障教师合法权益和待遇，关爱教师身心健康，建立优教优酬的激励制度。
五 优化内部管理	专业理解与认识	41. 坚持依法治校，自觉接受师生员工和社会的监督。 42. 崇尚以德立校，处事公正、严格律己、廉洁奉献。 43. 倡导民主管理和科学管理，坚持教书育人、管理育人、服务育人。
	专业知识与方法	44. 把握国家相关政策对校长的职责定位和工作要求。 45. 掌握学校管理的基本理论与方法，了解国内外学校管理的变化趋势。 46. 熟悉学校人事财务、资产后勤、校园网络、安全保卫与卫生健康等管理实务。
	专业能力与行为	47. 形成学校领导班子的凝聚力，认真听取党组织对学校重大决策的意见，充分发挥党组织的政治核心作用。 48. 尊重和支持教职工代表大会参与学校管理的民主权利，定期向教职工代表大会报告工作，实行校务会议等管理制度。 49. 建立健全学校人事、财务、资产管理等规章制度，提高学校管理规范化水平，不得违反国家规定收取费用，不得以向学生推销或者变相推销商品、服务等方式谋取利益。 50. 努力打造平安校园，建立和完善学校各种应急管理机制，定期实施安全演练，正确应对和妥善处置学校突发事件。

续表

专业职责		专业要求
六 调 适 外 部 环 境	专业 理解 与认识	51. 坚持把服务社会（社区）作为学校的重要功能，勇于承担社会责任。 52. 坚持把合作共赢作为学校对外关系准则，积极开展校内外合作与交流。 53. 坚信学校与家庭、社会（社区）的良性互动是办学水平的重要体现。
	专业 知识 与方法	54. 掌握学校公共关系及家校合作的理论与方法。 55. 了解所在社区、学生家庭的基本情况，积极获取与学生成长、学校发展相关的信息。 56. 熟悉各级各类社会公共服务机构的教育功能。
	专业 能力 与行为	57. 优化外部育人环境，努力争取社会（社区）的教育资源对学校教育的支持。 58. 充分发挥家长委员会支持学校工作的积极作用，引导社区和有关专业人士参与学校管理和监督，接受改进学校工作的合理建议。 59. 建立健全家校合作育人机制，建立教师家访制度，通过家长学校、家长会、家长开放日等形式，指导和帮助家长了解学校工作情况和学生身心发展特点，掌握科学育人方法。 60. 积极发挥学校在社区建设中的作用，鼓励并组织学校师生参与服务社会（社区）的有益活动。

三、实施要求

（一）本标准适用于国家和社会力量举办的全日制义务教育学校的正、副校长。幼儿园园长、普通高中、中等职业学校校长专业标准另行制定。鉴于全国不同地区的差异，各省、自治区、直辖市教育行政部门可以依据本标准制定符合本地区实情的实施意见。本标准可在执行的过程中逐步完善。

（二）各级教育行政部门要将本标准作为义务教育学校校长队伍建设和校长管理的重要依据。根据教育改革发展的需要，充分发挥本标准引领和导向作用，制定义务教育学校校长队伍建设规划，严格义务教育学校校长任职资格标准，完善义务教育学校校长选拔任用制度，推行校长职级制，建立义务教育学校校长培养培训质量保障体系，形成科学有效的义务教育学校校长队伍建设与管理机制，为实现义务教育均衡发展提供制度保障。

（三）有关高等学校和校长培养培训机构要将本标准作为义务教育学校校长培养培训的主要依据。重视义务教育学校校长职业特点，加强相关学科和专业建设。根据义务教育学校校长发展阶段的不同需求，完善培养培训方案，科学设置校长培养培训课程，改革教育教学方式。注重校长职业理想与职业道德教育，增强校长教书育人、管理育人的责任感和使命感。加强校长培养培训的师资队伍建设，开展校长专业成长的科学研究，促进校长专业发展。

（四）义务教育学校校长要将本标准作为自身专业发展的基本准则。制定自我专业发展规划，爱岗敬业，增强专业发展自觉性；大胆开展学校管理实践，不断创新；积极进行自我评价，主动参加校长培训和自主研修，不断提升专业发展水平，努力成为教育教学和学校管理专家。

编写说明

书稿撰写分工如下：

一、规划学校发展

专题导入、两项专业历练与思考题由上海师范大学陈剑华撰写；知识与理解、拓展阅读由北京师范大学毛亚庆、王树涛撰写 。

二、营造育人文化

专题导入、两项专业历练与思考题由华东师范大学魏志春撰写；知识与理解、拓展阅读由北京师范大学毛亚庆、李明蔚撰写。

三、领导课程教学

专题导入、两项专业历练与思考题由上海教育科学研究院沈兰撰写；知识与理解、拓展阅读由北京师范大学姚计海、全景月撰写。

四、引领教师成长

专题导入、两项专业历练与思考题由上海教育科学研究院王洁撰写；知识与理解、拓展阅读由北京师范大学姚计海 、林丽珍撰写。

五、优化内部管理

专题导入、两项专业历练与思考题由华东师范大学魏志春撰写；知识与理解、拓展阅读由北京师范大学毛亚庆、杨传利撰写。

六、调适外部环境

专题导入、两项专业历练与思考题由上海师范大学高耀明撰写；知识与理解、拓展阅读由北京师范大学姚计海、田雨撰写。

关于案例

由于本书的特殊性，案例均已经过一定程度的改编，并隐去了校名和校长名，故在此无法一一列出。